Inhalt

Mitarbeiter des Bandes

Georg Gahlen
59368 Werne – gega.werne@t-online.de

Hansi Hungerige
44805 Bochum

Heiko Hungerige
44866 Bochum – FamilieHungerige@public-files.de

Werner Jungwirth
44359 Dortmund

Joes Kaldenbach
Alkmaar/NL – jos.kaldenbach@tiscali.nl

Christian Loefke
48147 Münster – schriftleiter.rzd@gmx.de

Alfred Smieszchala
48149 Münster – Smieszchala@web.de

Geschlossene Heiratskreise (Verwandtenehen) in der Ahnentafel von Katharina Pudenz (1914–1997) aus Bochum

durch ihre Mehrfachahnen Conrad Döring (* um 1480), Hanns Rode (* vor 1522), Georg Schönefeld (* 1600) und Thomas Pudenz (* um 1633) aus dem Eichsfeld

von Heiko Hungerige

Wer lange genug Familienforschung betreibt, kann früher oder später auf eine beeindruckende Ahnentafel (AT) blicken: Von den zwei Eltern auf die vier Großeltern, acht Urgroßeltern, 16 Ururgroßeltern usw. – mit jeder Generation (k) verdoppeln sich aus biologischer Notwendigkeit die Vorfahren. Geht man von einem durchschnittlichen Generationsabstand von 33 Jahren (also drei Generationen in 100 Jahren) aus, hatte eine derzeit lebende Person um 1700, also vor k = 9 Generationen 2^k = 2^9 = 512 direkte Vorfahren. Um 800 n. Chr., also mind. 36 Generationen zurück, wächst die Zahl der Vorfahren, die Zeitgenossen **Karls des Großen** (um 747/748 – 814) waren, (zumindest theoretisch) auf 2^{36} = 68.719.476.736, also über 68 Milliarden an. Um 800 lebten jedoch auf der ganzen Erde nicht mehr als 220 Millionen Menschen, die Milliarden-Grenze wurde vermutlich erst um 1804 überschritten.

Und noch weiter gedacht: Folgt man der Hypothese des „genetischen Flaschenhalses" *(Genetic Bottleneck Hypothesis)*, so haben vor ca. 75.000 Jahren nur etwa 1.000 bis 10.000 Individuen von *Homo sapiens* gelebt, die meisten davon in Afrika.[1] Die wenigen dieser maximal 10.000 frühen Menschen, die über – grob geschätzt – 2.250 Generationen durchgängig Nachfahren bis in die heutige Zeit hervorbrachten, sind die Vorfahren aller heute lebenden, ca 7,7 Milliarden Menschen. Gestützt wird dieser vielleicht überraschende Befund auch von Computersimulationen, die auf einem Modell der menschlichen Bevölkerungsgeschichte und Geografie basieren. Auch sie kommen zu dem Schluss, dass die jüngsten gemeinsame Vorfahren *(recent common ancestors) aller* heute lebenden Menschen vor nur wenigen Jahrtausenden gelebt haben müssen.[2] Anders formuliert: An einem bestimmten Punkt in der Geschichte (dem *identical ancestors point*) können Menschen in zwei Gruppen eingeteilt werden: Entweder sind sie gemeinsame Vorfahren *aller* heutigen Menschen

---

1   Der Anthropologe Stanley H. Ambrose vertritt die Hypothese, dass dieser genetische Flaschenhals auf eine Super-Eruption des Vulkans Toba auf Sumatra vor etwa 75.000 Jahren zurückzuführen ist, dem eine extreme Kälteperiode folgte (AMBROSE 1998). In der Wissenschaft ist diese Hypothese umstritten (vgl. LANE / CHORN / JOHNSON 2013).

2   Vgl. CHANG 1999; ROHDE / OLSON / CHANG 2004.

oder sie sind von *keinem* heutigen Menschen ein Vorfahr – ihre Abstammungslinien sind ausgestorben.[3] Der Oxforder Bioinformatiker Jotun Hein formuliert es noch drastischer: Angenommen, Sie kommen um 3000 v. Chr. in ein Dorf, dann ist der erste beliebige Mensch, dem Sie begegnen, wahrscheinlich ein Vorfahre von Ihnen![4]

Die AT in ihrer klassischen Form täuscht also eine Aszendenzstruktur vor, die es in dieser Form nicht geben kann. Durch den bereits in der Regel nach wenigen Generationen auftretenden, erstmals 1877 von Friedrich Theodor Richter wissenschaftlich beschriebenen *Ahnenschwund*[5] oder *Implex*[6] sind unterschiedliche Ahnenpositionen von denselben Personen besetzt. Es erscheint also passender, eher von einer „Netzstruktur"[7] der Aszendenz oder einem „Ahnennetz" als von einer „Ahnentafel" zu sprechen. Hohe Ahnenhäufigkeiten (z), also die Anzahl der Ahnenpositionen in einer AT, die von derselben Person besetzt werden, sind insbesondere in dynastischen, aber auch in gut erforschten bürgerlichen und bäuerlichen Ahnenlisten (AL) zu erwarten. So ist zum Beispiel **Karl der Große** in der 36. Generation ein 566-facher ($z = 566$) Vorfahre des Dresdener Hochschullehrers, Studienrats und Genealogen Arno **Lange** (1885–1966).[8] Dementsprechend hat **Karl der Große** in dieser AL auch 566 *Kekule-* oder *Ahnennummern* (AN), die seine Ahnenpositionen in Bezug auf Arno **Lange** (AN = 1) eindeutig bestimmen; die kleinste AN des Frankenkaisers ist 121.124.915.504. Kaum noch vorstellbar und fassbar sind die Ahnenhäufigkeiten von Mehrfachahnen in dynastischen ALs: Wie das Team um Wolfgang Trogus (†) und Arndt Richter im Mai 2017 zeigen konnte, ist **Karl der Große** *über 6,46 Milliarden mal*[9] ein Vorfahre der Journalistin und Fotografin Prinzessin Maria Josepha **von Sachsen** (1928–2018), einer Enkelin des letzten sächsischen Königs Friedrich August III. **von Sachsen** (1865–1932).

---

3 Dieser Gedankengang findet sich bereits bei dem Genealogen und Mathematiker Hermann von Schelling (1901–1977). Vgl. dazu SCHELLING 1944 u. 1945; RICHTER 2009, Kap. 14, S. 468.

4 HEIN 2004.

5 Richter 1877, S. IX–X. Der Schweizer Vegetationskundler und Genealoge Eduard August Rübel (1876–1960) schlug schon 1939 vor, treffender von *Ahnengleichheit* als von *Ahnenschwund* zu sprechen (RÜBEL / RUOFF 1939, Textbd., S. 25).

6 Dieser Begriff wurde 1907 von Julius Oscar Hager (1853–1914) in die Genealogie eingeführt (vgl. HAGER 1907a, S. 68)

7 RICHTER 2009, S. 443. Vgl. dazu auch HUNGERIGE 2020a, sowie RUTHERFORD 2018, S. 218: „Familienstammbäume [sind] nicht so sehr verzweigte Bäume als vielmehr Netzwerke oder Geflechte […]."

8 LINKE / RICHTER / TROGUS 2013. Vgl. dazu auch RICHTER 2013, sowie TROGUS 2013.

9 $z = 6.460.610.020$; vgl. RICHTER 2018.

1. Die Familien Pudenz, Döring, Rode und Schönefeld im Eichsfeld

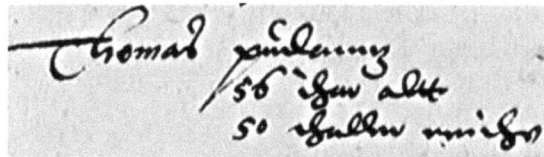

Abb. 1: Eintrag „Thomas pudenntz – 56 ihar altt – 50 thaller reichen" (Generalmusterung auf dem Eichsfeld, 1599-1600, LA Sachsen-Anhalt, Sign. A 37a, Nr. 1056, Dig. 0376)

Die Linie der Familie **Pudenz** (vom lat. Adjektiv *pudens*, ehrbar, schüchtern, sittsam, verschämt, zartfühlend) lässt sich bis in die Zeit des Apostels Paulus zurückverfolgen und wird auch im Neuen Testament erwähnt (2. Timotheus 4,21). Bis zum Ende des Mittelalters liegen nur vereinzelte Hinweise auf die Familie **Pudenz** vor, sodass sich eine durchgehende Abstammungslinie nicht rekonstruieren lässt.[10] 1599 wird in der „Generalmusterung"[11] auf dem Eichsfeld" ein Thomas **Pudenntz** (geb. um 1543; Abb. 1)[12] zu Breitenworbis (Gemeinde im Eichsfeld) erwähnt, und zwar in der 3. „Rott Mitt Lanngen Rohren undt Karlaschen"[13], also Gewehren mit langgezogenem Lauf und einem breiten, am Gürtel getragenen Degen („Banddegen").

Mit dem Beginn der Neuzeit und der Einführung der Kirchenbücher (in größerem Umfang erst nach Ende des Dreißigjährigen Krieges 1648) lassen sich jedoch mehrere Familienlinien bis in die heutige Zeit lückenlos dokumentieren (vgl. Abb. 2).

So gehen zum Beispiel die Vorfahren von Katharina **Pudenz**[14] (1914–1997) aus Bochum zu weiten Teilen auf (nach heutigem Forschungsstand) 18 Mehrfachahnen aus dem Eichsfeld (Thüringen) zurück.

Zu nennen sind hier v. a. der Müllermeister Thomas **Pudenz** (* um 1633, † nach 1664 in Wilbich[15], Thüringen; z = 2), der Ackermann Conrad **Doringk** (= **Döring**, * zw. 1480 u. 1490 in Misserode [Abb. 3], Thüringen, † nach 1548; z = 7), der im Türkensteuerregister von 1542/45[16] erwähnte Hanns **Rode** (z = 3) und der Dingelstädter Müller Georg **Schönefeld** (* 1600; z = 2).

Insbesondere die Familien **Döring** und **Pudenz** sind im Eichsfeld durch mehrfache Heiraten eng miteinander verknüpft. Auch in späteren Generationen wurde diese enge Verbindung weiter gepflegt, auch wenn das Wissen um die

---

10 Zum römischen Zweig der Familie Pudenz vgl. die Angaben auf der Homepage von André Sieland (http://www.sieland-online.de/gene.html).

11 Vgl. dazu SCHNITTER 1994, S. 31.

12 Generalmusterung auf dem Eichsfeld, 1599-1600, LA Sachsen-Anhalt, Sign. A 37a, Nr. 1056, Dig. 0376. (Online verfügbar)

13 Ebd., Dig. 0375.

14 Großmutter mütterlicherseits d. Verf.

15 Vgl. GÖRICH / SCHULZ / GODEHARDT 1923/2004.

16 Vgl. PUDENZ 2002.

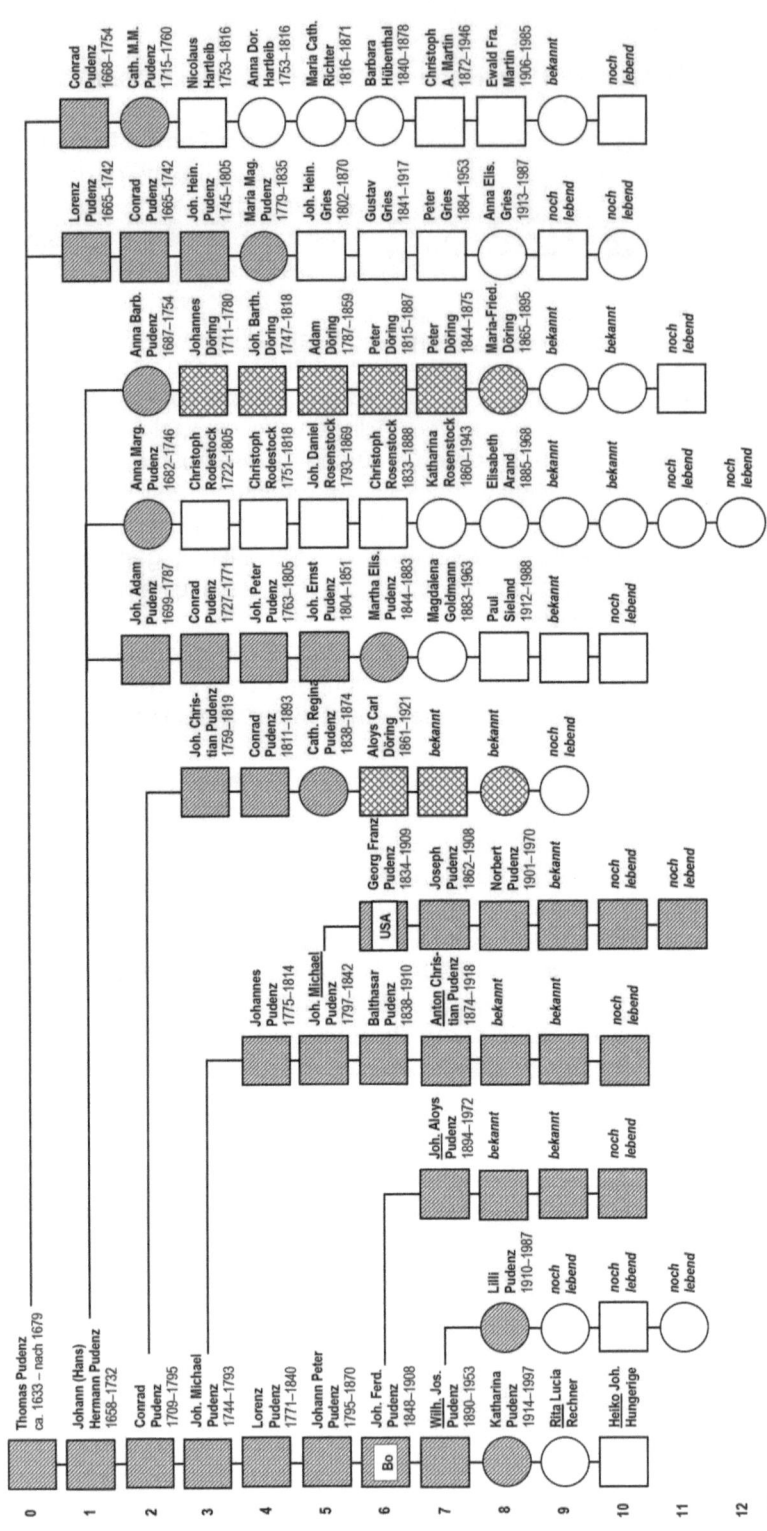

Abb. 2: Ahnengemeinschaften durch Thomas **Pudenz**, erstmals genannt 1664 als Müllermeister in der Grießmühle bei Wilbich (Eichsfeld). Träger des Familiennamens **Pudenz** (Linien) und **Döring** (Rauten) sind markiert. In der 6. Nachfahrengeneration wanderten Johann Ferdi- nand **Pudenz** (1848–1908) nach Bochum und Georg Franz **Pudenz** (1834 – 1909) in die USA aus. Bei Nachfahrenimplex wurde jeweils nur eine Linie ausgewählt. (Grafik: H. Hungerige)

Abb. 3: Misserode in der heutigen Gemeinde Schimberg, mit den weiteren Ortsteilen Rüstungen, Martinfeld, Lehna, Wilbich und dem Kern-Ortsteil Ershausen. (Wikipedia; von Metilsteiner - Eigenes Werk, CC BY 3.0, https://commons. wikimedia. org/w/index.php?curid=9749)

gemeinsamen Vorfahren den Betroffenen verloren gegangen sein dürfte: So heiratete der 1882/83 nach Weitmar-Bärendorf (seit 1926 zu Bochum) ausgewanderte Zimmermann Johann Ferdinand **Pudenz** (1848–1908), ein neunfacher Urenkel von Conrad **Döring** und fünffacher Urenkel von Thomas **Pudenz**, 1881 noch in Rüstungen Katharina **Döring** (1858–1903), ebenfalls eine direkte Nachfahrin von Conrad **Döring**. Auch Heiraten von Personen mit demselben Familiennamen (Döring – Döring bzw. Pudenz – Pudenz) kamen häufiger vor.

2. Die Mehrfachahnen von Katharina Pudenz (1914–1997)[17]

Anders als in dynastischen AT lässt sich das durch die Mehrfachahnen bedingte „Ahnennetz" von Katharina **Pudenz** mit einer max. Ahnenhäufigkeit von $z = 7$ noch verhältnismäßig leicht veranschaulichen (Abb. 4). Die Tafeln 1 bis 4 zeigen die mehrfachen Filiationslinien von Conrad **Döring**, Thomas **Pudenz**, Hanns **Rode** und Georg **Schönefeld** zu Katharina **Pudenz** in einer detaillierteren Darstellung.

Conrad **Döring** (auch: **Doringk, Dorrinngk**; $z = 7$; vgl. Tafel 1), genannt Courdt oder Curdt, musste im Jahr 1542 in Misserode die höchste Steuerabgabe zahlen; er war dort der einzige **Döring** (sein Name bedeutet „der Thüringer").[18] Im Jahre 1545 zahlte er ebenfalls als einziger **Döring** die Türkensteuer in Misserode („Item vom Gesinde") sowie die Türkensteuer für den Gesindelohn. Die Türkensteuer (*Türkenhilfe, Gemeiner Pfennig*) war die im Hl. Römischen Reich die dem Kaiser seit dem 16. Jahrhundert vom Reichstag zur Durchführung der

---

17 Die nachfolgenden personenbezogenen Informationen stammen von Roland Pudenz, André Sieland und Michael Döring (vgl. dazu die Angaben zur Quellenlage); genauere Quellenangaben sind in den nachfolgenden Fußnoten zu finden.

18 Landeshauptarchiv (LHA) Magdeburg. Zum Namen vgl. Bahlow 1991, S. 104.

Türkenkriege gewährte Beihilfe. Sie wurde auf der Grundlage der Reichsmatrikel von den Reichsständen erhoben.[19] 1548 wurde Conrad bei der Erhebung der Landsteuer[20] unter dem Namen Curdt **Dorrinngk** aufgeführt.

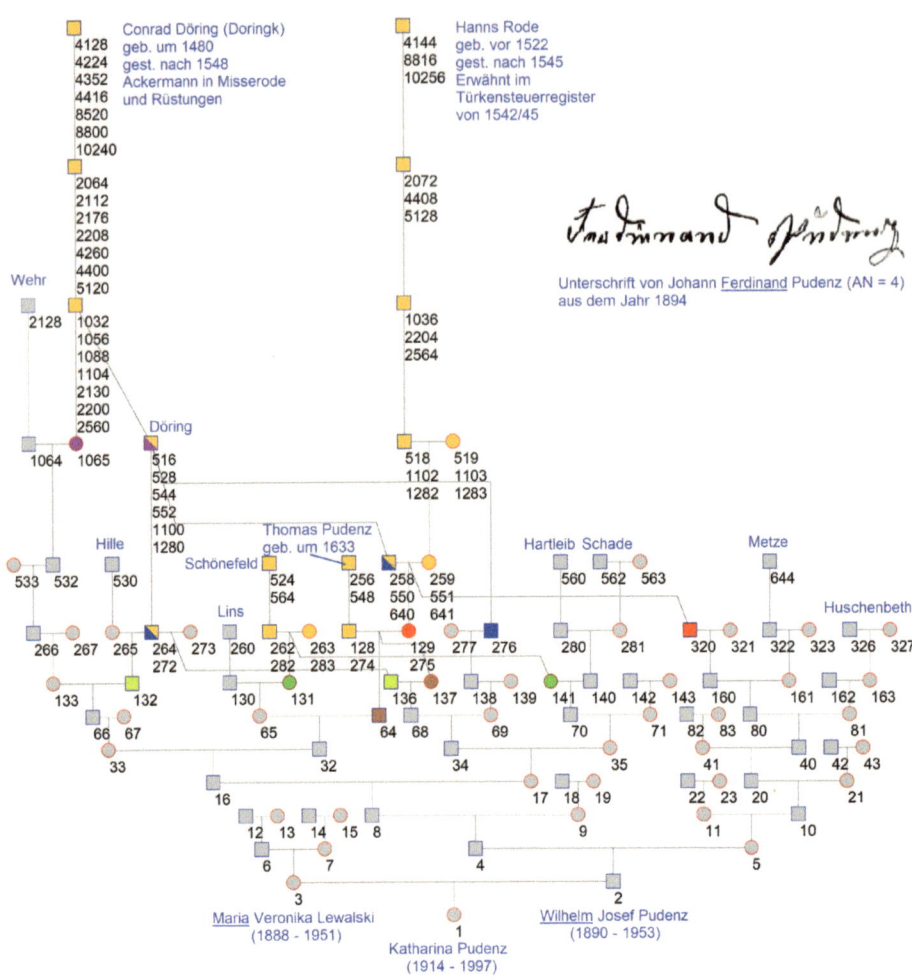

Abb. 4: Schematische Darstellung der AT Katharina **Pudenz** mit Ahnennummern (AN) nach Kekule. Die Grafik wurde mit dem Programm „Ahnenimplex" von Martin Jülich erstellt und nachträglich bearbeitet. Gelb markiert sind Mehrfachahnen, die weiteren Farben markieren Ahnengeschwister. Weitere Erläuterungen im Text.

---

19 1529 war die erste Belagerung Wiens durch den osmanischen Sultan Süleiman II. (1642–1691). Erst am 12. September 1683 (Schlacht am Kahlenberg) wurde Wien von den Türken befreit.

20 Ein Vorläufer der heutigen Grundsteuer (LHA Magdeburg).

Conrad war Ackermann in Misserode und Rüstungen, heute beides Ortsteile der Gemeinde Schimberg. Um 1520 wurde in Misserode sein einziger bekannter Sohn geboren, Martin **Döring**, genannt Mertin (z = 7). Die Mutter ist nicht bekannt. Zwischen 1549 und 1554 kam er als erster **Döring** nach Rüstungen und wurde dort Eigentümer des Stammhofes der Dörings.[21] 1555 und 1559 gab er der Kirche zu Rüstungen Zinsen für „eine Wiesen hinter dem Limperge" (die Flurbezeichnung „Limberg" ist heute noch gebräuchlich). 1572 zahlt er 2½ (Albus) Erbzins für eine Wiese hinter dem Limpperg, desgl. 2 (Albus) 18 (Heller) Erbzins für 2 Acker Land.[22] Vermutlich starb er zwischen 1572 und 1599 in Rüstungen.

Von ihm ist wiederum nur ein Sohn bekannt, Ackermann Hans **Döring der Ältere** (z = 7), der um 1559 in Rüstungen geboren wurde und vor 1643 starb. Er erbte von seinem Vater Martin den Stammhof. Im Alter von 40 Jahren wurde er 1599/1600 im *General-Musterungs-Register* des Eichsfelds[23] als Hans **Doringk der Ältere** in der 1. Kategorie (Ackermänner, Ackerleute, Vollbauern) genannt. Er war 1559 und 1610 der einzige seines Namens in Rüstungen. 1610 musste er laut *Reuterschem Lagerbuch*[24] Abgaben für den Hof in Rüstungen leisten. Um 1597 und 1600 wurden zwei Kinder geboren, Barbara und Hans.

Barbara **Döring** (z = 1) heiratete vor 1619 den um 1590 geborenen Hans Claus **Wehr**. Er besaß 1610 Haus und Hof in Rüstungen. Barbara starb dort im Februar 1677. Ihr Bruder Hans (Hanß) **Döring der Jüngere** (z = 6) war Ackermann und Vollbauer mit Pferden. Nach den im Jahre 1643 beginnenden Kirchenrechnungen zahlte er der Kirche zu Rüstungen ab dem Jahre 1643 jährlich für zwei Äcker Land Erbzinsen. Mit den Jahren wechselte auch die Größenangabe der Äcker von 2 zu 2¼, zu 2⅓ und schließlich zu 2½ Äcker. Im *Lagerbuch der Vogtei Greifenstein*[25] heißt es 1664 vom Stammhaus der Döring: „von einem Hauß und Hof an der Heiligenstättischen Straßen zwischen Adam **Goltman** und Clauß **Wehr**en". In der Kirchenrechnung von 1665/66 ist er unter dem Namen Hans **Dorinngk junior** genannt, und in der Kirchenrechnung von

---

21 1540 wird in den Türkensteuerregistern noch kein **Döring** in Rüstungen genannt, der Name taucht aber in diesem Jahr in Volkerode, Wiesenfeld und Wilbich auf: Clawes (= Claus), Jorge, Jacob und Herolt **Dorringk** zu Volkerode; Wendel **Doringk** zu Wiesenfeld und Jacob **Dorringk** zu Wilbich.

22 DÖRING 2018.

23 Generalmusterung auf dem Eichsfeld, 1599-1600, LA Sachsen-Anhalt, Sign. A 37a, Nr. 1056 (online verfügbar). Zweck dieser Musterung war die Aushebung von Rekruten.

24 Reutersches Lagerbuch, 1582-1610, LA Sachsen-Anhalt, Sign. A 39a, Nr. 188; Film Nr. 0131 WR. Vgl. hierzu DEGENHARD 2014, ab S. 343.

25 Lagerbuch von Greifenstein, 1664, LA Sachsen-Anhalt, Sign. A 39a, Nr. 211. – „Die Burgruine Greifenstein ist die Ruine einer Höhenburg auf dem 442,5 Meter hohen Schlossberg etwa 2000 Meter westlich von Großtöpfer, einem Ortsteil der Gemeinde Geismar im Landkreis Eichsfeld in Thüringen. [...] 1397 wurde die Burg erstmals erwähnt, als sie wegen Raubrittertums erstürmt und zerstört wurde" (zit. n. Wikipedia, 10/2016, Eintrag „Burgruine Greifenstein (Eichsfeld)").

1672/73 heißt es zu seinem Tod: „Hanß **Döring** Selig hat der Kirchen zwey Ackerlandt uffem Eichholtz dem Gotteshauß" verschrieben, „welche itzo Clauß **Döring** [sein Sohn] besitzt". Es war „jährlich ein Anniversarium zu halten". Der Brauch, besonderer Personen an ihrem Todestag im Rahmen einer Heiligen Messe als ihrem „Geburtstag im Himmel" zu gedenken, kam im Mittelalter auf. Die dafür notwendige Stiftung („Seelgerät") war vermutlich noch von Hans **Döring** selbst bereitgestellt worden; für das Anniversarium standen daraus „dem Pfarrherrn 6 gute Groschen, dem Küster 3 gute Groschen, der Kirche für Wein und Lichter 2 gute Groschen" als Entgelt zu.

Zwischen 1629 und 1644 wurden fünf Kinder geboren: Adam (1629–1716), Nicolaus („Clauß"; 1634–1699), Barbara (1639–1705), Christina (geb. 1640) und Balthasar („Baltzer"; 1644–1711). Der Name der Ehefrau von Hans **Döring dem Jüngeren** ist nicht bekannt.

Alle Nachfahren der drei männlichen Kinder führen u. a. zur Bochumer Linie der Familie Pudenz: Sowohl Adam **Döring** (1629–1716) als auch Nicolaus („Claus") **Döring** (1634–1699) und Balthasar („Baltzer") **Döring** (1644–1711) sind direkte (und teilweise wiederum mit z = 2 bzw. z = 3 mehrfache) Vorfahren des 1882/83 nach Bochum ausgewanderten Johann <u>Ferdinand</u> **Pudenz** (1848–1908). Sein Sohn <u>Wilhelm</u> Josef **Pudenz** (1890–1953; Abb. 6) ist sowohl väterlicherseits als auch mütterlicherseits direkter Nachfahre dieser drei Brüder.

Der um 1633 geborene Müllermeister Thomas **Pudenz** (z = 2; vgl. Tafel 2), ein Zeitgenosse von Nicolaus **Döring**, besaß 1664[26] 5 ½ Äcker „in den Windwehen Hecken" und weiteres Land an der Stelle, wo „[C]iriax[27] **Keudelen** und Thomas **Pudens** stoßen uff Michael **Fischer**n". Nach den Kirchenrechnungen der Jahre 1677/1679 gab er jährlich zwei Pfund Wachs als Flachszins für ein Stück Kirchenwiese (Eselshof) bei der Grießmühle[28] bei Wilbich (Abb. 5), die von 1664 bis 1823 im Besitz der Familie Pudenz war.[29]

Hans **Rode** (z = 3; auch **Rodt**, **Roth**; vgl. Tafel 3), vor 1522 geboren, wird im Türkensteuerregister von 1542/45 erwähnt. Von seinen Nachfahren führen die Linien der Geschwister Magdalena **Döring** (1666–1738) und Daniel **Döring** (1675–1725) bis zu Katharina **Pudenz**.

Der Dingelstädter Müller Georg **Schönefeld** (1600–1686; z = 2; vgl. Tafel 4) ist über die Heiraten seiner beiden Enkelinnen, der Schwestern Anna Catharina **Schönefeld**, verh. **Hartleib** (* um 1688), und Maria Elisabeth **Schönefeld**, verh. **Lins** (* 1696), mit den Familien **Döring** und **Pudenz** verknüpft.

---

26 Jurisdiktionalbuch des Amtes Bischofstein, 1664, LA Sachsen-Anhalt.

27 Ciriax ist ein eher seltener Vorname des 16. Jahrhunderts.

28 Als Grieß werden Teilstückchen des Getreidekorns mit einer Größe von 0,3 bis 1 mm bezeichnet, die ähnlich hergestellt werden wie Mehl. Hierzu muss die Mühle jedoch anders eingestellt werden.

29 Vgl. GROSSE / HERZBERG 2008.

Abb. 5: Rückseite der Grießmühle bei Wilbich mit Mühlengraben. 1960 wurde das Mühlrad entfernt. Das Gebäude wurde 1982 abgerissen. (Foto: G. Goldmann, Deuna)

Abb. 6: Wilhelm Josef **Pudenz** (AN = 2), der Vater von Katharina **Pudenz** (AN = 1), als Soldat im I. Weltkrieg (Foto: H. Hungerige)

3. Etwas quantitative Genealogie

Die 1955 von Siegfried Rösch (1800–1904) vorgestellten „Grundzüge einer quantitativen Genealogie" sind ein erster, umfassender Versuch, die „Mathematisierbarkeit" der Genealogie auszuloten sowie eine Brücke zwischen Genealogie und Populationsgenetik zu schlagen. Die quantitative Genealogie eignet sich daher vor allem für Verwandtschaftszusammenhänge, die so umfassend erforscht sind, dass darin Phänomene wie *Generationsverschiebungen* und *Ahnenimplex* überhaupt eine Rolle spielen. Ähnlich wie die *Familiengeschichtsforschung* durch Berücksichtigung *(mikro-)historischer* und *(mikro-)soziologischer* Aspekte das Blickfeld einer inhaltlich enger gefassten Genealogie erweitert, bietet die quantitative Genealogie die Möglichkeit, *biologische Aspekte* mit ins Blickfeld zu holen.[30] Dass sie dabei, anders als die Populationsgenetik, stets den Bezug zu

---

30 Für diese Verbindung aus Statistik, Genetik und Genealogie schlug RICHTER (1997, S. 81) den neuen Begriff *GeneTalogie* vor.

den konkreten, historischen Personen einer Vor- oder Nachfahrentafel behält, ist eine ihrer großen Stärken.[31]

Die quantitative Genealogie in ihrer ganzen Komplexität darzustellen, ist an dieser Stelle nicht möglich. Ausgehend von Überlegungen zum Generationsabstand und zur Generationsverschiebung soll aber im Folgenden zumindest in Ansätzen gezeigt werden, wie sich die quantitativ-genealogische Methode auch auf *kleinere* bäuerliche Ahnentafeln anwenden lässt. Anwendungen auf große bürgerliche sowie dynastische Ahnentafeln sind bereits mehrfach erfolgt.[32]

Generationsabstand, Generationsspektren (gb) und Ahnenhäufigkeit (z): Das früher häufiger angenommene Intervall von 20–25 Jahren als durchschnittlicher Abstand zwischen den Generationen („Generationsabstand") wurde 1973 von Kenneth Weiss in Frage gestellt;[33] eine Ansicht, die auch von Rösch geteilt wurde: „Ein Generationsabstand von etwa 33 Jahren entspricht ganz gut dem statistischen Durchschnitt in unserer Zeit [...]"[34]. TREMBLAY / VÉZINA (2000) schlagen als durchschnittliches Generationsintervall 31,7 Jahre vor (Generationen in männlicher Linie durchschnittlich 35,0 Jahre, in weiblicher Linie durchschnittlich 28,7 Jahre); HELGASON / PÁLSSON (2008) empfehlen als einfache Faustregel, für männliche Linien 35 Jahre und für weibliche Linien 30 Jahre festzulegen. Das durchschnittliche Alter der Mütter bei der Geburt ihres ersten Kindes lag 2018 in Deutschland bei 30,0 Jahren.[35]

Neben dem Geschlecht haben auch persönliche, lokale und historische Besonderheiten Einfluss auf den Generationsabstand. So gilt die Regel „drei Generationen auf 100 Jahre" in früheren Jahrhunderten aufgrund der höheren Sterblichkeit der Mütter und der Zweit- oder Drittehen der verwitweten Ehemänner nur bedingt: Oft heiratete der Witwer zeitnah eine nicht selten 20 oder 30 Jahre jüngere Frau und konnte so mit ihr noch einmal eine weitere, große Familie gründen. Hier muss im Einzelfall über Mittelwert-Berechnungen geprüft werden, welcher Generationsabstand für eine spezifische Ahnentafel angemessen ist.

Wie aus den Tafeln 1 bis 4 abzulesen ist, treten mindestens 18 ausreichend erforschte[36] Vorfahren von Katharina **Pudenz** an zwei oder mehr (max. sieben)

---

31 Rösch betonte bereits in der Einleitung seiner „Grundzüge" von 1955, dass jede Familienforschung einen „Nullpunkt" haben sowie „monozentrisch" und „individualistisch" sein müsse (ebd., S. 4).

32 Vgl. z. B. RÖSCH, 1956, 1977; RICHTER, 1987, 1997, 2010, 2012, 2013, 2014; LINKE / RICHTER / TROGUS 2013; TROGUS 2013.

33 Vgl. DEVINE O. J.; WEISS / SMOUSE 1976.

34 RÖSCH 1977, S. 13.

35 DESTATIS – Statistisches Bundesamt (www.destatis.de; 14.06.2020).

36 RÖSCH (1955) sieht Ahnen dann als ausreichend erforscht an, „wenn außer ihrem Familien- und Vornamen mindestens das Geburts-, Heirats- und Todesjahr bekannt sind" (ebd., S. 31). Für die nachfolgenden Ausführungen wurde als schwächeres Kriterium gewählt, dass „eindeutig irgendeine andere Person der Zeit ausgeschlossen ist" (RÖSCH 1977, S. 43).

Ahnenpositionen auf, insgesamt 62 Ahnenpositionen (Σ z(KP) = 62, s. Tab. 1) werden durch sie besetzt. Einige Familienlinien sind allerdings noch nicht ausreichend erforscht, sodass das tatsächliche Ausmaß der Ahnengleichheit wohl höher anzusetzen ist. Da (wie oben beschrieben) die Intervalle zwischen den Generationen in männlichen Linien größer zu veranschlagen sind als in weiblichen Linien, treten von den insgesamt 18 Mehrfachahnen von Katharina **Pudenz** zwölf in jeweils zwei Generationen auf (*Generationsverschiebung*).

In dynastischen AT ist dieses *Generationsspektrum (gb)* natürlich noch deutlich größer. Da der Abstammungsnachweis als Legitimation für Macht und Besitz galt („Adels- oder Ahnenprobe")[37], sind dynastische AT im Gegensatz zu bürgerlichen AT aufgrund der besseren Quellenlage „tiefer", d. h. zeitlich weiter zurückliegend und damit über eine größere Generationenzahl erforscht. Während in bürgerlichen AT (bis zu 12 bis 14 Generationen) einzelne Ahnen um die 10-mal vorkommen, finden sich auf dynastischen AT (bis zu 40 Generationen) Ahnen, die mehr als 10.000-mal auftreten.

So tritt z. B. in der AT des Habsburgers **Maximilian I.** (1459–1519), von 1508 bis 1519 römisch-deutscher Kaiser, **Karl der Große** (Carolus Magnus) in zwölf Generationen (nämlich der 20.–31.) als direkter Vorfahre auf, „allein in der 25. Ahnengeneration [...] nahezu 2000mal"[38]. Um hier den Überblick zu behalten, wurde von Siegfried Rösch schon 1957[39] eine Notation vorgeschlagen, die auf einfache Art diese Komplexität darstellt:

$$gb(CM) = 20^2 21^{26} 22^{147} 23^{586} 24^{1464} 25^{1948} 26^{1843} 27^{1077} 28^{566} 29^{188} 30^{66} 31^{16}$$

Die Hochzahlen sind hier nicht als Potenzen zu verstehen (22^{147} ist also nicht als „22 hoch 147" zu lesen), sondern geben die *Ahnenhäufigkeit z in der Generation k* (z_k) an: In der 22. Ahnengeneration ist **Karl der Große** 147-mal ein Vorfahre von **Maximilian I.** Die Summe dieser z_k-Werte (Σ z_k) ergibt die Gesamt-Ahnenhäufigkeit z(CM): Mit einer Generationsverschiebung über 12 Generationen ist **Karl der Große** insgesamt (mindestens) 7.929-mal ein Ahn **Maximilians I.**

Auf die gleiche Weise lassen sich auch die in der (weitaus bescheideneren) AT von Katharina Pudenz enthaltenen Informationen über ihre Mehrfachahnen verdichten. So lässt sich aus Tabelle 1 zum Beispiel einfach ablesen, dass der Ackermann Hans **Döring der Ältere** aus Rüstungen, der um die Jahrhundertwende 1599/1600 bei der Generalmusterung auf dem Eichsfeld erfasst wurde,

---

37 Vgl. z. B. ESTOR 1750; einen aktuellen Überblick geben HARDING / HECHT 2011.

38 RÖSCH 1977, S. 33. Vgl. dazu auch z. B. RICHTER 2012, S. 35.

39 In dem Artikel „Über den Verwandtschaftsgrad" (RÖSCH 1957, S. 214) nennt Rösch diese Schreibweise den „ausführlichen bVG" (= biologischen Verwandtschaftsgrad). Der Begriff „Spektren" wird erstmals von Rösch (1969, S. 129) verwendet. Das Beispiel stammt aus RÖSCH 1977, S. 33.

in der 10. Ahnengeneration viermal und in der 11. Genration dreimal ein Vorfahre von Katharina **Pudenz** ist. Aus der Addition der Hochzahlen ergibt sich für ihn eine Ahnenhäufigkeit z von 4 + 3 = 7.

Tab. 1: Generationsspektren der 18 ausreichend erforschten Mehrfachahnen von Katharina Pudenz

Mehrfachahn	Geburt	kleinste Ahnennr. AN_{min}	größte Ahnennr. AN_m	Generations-spektrum gb(KP)	Ahnen-häufigkeit z(KP)
1. Döring, Conrad	* um 1480	4.128	10.240	$12^4 13^3$	7
2. Döring, Martin	* um 1520	2.064	5.120	$11^4 12^3$	7
3. Döring d. Ä., Hans	* um 1559	1.032	2.560	$10^4 11^3$	7
4. Döring d. J., Hans	* um 1600	516	1.280	$9^4 10^2$	6
5. Rode, Hanns	* vor 1522	4.144	10.256	$12^1 13^2$	3
6. [Rode, N.N.]	* vor 1542	2.072	5.128	$11^1 12^2$	3
7. Rode, Behrnd	* vor 1562	1.036	2.564	$10^1 11^2$	3
8. [Roth], Anna Barbara	* um 1610	519	1.283	$9^1 10^2$	3
9. Roth, Matthias	* um 1610	518	1.282	$9^1 10^2$	3
10. Roth, Anna Martha	* um 1642	259	641	$8^1 9^2$	3
11. Döring, Nikolaus	* um 1634	258	640	$8^1 9^2$	3
12. Schönefeld, Georg	* 1600	524	564	9^2	2
13. Döring, Balthasar	* um 1644	264	272	8^2	2
14. Drebing, Maria Elisabeth	* 1656	263	283	8^2	2
15. Schönefeld, Hans	* 1656	262	282	8^2	2

Mehrfachahn	Geburt	kleinste Ahnennr. AN_{min}	größte Ahnennr. AN_m	Generations-spektrum $gb(KP)$	Ahnen-häufigkeit $z(KP)$
16. Pudenz, Thomas	* um 1633	256	548	$8^1 9^1$	2
17. Döring, Magdalena	* 1666	129	275	$7^1 8^1$	2
18. Pudenz, Johann Hermann	* 1658	128	274	$7^1 8^1$	2
					$\Sigma\, z(KP) = 62$

Verschwisterungslisten (VSL) und Ahnenimplex (i_k): Jeder Ahnenimplex (i_k) wird zwangsläufig durch ein Geschwisterpaar (oder auch mehrere Geschwister) ausgelöst, deren Nachfahren in einer der folgenden Generationen heiraten (*Verwandtenehen*) und schließlich (oft erst nach mehreren Generationen) den Probanden hervorbringen. Dabei ist jede „verwandtschaftliche Verflechtung innerhalb einer Ahnenschaft [...] durch die Summe aller Geschwister-Angaben (Paare bzw. Gruppen) eindeutig bestimmt"[40]. Diese „Ahnengeschwister" nehmen „bei der Berechnung verwandtschaftlicher Verflechtungen eine Daten- und Brückenfunktion ein"[41]. Konkret bedeutet dies, dass allein aus der Zusammenstellung dieser Ahnengeschwister in einer sog. *Verschwisterungsliste* (VSL; vgl. Tab. 3) verschiedene statistisch-genealogische Kennwerte abgeleitet werden können, u. a. sämtliche Ahnennummern der Ahnentafel, der biologische Verwandtschaftsgrad und der Ahnenimplex.

Dass Ahnenimplex nur in einer Ahnenschaft mit „Ahnengeschwistern" (im oben beschriebenen Sinn) auftreten kann, lässt sich an einfachen verwandtschaftlichen Verflechtungen, wie in Abbildung 7 dargestellt, veranschaulichen

In der oberen Reihe sind die vier theoretisch möglichen Typen von Cousin-Cousinen-Heiraten (also zwischen AN = 2 und AN = 3) skizziert; die den Ahnenimplex (in Bezug auf das hier aus Platzgründen nicht eingezeichnete Kind AN = 1 von 2 und 3) auslösenden Ahnengeschwister (5 u. 7; 5 u. 6; 4 u. 7; 4 u. 6) sind grau unterlegt. Als Beispiel: In Variante B ist der Vater (2) des Kindes (1) mit der Tochter (3) des Bruders (6) seiner Mutter (5) verheiratet; die Großmutter väterlicherseits des Kindes ist also eine Schwester des Großvaters mütterlicherseits. Dementsprechend tritt in der Urgroßelterngeneration des Kindes ein Urgroßelternpaar doppelt auf, nämlich 10–11 und 12–13, statt acht gibt es nur sechs verschiedene Urgroßeltern: Ein Ahnenimplex ist entstanden, ausgelöst durch die Ahnengeschwister 5 und 6 (Großeltern des Kindes).

---

40   RICHTER 1997, S. 60.
41   Ebd., S. 61.

Cousin-Cousinen-Ehen aller Verwandtschaftsgrade sind in Deutschland nach bürgerlichem Recht[42] erlaubt. Im katholischen Eherecht[43] waren bis 1917 Ehen zwischen Cousins und Cousinen einschließlich des 3. Grades verboten, heute gilt diese Regelung nur noch für Cousin-Cousinen-Heiraten 1. Grades.[44] Während die Umgangssprache nicht zwischen den vier Typen von Cousin-Cousinen-Ehen differenziert, wird in der Ethnosoziologie unterschieden, ob die Ahnengeschwister gleichen Geschlechts (A und D: *Parallelcousinenheirat*) oder unterschiedlichen Geschlechts (B und C: *Kreuzcousinenheirat*) sind; diese Unterscheidung findet man auch noch in den englischen Verwandtschaftsbezeichnungen (Abb. 7).[45]

8 u. 12	**9 u. 12**	10 u. 12	11 u. 12
8 u. 13	9 u. 13	10 u. 13	11 u. 13
8 u. 14	9 u. 14	10 u. 14	11 u. 14
8 u. 15	9 u. 15	10 u. 15	11 u. 15

Tab. 2: 16 Geschwisterpaar-Kombinationen unter den Urgroßeltern des Kindes für Cousin-Cousinen-Heiraten 2. Grades „von einer Seite". Die fett gedruckte Kombination „9 u. 12" ist als Variante H in Abb. 7 dargestellt.

In Kirchenbüchern stößt man jedoch gelegentlich auf genauere Angaben: Kinder (2 u. 3 in A) von Geschwistern, die Schwestern (5 u. 7) sind, werden *consobrini* genannt, Kinder (2 u. 3 in D) von Geschwistern, die Brüder (4 u. 6) sind, *patrueles*, und Kinder (2 u. 3 in B und C), bei denen der Vater des einen (6 bzw. 4) und die Mutter des anderen (5 bzw. 7) Geschwister sind, *amitini*.[46] Allein aus diesen Bezeichnungen lassen sich für die AT wertvolle Hinweise auf verwandtschaftliche Beziehungen ableiten.[47]

---

42 Verboten sind nach § 1307 BGB nur Geschwisterehen und Ehen in direkter Linie, also Eltern – Kind, Großeltern – Enkel; vgl. auch HUNGERIGE 2020b.

43 Vergleichbare Regelungen gab es auch in den protestantischen Ländern; vgl. dazu SCHLEGEL 1802. Eine umfassende Darstellung der kirchlichen und staatlichen Eheverbote und der Dispenspraxis im 18. und 19. Jahrhundert (mit dem Schwerpunkt auf Österreich) liefert LANZINGER 2015; vgl. dazu auch z. B. PIEPER 2018; STREN 2013; KESSLER 2009.

44 Can. 1091 Codex Iuris Canonici (CIC); vgl. LIBRERIA EDITRICE VATICANA 2003.

45 Vgl. HUNGERIGE 2018, 2020c.

46 LUDWIG 1948, S. 164. Ludwig fand auch Hinweise darauf, dass sich die *Häufigkeiten* der vier Typen von Cousin-Cousinen-Heiraten 1. Grades unterscheiden, und zwar in der Reihenfolge A > B > C > D. Als Ursachen hierfür nennt er neben geschlechtstypischen Mobilitäts- und Altersunterschieden auch den „verwandtenehenstiftenden Einfluß der Mütter" (ebd., S. 165) und spekuliert über den Freudschen Ödipuskomplex als möglichen vierten Einflussfaktor. Replikationen seiner Ergebnisse sind nicht bekannt.

47 Zu lateinischen Verwandtschaftsbezeichnungen s. HUNGERIGE 2020d, sowie HUNGERIGE / KUBA 2020.

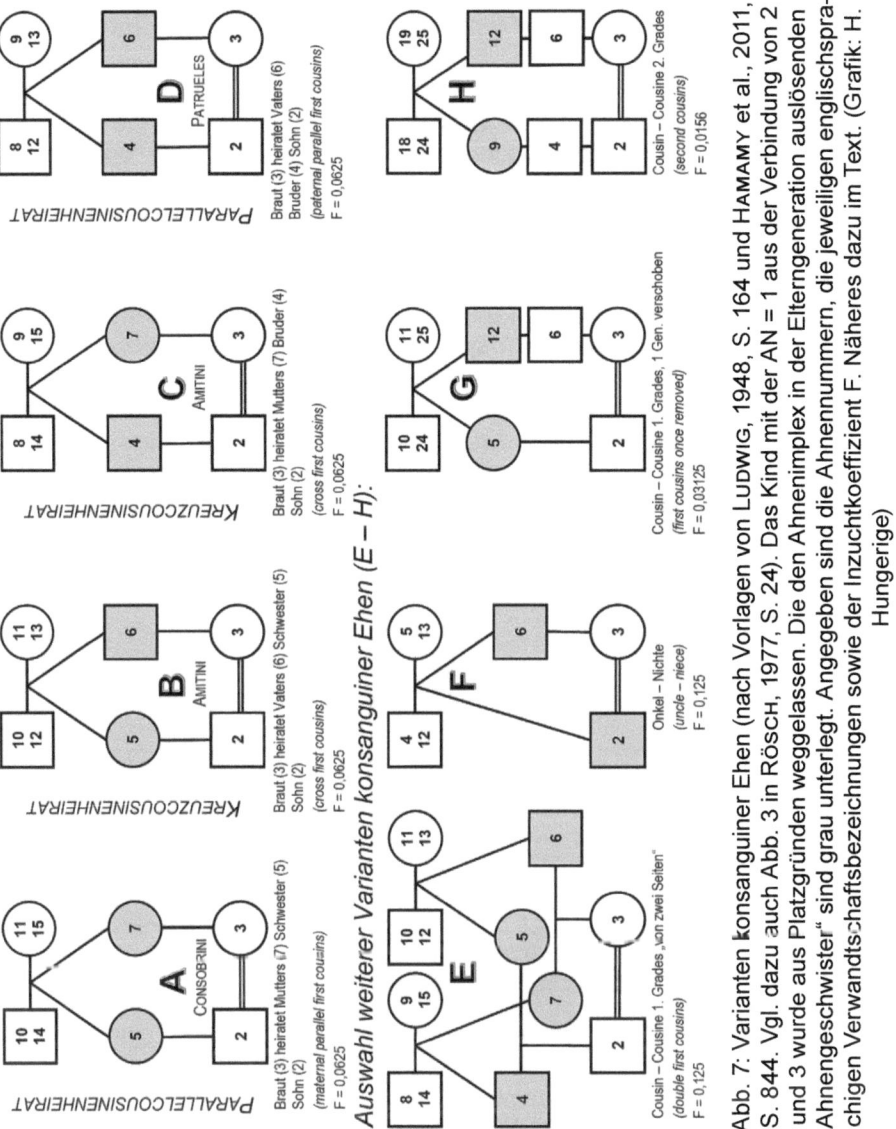

Abb. 7: Varianten konsanguiner Ehen (nach Vorlagen von LUDWIG, 1948, S. 164 und HAMAMY et al., 2011, S. 844. Vgl. dazu auch Abb. 3 in RÖSCH, 1977, S. 24). Das Kind mit der AN = 1 aus der Verbindung von 2 und 3 wurde aus Platzgründen weggelassen. Die den Ahnenimplex in der Elterngeneration auslösenden „Ahnengeschwister" sind grau unterlegt. Angegeben sind die Ahnennummern, die jeweiligen englischsprachigen Verwandtschaftsbezeichnungen sowie der Inzuchtkoeffizient F. Näheres dazu im Text. (Grafik: H. Hungerige)

Auch bei selteneren ehelichen Verbindungen (E bis H) sind Ahnengeschwister stets der Auslöser für einen Implex: Bei der Heirat zwischen Cousin und Cousine 1. Grades „von zwei Seiten" (E) befinden sich in der Großelterngeneration des Kindes (1) zwei Geschwisterpaare; möglich sind die beiden Geschwister-Kombinationen 4 u. 6 / 5 u. 7 (keine Abb.) oder 4 u. 7 / 5 u. 6 (E), statt acht Urgroßeltern gibt es nur vier. Für Cousin-Cousinen-Heiraten 2. Grades „von einer Seite" (H), also bei einem Geschwisterpaar unter den Urgroßeltern des

Kindes, gibt es 16 verschiedene Möglichkeiten (Tab. 2). Statt 16 Ururgroßeltern des Kindes gibt es hier nur 14.

Schnell wächst hier die Anzahl der theoretisch möglichen Kombinationen: Für Cousin-Cousinen-Heiraten 2. Grades „von zwei Seiten" (ohne Abb.) gibt es bereits 72 mögliche Kombinationen von Geschwisterpaaren, und für eine Cousin-Cousinen-Ehe 2. Grades „von drei Seiten" sind 96 mögliche Kombinationen[48] denkbar, *eine* davon ist z. B. durch die Geschwisterpaare 8 u. 15, 10 u. 13 sowie 11 u. 12 definiert.[49]

Der Dresdener Genealoge Felix von Schroeder (1912–2003) hat diese theoretisch möglichen Kombinationen schon 1942 in seinem Artikel „Ahnentafeln mit naher Verwandtschaft der Eltern" systematisch aufgelistet. Er erkannte auch klar die Bedeutung der Ahnengeschwister zur Unterscheidung der vielfältigen verwandtschaftlichen Verflechtungen in einer AT, nutzte sie jedoch noch nicht als Grundlage für Implex- oder Verwandtschaftsberechnungen wie später Arndt Richter, dessen Methode[50] hier beschrieben werden soll.

Berechnung des Ahnenimplex (i$_k$): Im Folgenden soll die Erstellung einer Verschwisterungsliste und die Berechnung des Ahnenimplexes an dem Beispiel der AT von Katharina **Pudenz** gezeigt werden. Es kann dabei allgemein in zwei Schritten nach folgendem Schema vorgegangen werden.

Tab. 3: Verschwisterungsliste (VSL) mit den „ausgefallenen AN" der Geschwistereltern in der AT Katharina **Pudenz** (Darstellung nach RICHTER 1987)

Geschwistergruppen		„ausgefallene AN"
Ahnenstämme	kleinste AN	(Geschwistereltern)
a) Vollgeschwister		
Conrad Pudenz ↔ Anna Barbara Pudenz	64, <u>137</u>	274 / 275
Magdalena Döring ↔ Daniel Döring	129, <u>320</u>	640 / 641
Maria Elis. Schönefeld ↔ Anna Cath. Schönefeld	131, <u>141</u>	282 / 283
b) Halbgeschwister mit gemeinsamem Vater (oder Geschwister ohne bekannte Mutter)		
Johann Carl Döring ↔ Johann Wilhelm Döring	132, <u>136</u>	272
Nikolaus Döring ↔ Balthasar Dör. ↔ Adam Dör.	258, <u>264</u>, <u>276</u>	528; 552
Hans Döring d. J. ↔ Barbara Döring	516, <u>1065</u>	2130
c) Halbgeschwister mit gemeinsamer Mutter (oder Geschwister ohne bekannten Vater)		
keine	---	---

---

48 VON SCHROEDER (1942, Sp. 45) nennt hier noch fälschlich 78 Kombinationsmöglichkeiten (vgl. RICHTER 1997, S. 160, dort Fußnote 48). Vgl. auch HUNGERIGE 2020a.

49 Vgl. dazu Abb. 15 bei RICHTER 1997, S. 64. Bei allen hier beschriebenen Geschwisterpaar-Kombinationen handelt es sich stets um *Vollgeschwister*.

50 Zum Beispiel RICHTER 1987, 1997.

In einem *1. Schritt* sind aus der eigenen Ahnentafel sämtliche Geschwisterpaare und -gruppen aufzulisten, die Vorfahren des Probanden sind. Als Vorarbeit ist dazu ein sog. *Deszentorium* nützlich, also ein Auszug aus der AT, der die Abstammung des Probanden „von einem Ahnen in allen Linien dartut".[51] (Beispiele solcher Deszentorien sind die Tafeln 1 bis 4.)[52] Des Weiteren ist hierbei zwischen *Vollgeschwistern* (alle haben dieselben Eltern) und *Halbgeschwistern* (nur gemeinsamer Vater oder gemeinsame Mutter) zu unterscheiden (vgl. Tab. 3, linke Spalte). Von diesen Voll- oder Halbgeschwistern ist in der mittleren Spalte von Tabelle 3 jeweils die *kleinste Ahnennummer* (die auch die einzige Ahnennummer sein kann) anzugeben. So haben z. B. die Vollgeschwister Conrad **Pudenz** (1709–1795) und Anna Barbara **Pudenz** (1687–1754) die 64 und 137 als kleinste (und einzige) Ahnennummer. Die Eltern von Conrad (64) tauchen mit den Ahnennummern 128 (= 2 x 64) und 129 (= 2 x 64 + 1) erstmals in der Ahnentafel auf, allerdings ein weiteres Mal auch als Eltern von Anna Barbara (137) mit den Ahnennummern 274 (= 2 x 137) und 275 (= 2 x 137 + 1): Sie sind „Mehrfachahnen", also im Sinne der AT-Erforschung „ausgefallen", da sie schon in der Ahnentafel auf einem niedrigen Platz „vorhanden" und somit schon „erforscht" sind.[53] Diese „ausgefallenen Ahnennummern" sind in der rechten Spalte von Tabelle 3 aufzulisten. Es ist dabei darauf zu achten, dass bei *Halbgeschwistern* jeweils nur *ein* Elternteil „ausfällt" (vgl. b in Tab. 3).

In einem *2. Schritt* sind die kleinsten Ahnennummern in der mittleren Spalte von Tabelle 3 in die linke Spalte von Tabelle 4 zu übertragen. Die „ausgefallenen Ahnennummern" aus Tabelle 3 müssen nun *nach Generationen sortiert* aufgelistet werden, im Beispiel von k = 8 bis k = 13. Von 137 (Anna Barbara **Pudenz**) fallen also in Generation k = 8 die Eltern 274 und 275 „aus", da sie bereits mit den Ahnennummern 128 und 129 als Eltern von 64 (Conrad **Pudenz**) in der Ahnentafel auftauchen. Damit fallen aber auch in Generation k = 9 vier Großeltern aus, in k = 10 acht Urgroßeltern usw. – sie alle sind ja schon als Vorfahren von Conrad in der Ahnentafel vorhanden. Der Baseler Journalist und Genealoge Julius Oscar Hager (1853–1914) bezeichnete 1907 diese sich in höheren Generationen „mechanisch" fortsetzenden Implexe als *Konsekutiv-Implexe*, im Unterschied zum auslösenden *Original-Implex*. Griffiger erscheint hier jedoch die von Arndt Richter eingeführte Unterscheidung *primärer* vs. *sekundärer* Implex.

---

51 FORST-BATTAGLIA 1913, S. 11. Vgl. auch HEYDENREICH 1913, S. 45, sowie HAGER 1907a; 1907b; 1912.

52 Die Tafeln 1 bis 4 wurden mit *MS Word* erstellt; vgl. HUNGERIGE 2019.

53 Im *biologischen Sinn* sind 274 und 275 jedoch *nicht* ausgefallen; im Gegenteil: Sie *verstärken* den Erbeinfluss auf den Probanden der AT.

Tab. 4: Berechnung des Ahnenimplexes i_k in der AT Katharina **Pudenz**
(nach RICHTER 1987)

Generation k AN_k	"ausgefallene" Ahnen					
	k = 8 256-511	k = 9 512-1023	k = 10 1024-2047	k = 11 2048-4095	k = 12 4096-8191	k = 13 8192-16383
Vollgeschw.-Gruppen:						
64, 137	274 / 275 2	4	8	16	32	64
131, 141	282 / 283 2	4	8	16	32	64
129, 320		640 / 641 2	4	8	16	32
Halbgeschw.-Gruppen:						
132, 136	272 1	2	4	8	16	32
258, 264		528 1	2	4	8	16
276		552 1	2	4	8	16
516, 1065				2130 1	2	4
$at_k - ap_k$	**5**	**14**	**28**	**57**	**114**	**228**
ap_k	251	498	996	1991	3982	7964
at_k	256	512	1024	2048	4096	8192
$\dfrac{at_k - ap_k}{at_k}$	$\dfrac{5}{256}$	$\dfrac{14}{512}$	$\dfrac{28}{1024}$	$\dfrac{57}{2048}$	$\dfrac{114}{4096}$	$\dfrac{228}{8192}$
i_k	0,0195	0,0273	0,0273	0,0278	0,0278	0,0278
i_k %	1,95 %	2,73 %	2,73 %	2,78 %	2,78 %	2,78 %

Die *Summe der ausgefallenen Ahnen pro Generation* (also spaltenweise; in Tab. 4 fett gedruckt) ergibt nun die Differenz ($at_k - ap_k$) zwischen der *theoretischen Anzahl der Ahnen in der Generation k* ($at_k = 2^k$) und der *tatsächlich vorhandenen physischen Anzahl der Ahnen in Generation k* (ap_k) bei Ahnenimplex; wobei jede Person, die in der Ahnentafel mehrfach vorkommt, nur einmal gezählt wird (und zwar bei ihrer niedrigsten Ahnennummer).

Aus dem Verhältnis von ($at_k - ap_k$) zu at_k lässt sich nun der *Ahnenimplex* i_k einfach berechnen:

$$i_k = \frac{(at_k - ap_k)}{at_k} \quad \text{oder} \quad 1 - \frac{ap_k}{at_k}$$

Wie aus Tabelle 4 zu ersehen, erhöht sich der Ahnenimplex nur in den Generationen, in denen tatsächlich auch Ahnen "ausfallen": In den Generationen k = 10 sowie k = 12 und 13 bleibt der Implex im Vergleich zu den vorhergehenden Generationen gleich, da nur *sekundärer* Implex auftritt. Da einige Genealogie-Programme nicht zwischen primärem und sekundärem Implex unterscheiden, werden die berechneten Implex-Werte systematisch überschätzt.

Inzuchtkoeffizient (F): Neben dem Ahnenimplex i_k (auch *Ahnenverlustkoeffizient (AVK)* genannt) wird bei Verwandtschaftstafeln auch gerne der *Inzuchtkoeffizient F (coefficient of inbreeding)* angegeben. Auch dieses, erstmals 1922 von dem Populationsgenetiker Sewall G. Wright (1889–1988) vorgestellte Maß kann ausschließlich aus der Kenntnis der oben beschriebenen Verschwisterungslisten (VSL) berechnet werden.

Autosomale Gene liegen immer paarweise vor (*Allele*). Ein Allel erhält das Kind von seinem Vater, das andere von seiner Mutter. Allele sind also unterschiedliche Varianten eines Gens, die sich am gleichen Genort (*Locus*) der jeweiligen Chromosomenpaare befinden. Erhält ein Kind *identische* Allele von Vater und Mutter, ist es bezüglich dieses Gens *homozygot*, erhält es *unterschiedliche* Allele ist es bezüglich dieses Gens *heterozygot*. Der Inzuchtkoeffizient F beschreibt nun die „Wahrscheinlichkeit, dass eine homozygote Person beide Allele eines Gens von einem einzigen gemeinsamen Vorfahren der Eltern geerbt hat"[54]. Er ist also ein Wahrscheinlichkeitsmaß dafür, „dass sich bei Nachkommen von bereits eng biologisch verwandten Eltern dieselbe (zufällig ausgewählte) Erbinformation findet wie bei dem letzten gemeinsamen Vorfahren der beiden Elternteile"[55].

Die „klassische" Berechnung des Inzuchtkoeffizienten erfolgt mit Hilfe der um 1918 entwickelten *Pfadanalyse*[56] nach folgender Formel, bei der k_1 die Anzahl der Generationen vom Vater zum gemeinsamen Vorfahren und k_2 die Anzahl der Generationen von der Mutter zum gemeinsamen Vorfahren ist:

$$F = \sum \left(\frac{1}{2}\right)^{k_1 + k_2 + 1}$$

Es wird also dabei die Summe für jeden gemeinsamen Vorfahren gebildet. In Abbildung 7 sind die Inzuchtkoeffizienten für die ausgewählten Varianten konsanguiner Ehen (A bis H) angegeben. Zum Beispiel ist bei einer um eine Generation verschobenen Cousin-Cousinen-Heirat 1. Grades (G in Abb. 7) F = 0,03125, da die Anzahl der Generationen vom Vater (2) zum gemeinsamen Vorfahren k_1 = 2 und die Anzahl der Generationen von der Mutter (3) zum gemeinsamen Vorfahren k_2 = 3 ist (Abb. 8). Da in der AT des Kindes (1) die Großmutter väterlicherseits (5) und ein Urgroßvater mütterlicherseits (12) Geschwister sind (und deren Eltern damit in der AT des Kindes doppelt vorkommen: 10 u. 11 bzw. 24 u. 25), muss addiert werden:

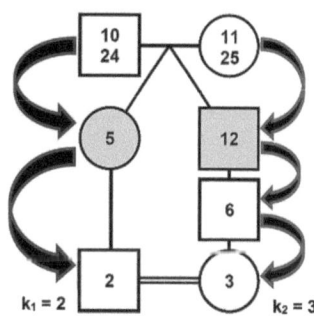

Abb. 8: Pfadanalyse zur Berechnung des Inzuchtkoeffizienten (Beispiel; Erklärung im Text)

$$F = 0{,}5^{2+3+1} + 0{,}5^{2+3+1} = 0{,}5^6 + 0{,}5^6 = 0{,}03125$$

---

54 Vgl. MURKEN et al. 2017, S. 255.
55 Zit. nach Wikipedia, Eintrag „Inzuchtkoeffizient", 01.04.2019.
56 Vgl. WRIGHT 1934; vgl. auch HUNGERIGE 2020e (dort ist die unten stehende Berechnungsformel wegen eines Druckfehlers falsch angegeben).

Das Kind hat also eine Wahrscheinlichkeit von 3,125% für irgendein Allel seiner Vorfahren 10 u. 11 (bzw. 24 u. 25) homozygot zu sein. Da das Basisrisiko für ein Kind mit einer nicht vorhersagbaren genetischen Erkrankung für die Allgemeinbevölkerung mit 2-4% angegeben wird, gilt dies als genetisch unbedenklich.[57] Bei einer Cousin-Cousinen-Heirat 1. Grades erhöht sich dieses Risiko für das Kind aber auf das Doppelte (6,25%; vgl. Abb. 7) und liegt damit über dem Basisrisiko.

Verwandtschaftskoeffizient (R): Der Inzuchtkoeffizient F entspricht durchschnittlich der Hälfte des *Verwandtschaftskoeffizienten R (coefficient of relationship)* der beiden Elternteile zueinander, da sie jeweils nur 50 % ihrer Gene vererben (R = 2F). Er gibt also die Nähe der biologischen Verwandtschaft zweier Lebewesen anhand der Wahrscheinlichkeit an, dass sie dieselbe (zufällig ausgewählte) Erbinformation (dieselbe Kopie eines Allels) voneinander oder einem gemeinsamen Vorfahren geerbt haben. Zwischen einem Elternteil und seinem leiblichen Kind sowie zwischen Vollgeschwistern besteht ein Verwandtschaftskoeffizient von R = 0,5 (½), zwischen Halbgeschwistern sowie Großeltern und Enkel nur noch ein Verwandtschaftskoeffizient von R = 0,25 (¼). In der Variante G aus Abbildung 7 beträgt R = 2F = 2 x 0,03125 = 0,0625 ($^1/_{16}$).

Inzucht- und Verwandtschaftskoeffizient in der „Quantitativen Genealogie": Rösch (1955) erwähnt in seiner „Quantitativen Genealogie" den Inzuchtkoeffizienten F und den Verwandtschaftskoeffizienten R nicht. Der Grund dafür ist, dass Rösch weniger an dem vor allem für die Tierzucht relevanten Inzuchtkoeffizienten, sondern vielmehr an der biologischen Nähe des Probanden zu einzelnen Vorfahren (besonders bei Mehrfachverwandtschaft) interessiert war. Wrights Verwandtschaftskoeffizient (R) entspricht jedoch numerisch Röschs *mittlerem biologischen Verwandtschaftsanteil zweier Individuen* (b), es gilt also:

$$R = b \text{ bzw. } F = {}^b/_2$$

Berechnung des Verwandtschafts- und Inzuchtkoeffizienten über Generationsspektren: Gehen wir noch einmal zurück zu Tabelle 1. Hans **Döring der Jüngere** ist dort mit einem Generationsspektrum von gb = $9^4 10^2$ angegeben, er ist also als Mehrfachahn 4x im 9. Grad und 2x im 10. Grad mit Katharina **Pudenz** verwandt: gb gibt also den *biologischen Verwandtschaftsgrad zweier Individuen* an. Versieht man die vom Probanden aufsteigenden Generationen k mit einem Minuszeichen (also -9 und -10), berechnet sich der *mittlere biologische Verwandtschaftsanteil* b (oder Verwandtschaftskoeffizient R, siehe oben) zweier Individuen über 2^{-k} oder (wegen des Potenzgesetzes) über $1/2^k$, in unserem Beispiel also $1/2^9$ bzw. $1/2^{10}$. Nun geht aber Hans **Döring d. J.** mit seinen Genen in der k = 9. Generation *viermal* und in der k = 10. Generation *zweimal* in die AT

---

57 MURKEN et al. 2017, S. 257.

von Katharina **Pudenz** ein. Um den mittleren biologischen Verwandtschaftsanteil b zu berechnen, muss also gewichtet aufsummiert werden:[58]

$$b = \sum \frac{1}{2^k} = \left(4 \times \frac{1}{2^9}\right) + \left(2 \times \frac{1}{2^{10}}\right) = 0,00977 = R$$

Aus der Kenntnis des Generationsspektrums lässt sich also auf diese Weise leicht der mittlere biologische Verwandtschaftsgrad b bzw. der Verwandtschaftskoeffizient R berechnen. R bzw. b lassen sich immer auch als Bruch darstellen, in diesem Fall $^5/_{512}$. Und da F = $^b/_2$ ist, lässt sich auch der Inzuchtkoeffizient mit F = 0,00488 oder $^5/_{1024}$ angeben.

Berechnung der „Erbwirksamkeit" eines Mehrfachahnen: Genealogisch interessanter und aussagekräftiger als der Verwandtschafts- und Inzuchtkoeffizient[59] ist die „Erbwirksamkeit" eines Mehrfachahnen.[60] Zunächst sind die Ahnen eines Probanden, die ihm näher liegen, biologisch von weitaus größerer Bedeutung als weit entfernte Ahnen, da sich der Gen-Anteil eines Probanden von einem Ahnen ja mit jeder weiteren Generation halbiert. Wie der deutsche Mathematiker und Autor mehrerer Schullehrbücher Hermann Athen (1911–1980) mathematisch zeigen konnte, ist die „Autosomen-Verwandtschaft" nach „der 6. Generation eher unwahrscheinlich als wahrscheinlich"[61], da durchschnittlich nur noch $1/2^6 = ^1/_{64}$ der Gene des Ahnen den Probanden erreichen. Es liegt aber auf der Hand, dass die biologische Bedeutung eines Ahnen für den Probanden umso größer ist, *je häufiger* er in der AT des Probanden auftaucht, da „seine Gene" dann über viele (nämlich z > 1) verschiedene Nachfahrenlinien ihren Weg zum Probanden gefunden haben. Wie lässt sich also die Erbwirksamkeit eines *Mehrfachahnen* in einer bestimmten Generation mit der Erbwirksamkeit eines *einfachen Ahns* in einer bestimmten Generation vergleichen?[62]

---

58 Die Berechnung wird ausführlich dargestellt in dem von Weert MEYER verfassten Kap. XII in RICHTER 1997; vgl. dazu insbesondere Abb. XII 2a auf S. 94. Vgl. auch MEYER 1995.

59 Vgl. dazu RICHTER 1997, S. 60: „Dieser Statistik-Kennwert der Genetik ist [...] von geringer Bedeutung, da er bei verwandtschaftlich stark verflochtenen Ahnentafeln den summarischen *Verwandtschafts-Mischwert* aus Hunderten (bzw. Tausenden) von gemeinsamen Ahnen darstellt."

60 Otto Forst-Battaglia (1889–1965) spricht in diesem Zusammenhang auch von „Erbintensität"; vgl. FORST-BATTAGLIA 1932, S. 18ff., sowie 1948, S. 162ff.

61 ATHEN 1982, S. 424. Der Artikel beruht auf einem 1980 in Kopenhagen gehaltenen Vortrag und wurde 1982 posthum publiziert.

62 Vgl. hierzu RICHTER 1997, S. 13: „Mittels der Rechenverfahren der Quantitativen Genealogie bzw. Biostatistik kann niemals die wahre Erbwirksamkeit eines weit zurückliegenden Ahns errechnet werden. Immer müssen wir uns aufgrund der hochkomplizierten Erbstruktur und Vererbungsweise mit durchschnittlichen *Wahrscheinlichkeits-Werten* begnügen."

In Röschs quantitativer Genealogie gibt auf diese Frage der sog. *summarische biologische Verwandtschaftsgrad* (abgekürzt mit g'b) eine Antwort. Er berechnet sich über den Betrag des dualen Logarithmus' von b. Da Taschenrechner häufig über keine Funktionstaste für den dualen Logarithmus ($\log_2$ oder ld, Logarithmus dualis) verfügen, lässt sich b auch über den üblichen dekadischen Logarithmus ($\log_{10}$ oder lg) berechnen, da nach den Logarithmen-Gesetzen gilt:

$$g'b = |\log_2 b| = \left|\frac{\log_{10} b}{\log_{10} 2}\right| = \frac{1}{\log_{10} 2} \times |\log_{10} b| \approx 3{,}32 \times |\log_{10} b|$$

Für Hans **Döring den Jüngeren** ergibt sich also beispielsweise mit $b = {}^5/_{512}$:

$$g'b \approx 3{,}32 \times \left|\log_{10}\left(\frac{5}{512}\right)\right| \approx 6{,}67$$

Im Gegensatz zum Inzucht- oder Verwandtschaftskoeffizienten lässt sich auch bei Mehrfachverwandtschaften dieser genealogisch-statistische Kennwert gut inhaltlich interpretieren: Er besagt, dass Hans **Döring d. J.** (der nur in der 9. und 10. Generation auftritt) die gleiche Erbwirksamkeit wie *ein einfacher Ahn* in der Generation g'b = 6,67 hat.

Nun wissen wir, dass Hans **Döring d. J.** 4x in der 9. und 2x in der 10. Ahnengeneration (gb = $9^4 10^2$) von Katharina **Pudenz** zu finden ist, er ist also „etwas häufiger" in der 9. Generation anzutreffen. Um dieses „etwas häufiger" genauer zu spezifizieren, schlägt Rösch als Maß den *Schwerpunktwert des biologischen Verwandtschaftsgrades* (gb$_s$) vor. Er ist das arithmetische Mittel der gb-Werte über alle Einzelgenerationen des Mehrfachahns und berechnet sich über

$$gb_s = \sum \frac{z_k \times k}{z}$$

wobei k die Ahnengeneration (diesmal ohne Minuszeichen), z_k die Häufigkeit des Ahnen in Generation k und z die gesamte Ahnenhäufigkeit des Mehrfachahnen (über alle Generationen) ist. Für das Beispiel ergibt sich:

$$gb_s = \frac{(4 \times 9) + (2 \times 10)}{6} = \frac{56}{6} = 9\frac{1}{3} = 9{,}33$$

Bei einem „überschaubaren" Generationsspektrum wie gb = $9^4 10^2$ ist das nicht weiter überraschend: Da Hans **Döring d. J.** viermal in Generation 9 und nur zweimal in Generation 10 auftritt, liegt sein gb$_s$-Wert näher an der 9. als an der 10. Generation. Bei weit zurückliegenden Ahnen wie **Karl dem Großen**, der über 12 oder (in dem zu Beginn erwähnten Beispiel der **Prinzessin Maria Josepha von Sachsen**) sogar über 36 Generationen in einer AT als Mehrfachahn in Erscheinung tritt, lässt sich dies jedoch nicht so einfach aus dem Generationsspektrum ablesen.

gb-Dreieckdiagramm: Bringt man den gb$_s$-Wert (9,33) mit dem g'b-Wert (6,67) in einen Zusammenhang (gb$_s$ – g'b), lässt sich der g'b-Wert noch präziser inhaltlich interpretieren: Gegenüber dem Schwerpunkt gb_s ist Hans **Döring d. J.** durch seine Mehrfachahnenschaft (statistisch) um mehr als 2 ½ Generationen (genau: um 2,66 Generationen) an Katharina **Pudenz** „herangerückt". Mit einem Generationsabstand von durchschnittlich 33,3 Jahren ergibt dies ungefähr 2,66 x 33,3 = 89 Jahre: Es ist also so, als ob (genetisch) nicht 300 sondern nur 211 Jahre die beiden trennten.[63]

Neben dieser *numerischen* Deutung schlug Rösch auch eine *grafische* Interpretation vor: Das *gb-Dreieckdiagramm*.[64] Hierzu müssen für alle Ahnen die gb_s-Werte auf der x-Achse und die g'b-Werte auf der y-Achse abgetragen werden. Um ein „Optimum an Anschaulichkeit"[65] zu erhalten, wählte Rösch dafür aber kein übliches *kartesisches* Koordinatensystem (bei dem die y-Achse senkrecht auf der x-Achse steht) sondern ein *obliques* („schiefwinkeliges") Koordinatensystem, bei dem die y-Achse (g'b) in einem 60°-Winkel zur x-Achse (gb_s) geneigt ist, sodass die Form eines (nach rechts „offenen"[66]) Dreiecks entsteht.

Jeder der Punkte markiert dann einen Ahnen des Probanden, der bei den Koordinaten (0/0) in der Ecke C des Dreiecks zu finden ist. Alle Ahnen, die *einfache Ahnen* (z = 1) des Probanden sind, liegen auf der g'b-Achse ($\overline{CB}$), da für sie gilt: gb_s = g'b = gb. *Mehrfachahnen* mit z > 1 dagegen rücken von der g'b-Achse ab, und zwar stets *unter* diese, da gb_s immer größer als g'b ist.[67] Bei Mehrfachahnen mit z = 2 und gleichem Generationsabstand (also *ohne Generationsverschiebung*) wie einfache Ahnen mit z = 1, „rutscht" der darzustellende Punkt von der g'b-Achse *nach rechts unten* ab. Tritt jedoch zusätzlich eine *Generationsverschiebung* auf (unterschiedliche Generationsabstände), so tritt zum „Abrutschen" des g'b-Wertes noch eine *durch gb_s verursachte Rechtsverschiebung* hinzu.

Abbildung 9 verdeutlicht dies anhand ausgewählter Ahnen von Katharina **Pudenz**: Beginnend mit ihrem Vater Wilhelm **Pudenz** (2) bis zu ihrem Urururururgroßvater Conrad **Pudenz** (64) liegen alle Vorfahren ihrer väterlichen Linie genau auf der g'b-Achse: Sie alle sind *einfache* Ahnen, und es tritt somit auch keine Generationsverschiebung auf. Conrads Großvater beispielsweise, der Wilbicher Müllermeister Thomas **Pudenz** (256, 548; in Abb. 9 grün markiert), weicht jedoch mit dem gb-Spektrum 8^19^1 von der g'b-Achse ab: Durch seine *Mehrfachahnenschaft* (z = 2) „rutscht" der ihn darstellende Punkt parallel zur $\overline{AB}$-Achse nach rechts unten ab. Und durch die vorhandene *Generationsverschiebung* (er kommt in der 8. und 9. Generation vor) verschiebt sich der Punkt nochmal

---

63 Vgl. RÖSCH 1977, S. 34.

64 RÖSCH 1977, S. 34–42.

65 Ebd., S. 36.

66 Im gb-Dreieckdiagramm steht nur der Eckpunkt C fest; die ihm gegenüberliegende Seite $\overline{AB}$ kann je nach Bedarf beliebig weit hinausgerückt werden.

67 *Oberhalb* der g'b-Achse können also keine Mehrfachahnen liegen, weswegen bei der Darstellung auf die Fläche oberhalb dieser Achse verzichtet werden kann.

parallel zur $\overline{CA}$-Achse ein Stück nach rechts (und zwar genau bis zum gb_s-Wert von 8,5, also dem *Schwerpunktwert des biologischen Verwandtschaftsgrades*).[68] Auf der $\overline{AB}$-Achse lässt sich dann ablesen, dass Thomas **Pudens** von seinem Schwerpunktwert um genau $(gb_s - g'b) = (8,5 - 7,41) = 1,08$ Generationen an die Probandin Katharina **Pudenz** „herangerückt" ist.

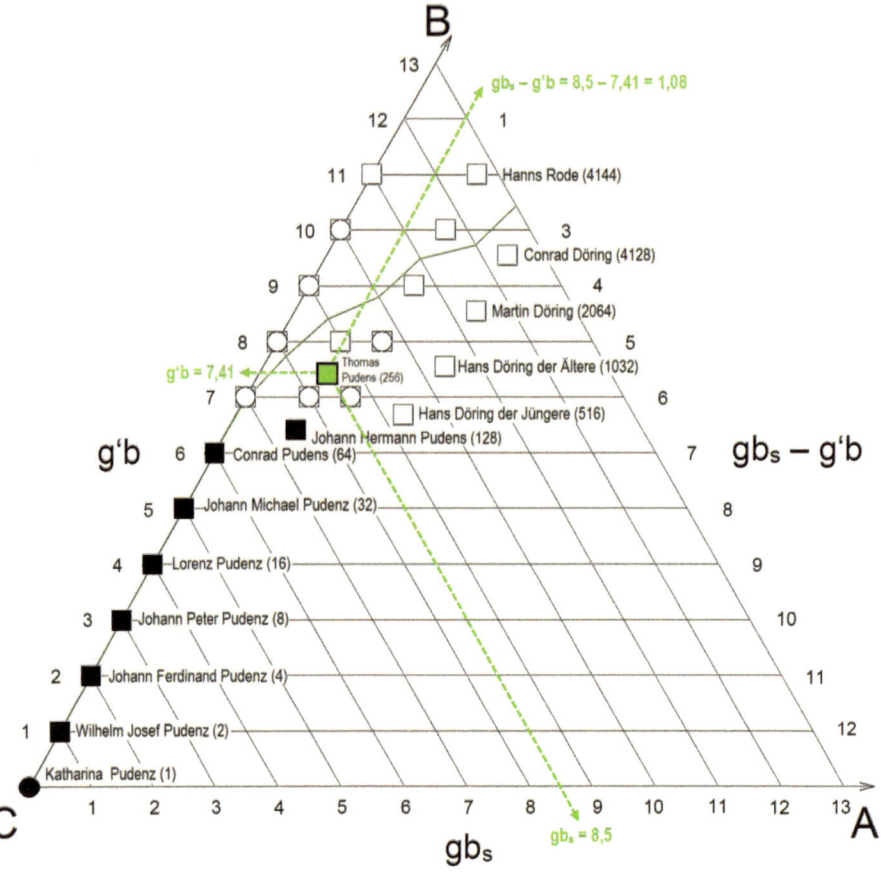

Abb. 9: gb-Dreieckdiagramm (nach RÖSCH 1977) für ausgewählte Ahnen von Katharina **Pudenz**. (Die Grafik wurde mit dem Programm „Ahnenimplex" von Martin Jülich erzeugt.)

---

68 Ergänzend ist anzumerken, dass die in Abb. 9 eingetragenen Punkte sehr oft *mehrere* Ahnen repräsentieren: Dort, wo z. B. Johann Peter **Pudenz** (8) eingetragen ist, sind auch die übrigen sieben Ahnen dieser Ahnenreihe anzutreffen, Johann Hermann **Pudens** (128) teilt sich den Platz mit seiner Ehefrau Magdalena **Döring** (129), usw. Zur besseren Darstellung wurde jeweils nur ein Ahn pro Platz ausgewählt.

Rösch verallgemeinert diese Zusammenhänge in Form von drei einfachen Regeln:[69]

(1) Auf jeder zur Seite $\overline{AB}$ parallelen Geraden ist der gb_s-Wert, also der *Schwerpunktwert des biologischen Verwandtschaftsgrades*, konstant.
(2) Auf jeder zur Seite $\overline{AC}$ parallelen, also horizontalen Geraden ist der g'b-Wert, also der *(summarische) biologische Verwandtschaftsgrad*, konstant.
(3) Auf jeder zur Seite $\overline{BC}$ parallelen Geraden ist der Betrag, um den (statistisch gesehen) der dargestellte Proband infolge seiner Mehrfachabstammung an den Ahnen „herangerückt" (also der Wert gb_s – g'b), konstant.

Bringt man die summarischen biologischen Verwandtschaftsgrade g'b der Mehrfachahnen von Katharina **Pudenz** in eine *Rangreihe* (Tab. 5), erhält man exakte Vergleichskennwerte für die Erbwirksamkeit der einzelnen Ahnen: Je kleiner der g'b-Wert, umso „genetisch näher" rückt der Ahn dem Probanden. Der Müllermeister Johann Hermann **Pudens** (1658–1732) und seine Ehefrau Magdalena **Döring** (1666–1738) nehmen hier in der Ahnenschaft von Katharina **Pudenz** eine Spitzenposition ein.

Tab. 5: Statistisch-genealogische Kennwerte (gb, b, g'b und gb_s) nach RÖSCH (1955) der 18 ausreichend erforschten Mehrfachahnen von Katharina **Pudenz**. (Erläuterungen dazu im Text.)

Name	Geburt	AN_{min}	z	gb	b	g'b	gb_s	gb_s–g'b
1. Magdalena Döring	1666	129	2	$7'8^1$	3/256	**6,41**	7,5	1,09
2. Johann Hermann Pudens	1658	128	2	$7'8^1$	3/256	**6,41**	7,5	1,09
3. Hans Döring d. J.	um 1600	516	6	$9'10^2$	5/512	**6,67**	9,33	2,66
4. Anna Martha Roth	um 1642	259	3	$8'9^2$	1/128	**7,00**	8,66	1,66
5. Nicolaus Döring	um 1634	258	3	$8'9^2$	1/128	**7,00**	8,66	1,66
6. Balthasar Döring	um 1645	264	2	8^2	1/128	**7,00**	8	1,00
7. Maria Elisabeth Drebing	1656	263	2	8^2	1/128	**7,00**	8	1,00
8. Hans Schönefeld	1656	262	2	8^2	1/128	**7,00**	8	1,00
9. Thomas Pudens	um 1633	256	2	$8'9^1$	3/512	**7,41**	8,5	1,09

---

69 RÖSCH 1977, S. 40.

Name	Geburt	AN_{min}	z	gb	b	g'b	gb_s	$gb_s-g'b$
10. Hans Döring d. Ä.	um 1559	1032	7	$10^4 11^3$	11/2048	**7,54**	10,42	2,88
11. Anna Barbara N.N. (Roth)	um 1610	519	3	$9^1 10^2$	1/256	**8,00**	9,66	1,66
12. Matthias Roth	um 1642	518	3	$9^1 10^2$	1/256	**8,00**	9,66	1,66
13. Georg Schönefeld	1600	524	2	9^2	1/256	**8,00**	9	1,00
14. Martin Döring	1520	2064	7	$11^4 12^3$	11/4096	**8,54**	11,42	2,88
15. Behrnd Rodt (Rode)	vor 1562	1036	3	$10^1 11^2$	1/512	**9,00**	10,66	1,66
16. Conrad Döring	um 1480	4128	7	$12^4 13^3$	11/8192	**9,54**	12,42	2,88
17. N.N. Rode	vor 1542	2072	3	$11^1 12^2$	1/1024	**10,00**	11,66	1,66
18. Hanns Rode	vor 1522	4144	3	$12^1 13^2$	1/2048	**11,00**	12,66	1,66

Abschließend hierzu noch eine Bemerkung: In der derzeit populären (und teilweise heftig umstrittenen) *DNA-Genealogie*[70] können je nach Fragestellung unterschiedliche Arten von DNA untersucht werden: Die „normale" *autosomale DNA* (atDNA), die *DNA des Y-Chromosoms*[71] (yDNA), die nur über die rein väterliche Linie weitergegeben wird, die *DNA des X-Chromosoms* (xDNA) mit der Besonderheit, dass Männer ihr einziges X-Chromosom nur an ihre Töchter weitergeben können, nicht aber an ihre Söhne (wodurch unterschiedliche Häufigkeiten X-chromosomaler Ahnen in den Generationen entstehen), sowie die *mitochondriale DNA* (mtDNA), die nur über die rein mütterliche Linie vererbt wird. Siegfried Rösch hat 1955 die oben beschriebenen Berechnungsmethoden ausschließlich für den *autosomalen Erbgang* entwickelt. 1979 wurden diese durch Arndt Richter auf die *X-chromosomale* Verwandtschaft[72] erweitert; aus Platzgründen muss auf diese aber in einem späteren Artikel eingegangen werden.

---

70 Vgl. zur Einführung BETTINGER 2016; BETTINGER / PARKER WAYNE 2016. Kurze deutschsprachige Einführungen geben z. B. KEMPER 2017, sowie SCHOLZ 2017; zur Kritik daran z. B. KRAMER 2015, sowie ROTH / IVEMARK 2018.

71 Vgl. z. B. PREUSCHHOF 2009, 2016; WESTREICH 2017.

72 Vgl. z. B. RICHTER 1979, 1997, 2006.

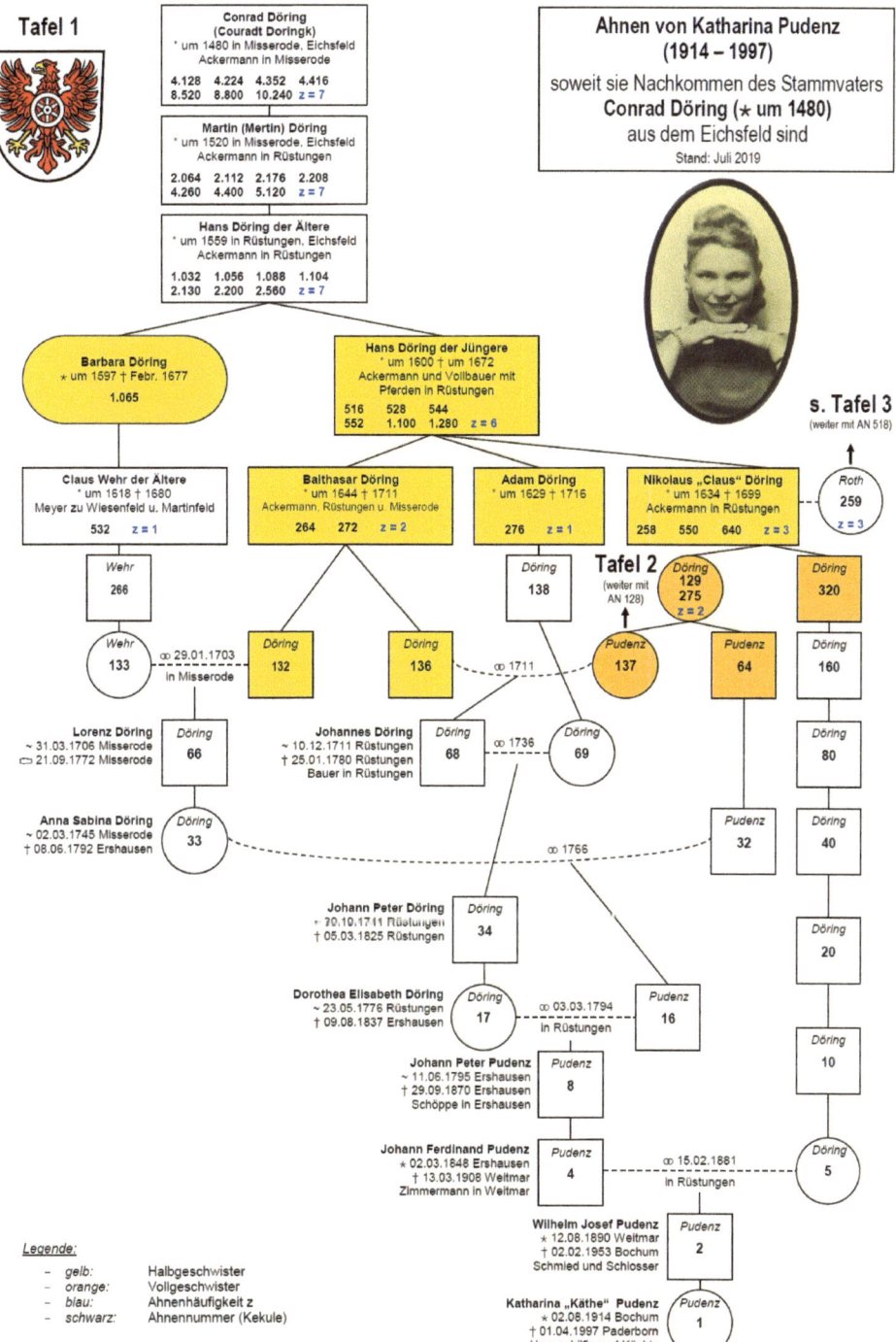

Tafel 1

Conrad Döring
(Couradt Doringk)
* um 1480 in Misserode, Eichsfeld
Ackermann in Misserode

4.128	4.224	4.352	4.416
8.520	8.800	10.240	z = 7

Martin (Mertin) Döring
* um 1520 in Misserode, Eichsfeld
Ackermann in Rüstungen

2.064	2.112	2.176	2.208
4.260	4.400	5.120	z = 7

Hans Döring der Ältere
* um 1559 in Rüstungen, Eichsfeld
Ackermann in Rüstungen

1.032	1.056	1.088	1.104
2.130	2.200	2.560	z = 7

Ahnen von Katharina Pudenz
(1914 – 1997)

soweit sie Nachkommen des Stammvaters
Conrad Döring (* um 1480)
aus dem Eichsfeld sind

Stand: Juli 2019

s. Tafel 3
(weiter mit AN 518)

Barbara Döring
* um 1597 † Febr. 1677

1.065

Hans Döring der Jüngere
* um 1600 † um 1672
Ackermann und Vollbauer mit
Pferden in Rüstungen

516	528	544
552	1.100	1.280	z = 6

Claus Wehr der Ältere
* um 1618 † 1680
Meyer zu Wiesenfeld u. Martinfeld

532   z = 1

Balthasar Döring
* um 1644 † 1711
Ackermann, Rüstungen u. Misserode

264   272   z = 2

Adam Döring
* um 1629 † 1716
Ackermann in Rüstungen

276   z = 1

Nikolaus „Claus" Döring
* um 1634 † 1699
Ackermann in Rüstungen

258   550   640   z = 3

Roth
259
z = 3

Wehr
266

Tafel 2
(weiter mit
AN 128)

Döring
138

Döring
129
275
z = 2

Döring
320

Wehr
133   ∞ 29.01.1703
in Misserode

Döring
132

Döring
136   ∞ 1711

Pudenz
137

Pudenz
64

Döring
160

Lorenz Döring
~ 31.03.1706 Misserode
⌂ 21.09.1772 Misserode

Döring
66

Johannes Döring
~ 10.12.1711 Rüstungen
† 25.01.1780 Rüstungen
Bauer in Rüstungen

Döring
68   ∞ 1736

Döring
69

Döring
80

Anna Sabina Döring
~ 02.03.1745 Misserode
† 08.06.1792 Ershausen

Döring
33   ∞ 1766

Pudenz
32

Döring
40

Johann Peter Döring
* 20.10.1741 Rüstungen
† 05.03.1825 Rüstungen

Döring
34

Döring
20

Dorothea Elisabeth Döring
~ 23.05.1776 Rüstungen
† 09.08.1837 Ershausen

Döring
17   ∞ 03.03.1794
in Rüstungen

Pudenz
16

Döring
10

Johann Peter Pudenz
~ 11.06.1795 Ershausen
† 29.09.1870 Ershausen
Schöppe in Ershausen

Pudenz
8

Döring
5

Johann Ferdinand Pudenz
* 02.03.1848 Ershausen
† 13.03.1908 Weitmar
Zimmermann in Weitmar

Pudenz
4   ∞ 15.02.1881
in Rüstungen

Wilhelm Josef Pudenz
* 12.08.1890 Weitmar
† 02.02.1953 Bochum
Schmied und Schlosser

Pudenz
2

Katharina „Käthe" Pudenz
* 02.08.1914 Bochum
† 01.04.1997 Paderborn
Hausgehilfin und Köchin

Pudenz
1

Legende:

- *gelb:* Halbgeschwister
- *orange:* Vollgeschwister
- *blau:* Ahnenhäufigkeit z
- *schwarz:* Ahnennummer (Kekule)

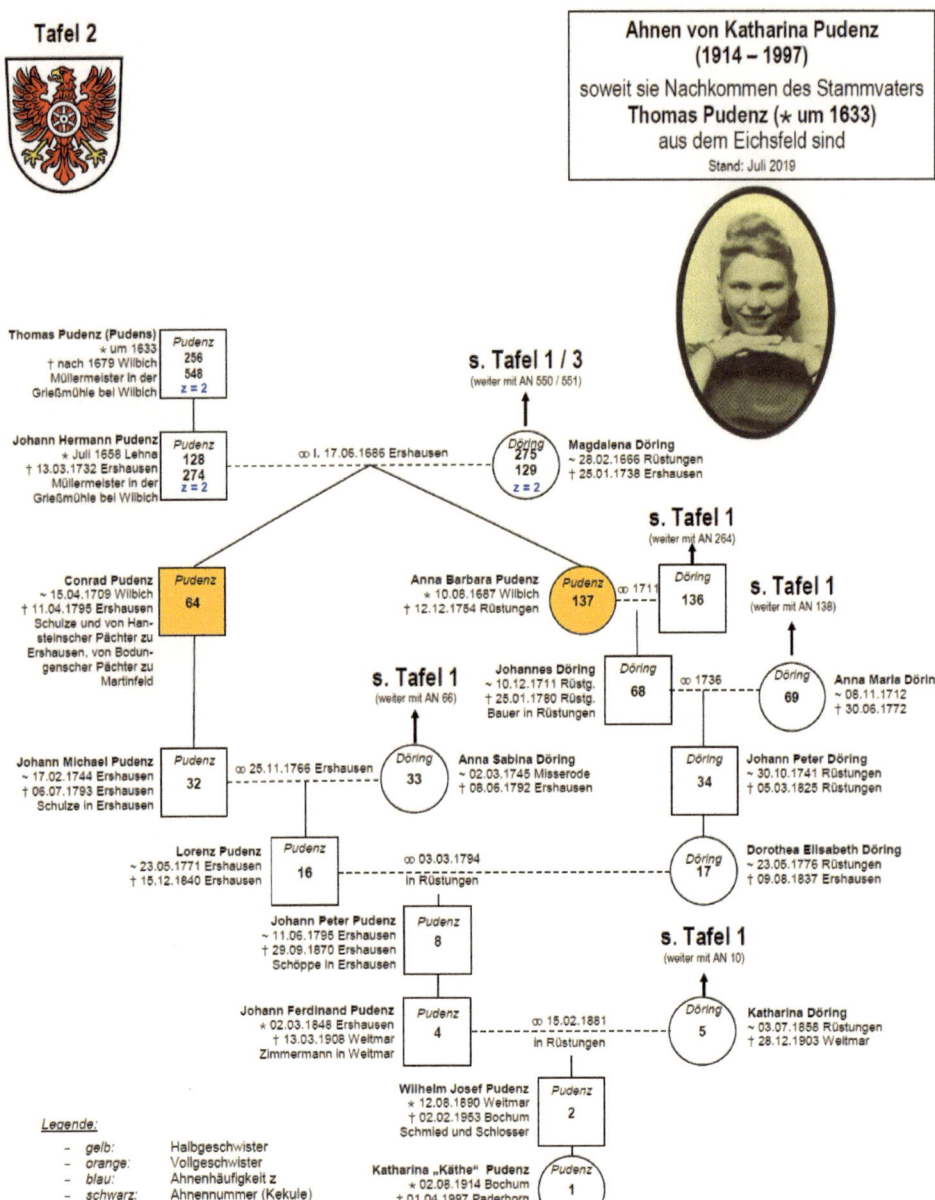

**Ahnen von Katharina Pudenz
(1914 – 1997)**

soweit sie Nachkommen des Stammvaters
Thomas Pudenz (✶ um 1633)
aus dem Eichsfeld sind

Stand: Juli 2019

Thomas Pudenz (Pudens)
✶ um 1633
† nach 1679 Wilbich
Müllermeister in der
Grießmühle bei Wilbich

Pudenz 256 548 z = 2

s. Tafel 1 / 3
(weiter mit AN 550 / 551)

Johann Hermann Pudenz
✶ Juli 1656 Lehna
† 13.03.1732 Ershausen
Müllermeister in der
Grießmühle bei Wilbich

Pudenz 128 274 z = 2

∞ I. 17.06.1686 Ershausen

Döring 275 129 z = 2

Magdalena Döring
~ 28.02.1666 Rüstungen
† 25.01.1738 Ershausen

s. Tafel 1
(weiter mit AN 264)

Conrad Pudenz
~ 15.04.1709 Wilbich
† 11.04.1795 Ershausen
Schulze und von Han-
steinscher Pächter zu
Ershausen, von Bodun-
genscher Pächter zu
Martinfeld

Pudenz 64

Anna Barbara Pudenz
✶ 10.08.1687 Wilbich
† 12.12.1754 Rüstungen

Pudenz 137

∞ 1711

Döring 136

s. Tafel 1
(weiter mit AN 138)

Johann Michael Pudenz
~ 17.02.1744 Ershausen
† 06.07.1793 Ershausen
Schulze in Ershausen

Pudenz 32

∞ 25.11.1766 Ershausen

Döring 33

s. Tafel 1
(weiter mit AN 66)

Johannes Döring
~ 10.12.1711 Rüstg.
† 25.01.1780 Rüstg.
Bauer in Rüstungen

Döring 68

∞ 1736

Döring 69

Anna Maria Döring
~ 08.11.1712
† 30.06.1772

Anna Sabina Döring
~ 02.03.1745 Misserode
† 08.06.1792 Ershausen

Döring 34

Johann Peter Döring
~ 30.10.1741 Rüstungen
† 05.03.1825 Rüstungen

Lorenz Pudenz
~ 23.05.1771 Ershausen
† 15.12.1840 Ershausen

Pudenz 16

∞ 03.03.1794
in Rüstungen

Döring 17

Dorothea Elisabeth Döring
~ 23.05.1776 Rüstungen
† 09.08.1837 Ershausen

Johann Peter Pudenz
~ 11.06.1795 Ershausen
† 29.09.1870 Ershausen
Schöppe in Ershausen

Pudenz 8

s. Tafel 1
(weiter mit AN 10)

Johann Ferdinand Pudenz
✶ 02.03.1848 Ershausen
† 13.03.1908 Weitmar
Zimmermann in Weitmar

Pudenz 4

∞ 15.02.1881
in Rüstungen

Döring 5

Katharina Döring
~ 03.07.1858 Rüstungen
† 28.12.1903 Weitmar

Wilhelm Josef Pudenz
✶ 12.08.1890 Weitmar
† 02.02.1953 Bochum
Schmied und Schlosser

Pudenz 2

Katharina „Käthe" Pudenz
✶ 02.08.1914 Bochum
† 01.04.1997 Paderborn
Hausgehilfin und Köchin

Pudenz 1

Legende:

- gelb: Halbgeschwister
- orange: Vollgeschwister
- blau: Ahnenhäufigkeit z
- schwarz: Ahnennummer (Kekule)

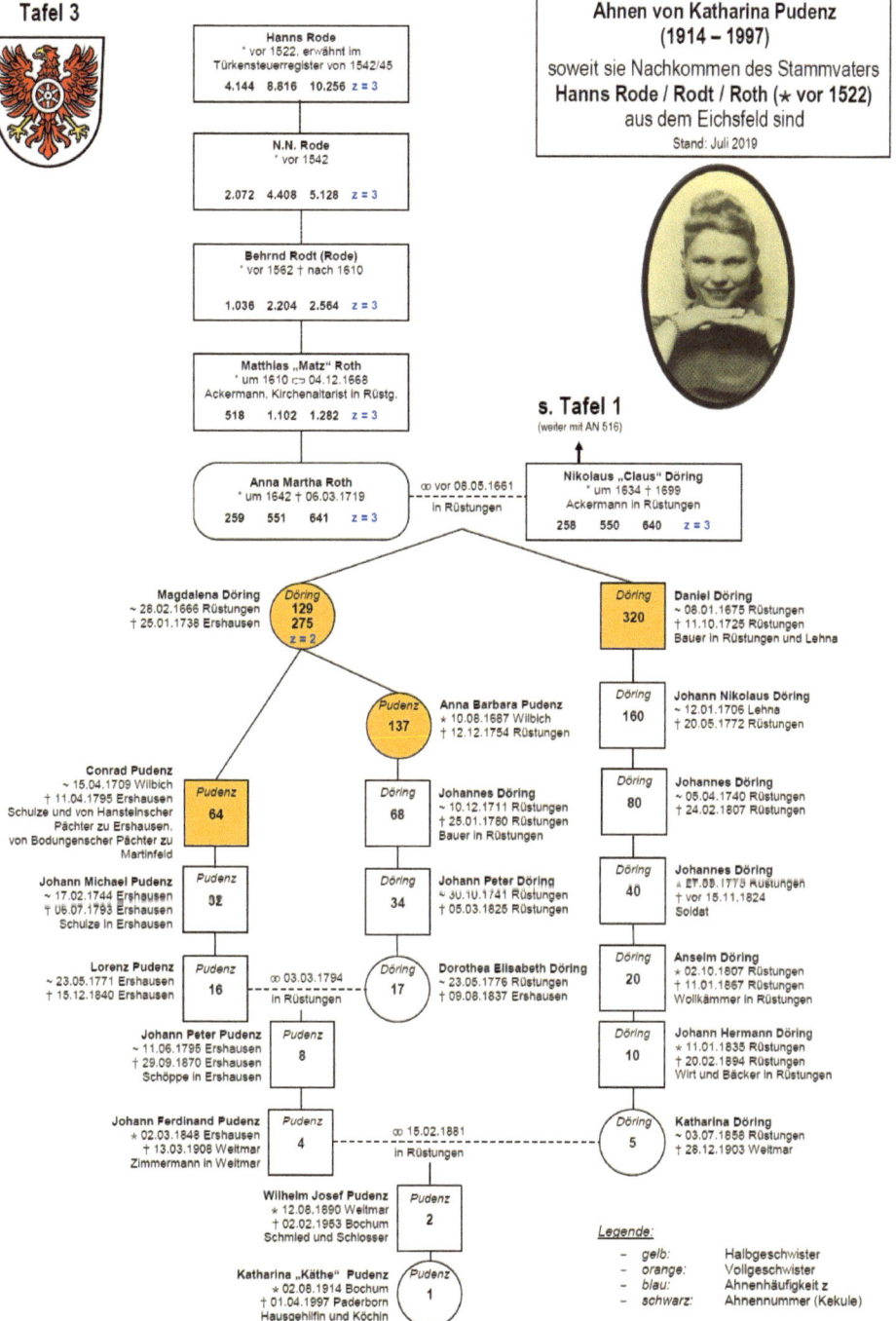

Hanns Rode
* vor 1522, erwähnt im
Türkensteuerregister von 1542/45

4.144   8.816   10.256   z = 3

N.N. Rode
* vor 1542

2.072   4.408   5.128   z = 3

Behrnd Rodt (Rode)
* vor 1562 † nach 1610

1.036   2.204   2.564   z = 3

Matthias „Matz" Roth
* um 1610 ⚭ 04.12.1668
Ackermann, Kirchenaltarist in Rüstg.

518   1.102   1.282   z = 3

**Ahnen von Katharina Pudenz
(1914 – 1997)**

soweit sie Nachkommen des Stammvaters
Hanns Rode / Rodt / Roth (∗ vor 1522)
aus dem Eichsfeld sind

Stand: Juli 2019

s. Tafel 1
(weiter mit AN 516)

Anna Martha Roth
* um 1642 † 06.03.1719

259   551   641   z = 3

⚭ vor 08.05.1661
in Rüstungen

Nikolaus „Claus" Döring
* um 1634 † 1699
Ackermann in Rüstungen

258   550   640   z = 3

Magdalena Döring
~ 28.02.1666 Rüstungen
† 25.01.1738 Ershausen

Döring
129
275
z = 2

Döring
320

Daniel Döring
~ 08.01.1675 Rüstungen
† 11.10.1725 Rüstungen
Bauer in Rüstungen und Lehna

Pudenz
137

Anna Barbara Pudenz
* 10.08.1687 Wilbich
† 12.12.1754 Rüstungen

Döring
160

Johann Nikolaus Döring
~ 12.01.1706 Lehna
† 20.05.1772 Rüstungen

Conrad Pudenz
~ 15.04.1709 Wilbich
† 11.04.1795 Ershausen
Schulze und von Hansteinscher
Pächter zu Ershausen,
von Bodungenscher Pächter zu
Martinfeld

Pudenz
64

Döring
68

Johannes Döring
~ 10.12.1711 Rüstungen
† 25.01.1780 Rüstungen
Bauer in Rüstungen

Döring
80

Johannes Döring
~ 05.04.1740 Rüstungen
† 24.02.1807 Rüstungen

Johann Michael Pudenz
~ 17.02.1744 Ershausen
† 06.07.1793 Ershausen
Schulze in Ershausen

Pudenz
32

Döring
34

Johann Peter Döring
~ 30.10.1741 Rüstungen
† 05.03.1825 Rüstungen

Döring
40

Johannes Döring
* ET.55.1773 Rüstungen
† vor 15.11.1824
Soldat

Lorenz Pudenz
~ 23.05.1771 Ershausen
† 15.12.1840 Ershausen

Pudenz
16

⚭ 03.03.1794
in Rüstungen

Döring
17

Dorothea Elisabeth Döring
~ 23.05.1776 Rüstungen
† 09.08.1837 Ershausen

Döring
20

Anselm Döring
* 02.10.1807 Rüstungen
† 11.01.1867 Rüstungen
Wollkämmer in Rüstungen

Johann Peter Pudenz
~ 11.06.1795 Ershausen
† 29.09.1870 Ershausen
Schöppe in Ershausen

Pudenz
8

Döring
10

Johann Hermann Döring
* 11.01.1835 Rüstungen
† 20.02.1894 Rüstungen
Wirt und Bäcker in Rüstungen

Johann Ferdinand Pudenz
* 02.03.1848 Ershausen
† 13.03.1908 Weitmar
Zimmermann in Weitmar

Pudenz
4

⚭ 15.02.1881
in Rüstungen

Döring
5

Katharina Döring
~ 03.07.1858 Rüstungen
† 28.12.1903 Weitmar

Wilhelm Josef Pudenz
* 12.06.1890 Weitmar
† 02.02.1953 Bochum
Schmied und Schlosser

Pudenz
2

Katharina „Käthe" Pudenz
* 02.08.1914 Bochum
† 01.04.1997 Paderborn
Hausgehilfin und Köchin

Pudenz
1

Legende:

- *gelb:*   Halbgeschwister
- *orange:*   Vollgeschwister
- *blau:*   Ahnenhäufigkeit z
- *schwarz:*   Ahnennummer (Kekule)

**Ahnen von Katharina Pudenz
(1914 – 1997)**

soweit sie Nachkommen des Stammvaters
Georg Schönefeld (∗ um 1600)
aus dem Eichsfeld sind

Stand: Juli 2019

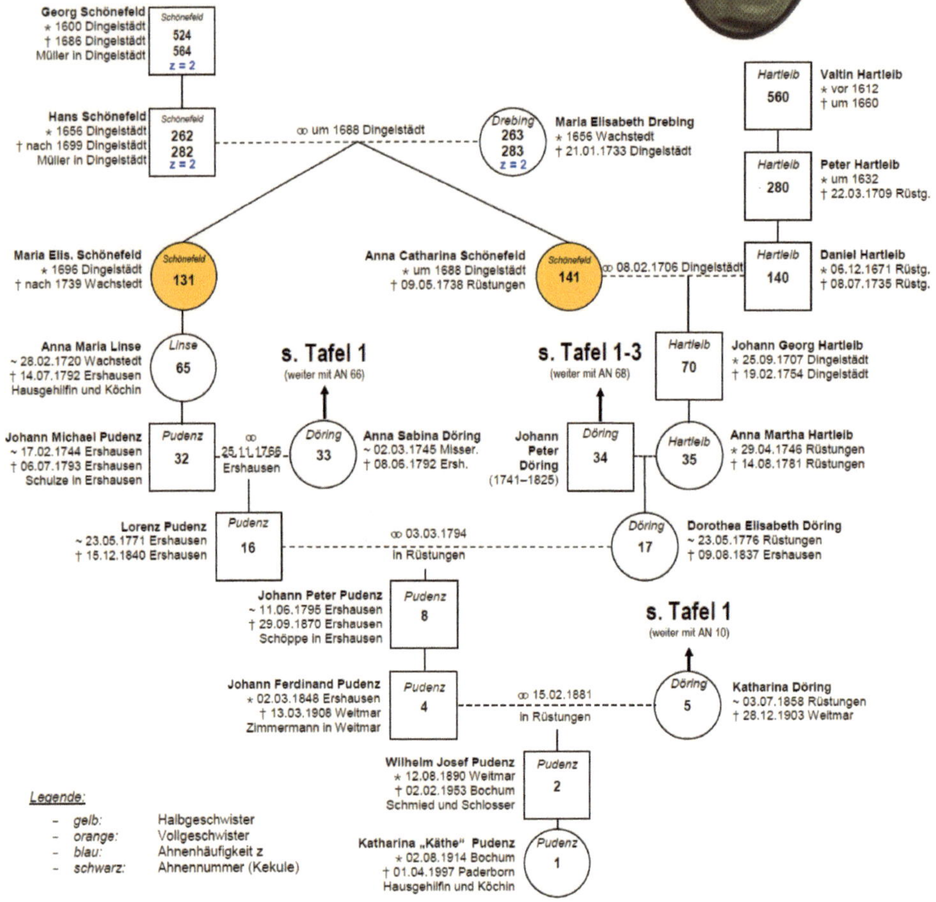

Georg Schönefeld
∗ 1600 Dingelstädt
† 1686 Dingelstädt
Müller in Dingelstädt

| Schönefeld |
| 524 |
| 564 |
| z = 2 |

Hans Schönefeld
∗ 1656 Dingelstädt
† nach 1699 Dingelstädt
Müller in Dingelstädt

| Schönefeld |
| 262 |
| 282 |
| z = 2 |

∞ um 1688 Dingelstädt

| Drebing |
| 263 |
| 283 |
| z = 2 |

Maria Elisabeth Drebing
∗ 1656 Wachstedt
† 21.01.1733 Dingelstädt

| Hartleib |
| 560 |

Valtin Hartleib
∗ vor 1612
† um 1660

| Hartleib |
| 280 |

Peter Hartleib
∗ um 1632
† 22.03.1709 Rüstg.

Maria Elis. Schönefeld
∗ 1696 Dingelstädt
† nach 1739 Wachstedt

| Schönefeld |
| **131** |

Anna Catharina Schönefeld
∗ um 1688 Dingelstädt
† 09.05.1738 Rüstungen

| Schönefeld |
| **141** |

∞ 08.02.1706 Dingelstädt

| Hartleib |
| 140 |

Daniel Hartleib
∗ 06.12.1671 Rüstg.
† 08.07.1735 Rüstg.

Anna Maria Linse
~ 28.02.1720 Wachstedt
† 14.07.1792 Ershausen
Hausgehilfin und Köchin

| Linse |
| **65** |

s. Tafel 1
(weiter mit AN 66)

s. Tafel 1-3
(weiter mit AN 68)

| Hartleib |
| **70** |

Johann Georg Hartleib
∗ 25.09.1707 Dingelstädt
† 19.02.1754 Dingelstädt

Johann Michael Pudenz
~ 17.02.1744 Ershausen
† 06.07.1793 Ershausen
Schulze in Ershausen

| Pudenz |
| **32** |

∞
25.11.1766
Ershausen

| Döring |
| **33** |

Anna Sabina Döring
∗ 02.03.1745 Misser.
† 08.06.1792 Ersh.

**Johann
Peter
Döring**
(1741–1825)

| Döring |
| **34** |

| Hartleib |
| **35** |

Anna Martha Hartleib
∗ 29.04.1746 Rüstungen
† 14.08.1781 Rüstungen

Lorenz Pudenz
~ 23.05.1771 Ershausen
† 15.12.1840 Ershausen

| Pudenz |
| **16** |

∞ 03.03.1794
in Rüstungen

| Döring |
| **17** |

Dorothea Elisabeth Döring
~ 23.05.1776 Rüstungen
† 09.08.1837 Ershausen

Johann Peter Pudenz
~ 11.06.1795 Ershausen
† 29.09.1870 Ershausen
Schöppe in Ershausen

| Pudenz |
| **8** |

s. Tafel 1
(weiter mit AN 10)

Johann Ferdinand Pudenz
∗ 02.03.1848 Ershausen
† 13.03.1908 Weitmar
Zimmermann in Weitmar

| Pudenz |
| **4** |

∞ 15.02.1881
in Rüstungen

| Döring |
| **5** |

Katharina Döring
~ 03.07.1858 Rüstungen
† 28.12.1903 Weitmar

Wilhelm Josef Pudenz
∗ 12.08.1890 Weitmar
† 02.02.1953 Bochum
Schmied und Schlosser

| Pudenz |
| **2** |

Katharina „Käthe" Pudenz
∗ 02.08.1914 Bochum
† 01.04.1997 Paderborn
Hausgehilfin und Köchin

| Pudenz |
| **1** |

Legende:

- *gelb:* Halbgeschwister
- *orange:* Vollgeschwister
- *blau:* Ahnenhäufigkeit z
- *schwarz:* Ahnennummer (Kekule)

4. Soziologische und anthropologische Aspekte von Verwandtenehen

Wie die oben beschriebenen Beispiele anschaulich zeigen, stößt jede ausreichend erforschte Genealogie eher früher als später auf das Phänomen der Verwandtenehen – was nicht selten bei der oder dem Forschenden zunächst ein leichtes Unbehagen auslöst. Dabei ist die Heirat von konsanguinen[73] Personen (also Menschen, die beträchtliche Anteile ihrer Genome von gemeinsamen Vorfahren mitbekamen), nicht nur eine biologische Notwendigkeit (Ahnenimplex), sondern auch heute noch weit verbreitet: Der australische Humanbiologe Alan H. Bittles schätzt, dass 2018 weltweit ungefähr eine Milliarde[74] Menschen Verwandtenehen eingegangen sind, vor allem im Nahen und Mittleren Osten, in Nordafrika und in Westasien, ein Drittel davon sind Ehen zwischen Cousin und Cousine (Vettern-Base-Heiraten).

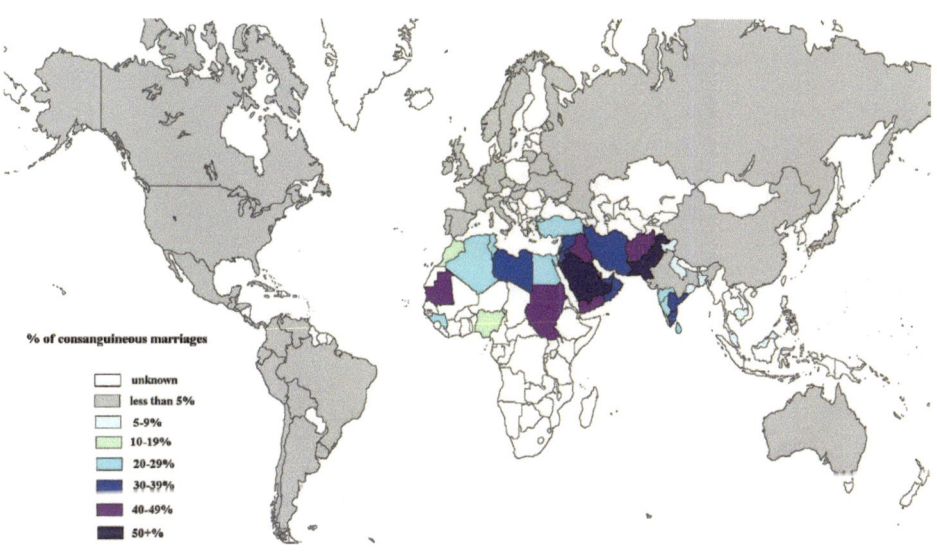

Abb. 10: Prozentualer Anteil von Verwandtenehen (aus: HAMAMY et al. 2011, S. 842)

---

73 Von lat. *consanguinitas*; zusammengesetzt aus lat. *con* („zusammen, mit") und lat. *sanguis* („Blut").

74 Vgl. BITTLES 2008. An anderer Stelle (BITTLES / BLACK 2010) schätzt Bittles den Anteil der heutigen Weltbevölkerung, die eine konsanguine Ehe eingehen, auf 10,4%, „although there has been an overall decline in its popularity, especially in developed countries" (ebd., S. 193). HAMAMY et al. (2011) gehen von 1,1 Milliarden Menschen aus, die in Verwandtenehen leben, kommen damit also der Einschätzung von BITTLES (2008) sehr nahe (vgl. auch HAMAMY 2012).

Während der Verwandtenehen-Anteil in Deutschland bei 0,2 Prozent[75] liegt, wird er in der Türkei auf 20 bis 30 Prozent geschätzt, in Pakistan sogar auf über 50 Prozent.[76] Große Migrantengemeinschaften aus diesen Regionen sind jetzt in Westeuropa, Nordamerika und Ozeanien ansässig, sodass das Phänomen der Verwandtenehen auch in der Humangenetik (Beratungsstellen), Anthropologie, Soziologie und Politik von Relevanz ist.[77] Auch im vorindustriellen Deutschland war insbesondere in ländlichen Gebieten die Verwandtenehe „vielerorts wahrscheinlich eher Regel als Ausnahme. Auch in Europa war sie gang und gäbe. Familien lebten schlicht über Generationen in ein- und demselben Dorf."[78]

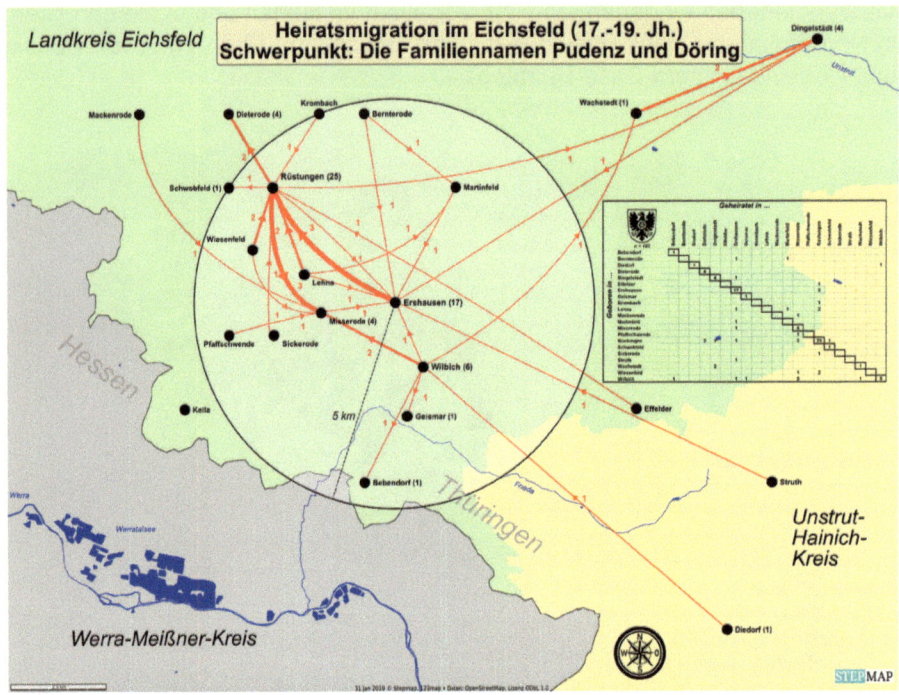

Abb. 11: Heiratsmigration der Familien **Pudenz** und **Döring** im Eichsfeld (17.-19. Jh.). Eingezeichnet ist ein „Balzradius" (VON RESTORFF 2013) von 5 km um Ershausen (heute zur Gemeinde Schimberg). (Karte: H. Hungerige, erstellt mit StepMap.de)

---

75 MURKEN et al. 2017, S. 255.
76 Vgl. SCHMELCHER 2011, sowie DONNER 2018.
77 Einen umfassenden Überblick über den aktuellen Forschungsstand geben z. B. SHAW / RAZ 2015.
78 DONNER 2018.

Wulf von Restorff (2013) spricht hier in ironischer Anspielung auf das Tierreich vom „Balzradius"; oft betrug dieser nur wenige Kilometer. Der Rosenheimer Zahnmediziner und Archivar Adolf Gustav Wulz (1899–1981) wies dies z. B. für 42 Pfarreien des Dachauer Hinterlandes (nordwestlich von München) nach: Demnach war in 63% aller Fälle der Geburtsort des Ehemanns von dem seiner Ehefrau weniger als 6 km entfernt, in 95,5% der Fälle weniger als 18 km.[79] Dies lässt sich auch für die Familien **Pudenz** und **Döring** im Eichsfeld nachweisen, wie Abbildung 11 veranschaulicht: Die Ziffern geben (in Pfeilrichtung) an, wie viele Personen von ihrem Geburtsort in einen benachbarten Ort eingeheiratet haben. Die meisten dieser Ereignisse fanden in einem Umkreis von 5 km um Ershausen herum statt.

Die Gründe für Heiraten zwischen nahen Verwandten waren und sind vielfältig. Neben der biologischen Notwendigkeit, dass früher oder später Nachkommen desselben Vorfahren wieder untereinander heiraten müssen, spielen zunächst *geografische Besonderheiten* eine Rolle. Sogenannte „Inselpopulationen" sind umfangreich erforscht; hierbei können diese „Inseln" sowohl tatsächliche Inseln als auch schwer zugängliche Gebiete wie zum Beispiel Tal- oder Bergdörfer sein. Besonders bekannt ist das Beispiel von Island mit seinen ca. 334.000 Einwohnern, die weitgehend von einigen Wikingern abstammen, die um 900 n. Chr. die Insel besiedelten. Da seit 1997 die biotechnologische Firma *deCODE Genetics* genetische Informationen von Isländern zusammenträgt, die teilweise bis zu 1.200 Jahre zurückreichen, haben Isländerinnen und Isländer inzwischen die Möglichkeit, mit Hilfe der App „Islendinga"[80] zu überprüfen, ob eine möglicherweise zu enge biologische Verwandtschaft einer intimen Beziehung im Wege steht.[81] Auch die *Religions- bzw. Konfessionszugehörigkeit* kann zu „Inselpopulationen" führen: So kam es im 19. Jahrhundert zum Beispiel in Ostwestfalen kaum zu Heiraten zwischen dem katholischen Feldrom (Fürstbistum Paderborn) und dem protestantischen Veldrom (Fürstentum Lippe).

Darüber hinaus können vor allem *soziale, ökonomische und kulturelle Einflussfaktoren* als Gründe für Verwandtenehen genannt werden. So benennt Alan H. Bittles[82] zusammenfassend folgende soziale und wirtschaftliche Vorteile einer konsanguinen Ehe, die vermutlich mit unterschiedlicher Relevanz sowohl in der heutigen Zeit als auch in der Vergangenheit eine Rolle spielten:

---

79 WULZ 1925, S. 90.

80 http://www.islendingaapp.is.

81 Vgl. dazu den Artikel „Warum man in Island eine Inzest-App braucht" in der Zeitschrift *stern* vom 1. Juli 2016; online unter https://www.stern.de/panorama/weltgeschehen/island--warum-man-auf-der-insel-eine-inzest-app-braucht-6928052.html (01.04.2019).

82 Vgl. SAGGAR / BITTLES 2008, S. 245.

- Stärkung der familiären und gesellschaftlichen Beziehungen.
- Sicherheit, den Ehepartner vor der Ehe zu kennen und damit eine (erhoffte) reduzierte Misshandlungs- oder Verletzungsgefahr der Frau in der Ehe.[83]
- Vereinfachte voreheliche Verhandlungen, mit Bedingungen und Abmachungen, die oft in der frühen Kindheit oder im frühen Jugendalter vereinbart wurden.
- Größere soziale Kompatibilität der Braut mit der Familie ihres Mannes, insbesondere ihrer Schwiegermutter, die ja ebenfalls eine Verwandte ist.
- Reduzierter Bedarf an Mitgift- oder Brautgeldzahlungen unter Beibehaltung der Familiengüter und Geldmittel.
- Für landbesitzende Familien sorgt die konsanguine Ehe für die Erhaltung der Familienbesitzungen, die ansonsten durch Erbschaft aufgeteilt werden können.

Entscheidende Gründe für den Rückgang der Häufigkeit von Verwandtenehen (insbesondere in der zweiten Hälfte des 19. Jahrhunderts) waren die zunehmende Industrialisierung und die dadurch ausgelöste Migration von Arbeitskräften von ländlichen in städtische Gebiete sowie der damit einhergehende Rückgang der Kinderzahl.

So zeigt zum Beispiel eine Analyse der englischen Mathematikerin, Ärztin und Humangenetikerin Julia Bell (1879–1979), Mitentdeckerin des nach ihr benannten Martin-Bell-Syndroms (Fragiles-X-Syndrom), eine nahezu kontinuierliche Abnahme der Konsanguinitätsraten in Preußen und Bayern für den Zeitraum von 1875 bis 1933; ihre Ergebnisse sind hier auszugsweise wiedergegeben (Abb. 12). Um ein Gefühl für die absoluten Zahlen zu erhalten: In Preußen kamen in der Zeit von 1875 bis 1880 auf 1.286.339 Heiraten 9.133 Cousinen-Ehen 1. Grades (0,71%), in Bayern für denselben Zeitraum[84] auf insgesamt 188.973 Heiraten 1.644 Cousinen-Ehen (0,87%).

Gegen die Heirat von näher verwandten Personen sprechen vor allem genetische Gründe. Saggar und Bittles (2008) fassen zusammen: „Ein positiver Zusammenhang zwischen Konsanguinität und Morbidität im Kindesalter wurde aufgrund der Expression schädlicher rezessiver Gene wiederholt gezeigt. Beispiele sind Taubheit, Netzhautdystrophien, intellektuelle und Entwicklungsstörungen sowie komplexe angeborene Herzfehler. In vielen Bevölkerungsgruppen wird

---

83 Die These, dass häusliche Gewalt in Verwandtenehen seltener auftritt, ist in der Forschung umstritten, vgl. z.B. DONNER 2018. Darüber hinaus darf nicht vergessen werden, dass heute stattfindende Verwandtenehen in einem nicht zu unterschätzenden Ausmaß arrangierte Zwangsehen sind.

84 Zahlen für die Zeit 1876–1880.

auch über häufiges Auftreten von Thalassämie[85] und anderen hämatologischen Erkrankungen berichtet."[86]

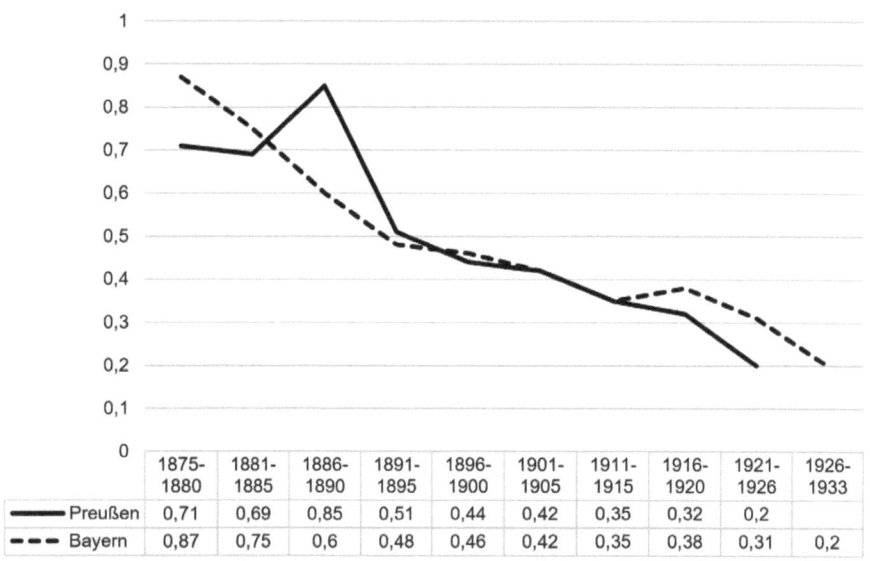

	1875-1880	1881-1885	1886-1890	1891-1895	1896-1900	1901-1905	1911-1915	1916-1920	1921-1926	1926-1933
▬ Preußen	0,71	0,69	0,85	0,51	0,44	0,42	0,35	0,32	0,2	
▬ ▬ ▬ Bayern	0,87	0,75	0,6	0,48	0,46	0,42	0,35	0,38	0,31	0,2

Abb. 12: Abnahme der Häufigkeit der Cousinen-Ehen ersten Grades in Preußen und Bayern in der Zeit von 1875 bis 1933 in Prozent (Grafik: H. Hungerige, nach BELL 1940)

Der Evolutionsbiologe Richard Dawkins vermutet in dem gehäuften Auftreten rezessiver Erkrankungen auch den eigentlichen Grund für das nahezu in allen Kulturen[87] festzustellende *Inzestverbot* und fasst zusammen: „Wie auch immer wir es betrachten, Inzucht mit nahen Verwandten ist nicht nur ein wenig schädlich. Sie ist potentiell katastrophal. Möglicherweise gibt es in der Natur keinen stärkeren Selektionsdruck als den zugunsten des aktiven Vermeidens von Inzucht."[88] Auch der Breslauer Psychologe und Systemtheoretiker Norbert Bischof stellte schon 1970 fest: „Tatsächlich wirkt gegen das Überhandnehmen von Inzucht bei allen Lebewesen derselbe massive Selektionsdruck, auf den auch die universale Vorherrschaft biparentaler Fortpflanzung zurückgeht. Dieser hat im Tierreich mit steigender Organisationshöhe zur Ausbildung instinktiver

---

85 Erkrankungen der roten Blutkörperchen, bei denen durch einen Gendefekt Hämoglobin nicht ausreichend gebildet bzw. gesteigert abgebaut wird.

86 SAGGAR / BITTLES 2008, S. 244 (Übersetzung durch den Verf.). Vgl. dazu auch z. B. HAMAMY et al. 2011.

87 Von wenigen Ausnahmen abgesehen; vgl. dazu z. B. „Die Ahnenschaft der Königin Kleopatra VII" (RÖSCH 1961; vgl. dazu auch ARMBORST 1957).

88 DAWKINS 1996, S. 446f. Die Originalausgabe erschien 1976. Vgl. dazu auch BISCHOF 1970.

Inzestbarrieren geführt, die in der menschlichen Motivstruktur Residuen hinterlassen haben. Im Zuge der kulturellen Selbstinterpretation des Menschen wurden diese Residuen zum Inzesttabu ritualisiert."[89] Und der Genetiker Adam Rutherford resümiert: „So interessant Inzucht für die Genetiker auch sein mag – wenn sie über Generationen betrieben wird, verheißt sie nichts Gutes für die betroffenen Familien, gleichgültig ob königlich oder nicht."[90]

Nach Dawkins und Bischof sind also kulturelle (moralische, rechtliche, religiöse) Normen des Inzestverbots den eigentlichen („finalen") biologischen Ursachen *nachgeordnet* und phylogenetisch deutlich später zu verorten. Beide Autoren grenzen sich damit von den zwei weiteren „großen" Theorien des 20. Jahrhunderts zur Erklärung des Inzesttabus ab: Der psychoanalytischen Theorie von Sigmund Freud (1856–1939), der die mit Schuldgefühlen beladene „Liebesbeziehung" zum gegengeschlechtlichen Elternteil als den bedeutsamsten frühkindlichen psychischen Konflikt ansah, und der strukturalistischen Theorie des Ethnologen Claude Lévi-Strauss (1908–2009), der das Verbot der innerfamiliären Partnerwahl als den entscheidenden Schritt ansah, mit dem sich Kultur von Natur und damit der Mensch vom Tier emanzipiert.[91]

5. Ahnenliste Katharina Pudenz (1914–1997)

Abb. 13: Katharina **Pudenz** und <u>Emil</u> E. G. **Rechner** um 1938 im Bochumer Stadtpark (Foto: H. Hungerige)

Abb. 14: Maria Veronika **Lewalski** und <u>Wilhelm</u> Josef **Pudenz** um 1938 in Bochum (Foto: H. Hungerige)

Bei Mehrfachahnen sind die Ahnennummern (AN) nach Kekule und die Ahnenhäufigkeit z (jeweils bei der kleinsten AN) in Klammern angegeben, Rufnamen sind (soweit bekannt) unterstrichen. Heiraten sind jeweils nur einmal bei den

---

89 BISCHOF 1970, S. 115.
90 RUTHERFORD 2018, S. 236.
91 Vgl. dazu ausführlicher BISCHOF 1989.

Ehemännern angegeben. Bis auf den Ehemann von Katharina **Pudenz** wurden alle Personen röm.-kath. getauft.[92] Als Abkürzungen werden verwendet: Ef. (Eichsfeld), TP (Taufpaten), TrZ (Trauzeugen), Pf. (Pfarrer), StA (Standesamt).

1. **Pudenz**, Katharina („Käthe"), Hausgehilfin u. Köchin, * 02.08.1914[93] Bochum, Metzstr. 22 (in der 2. Etage über *Krusenbaums Buchhandlung*) † 01.04.1997 Paderborn, □ 04.04.1997 Bochum, Zentralfriedhof am Freigrafendamm
oo 28.06.1938[94] Bochum (kirchl. Heirat 1943), <u>Emil</u> Ernst Gottlieb **Rechner** (bis 1920 Grabowski), * 16.02.1914[95] Altenbochum (seit 1926 zu Bochum; Kanalstr. 5), † 27.03.1986[96] Bochum, □ 01.04.1986 Bochum, Zentralfriedhof am Freigrafendamm. Der Ehe entstammen eine Tochter und ein Enkel (Verf.). –
Die Namensänderung seines aus Pfaffendorf, Landkr. Ortelsburg in Ostpr. (Popowa Wola, Warmińsko-Mazurskie) stammenden Vaters Emil **Grabowski** (1890–1922) in Emil **Rechner** wurde am 27. Juli 1920 durch das Amtsgericht Bochum bewilligt.[97] Sie erfolgte 16 Tage nach der Volksabstimmung im Kr. Ortelsburg, durch die der Kr. Ortelsburg bei Ostpreußen verblieb. Als Emil **Grabowski** am 27. Juli 1920 seinen Nachnamen in Rechner änderte, wohnte er in Altenbochum auf der Wasserstr. 29. Für diese Anschrift ist noch 1926 sein Vater, der Invalide Wilhelm **Grabowski**, nachgewiesen.[98] Er wohnte im Haus der Eigentümerin und Witwe Franziska **Steinhoff**, zusammen mit dem Friseur Hugo **Steinhoff**, der Witwe Emma **Steinhoff**, dem Invaliden Wilhelm **Stock** und dem Bergmann Karl **Steinert**. Im *Bochumer Adressbuch 1928/1929* wird für die Wasserstr. 29 weder der Name **Grabowski** noch **Rechner** erwähnt.

---

92 Die personenbezogenen Daten aus dem Eichsfeld beruhen auf den umfangreichen Forschungsarbeiten von Roland Pudenz (Erfurt; vgl. PUDENZ 2000) sowie der von Michael Döring (Berlin; vgl. DÖRING 2018) online gestellten und ergänzten Datenbank (http://doerings.info) des Berliner Augenarztes und Genealogen Dr. Paul Döring (1906–1983).

93 StA Bochum Nr. 3304/1914.

94 StA Bochum-Mitte Nr. 861/1938.

95 StA Bochum-Mitte Nr. 91/1914.

96 StA Bochum Nr. 1398/1986.

97 Amtsgericht Bochum, Az. 20 Xa 108 – 20.

98 Adreßbuch der Stadt Bochum für 1926.

1. Ahnenreihe [2 / 3][99]

2. **Pudenz**, <u>Wilhelm</u> Josef, Schmied u. Schlosser bei der 1876 in Berlin gegründeten Maschinenbaufirma *Orenstein & Koppel* in Bochum[100], * 12.08.1890[101] Weitmar (seit 1926 zu Bochum), † 02.02.1953[102] Bochum, ☐ 05.02.1953 Bochum, Zentralfriedhof am Freigrafendamm oo 09.02.1912[103] Weitmar (seit 1926 zu Bochum), Antoniuskirche in Stahlhausen, <u>Maria</u> Veronika **Lewalski**. Pf. Vikar R. **Gotthardt**. Zw. 1910 u. 1920 wurden in Bochum 5 Töchter geboren.

3. **Lewalski**, <u>Maria</u> Veronika, * 15.04.1888[104] Grabau, Kr. Löbau, Westpr. (Grabowo, Warmińsko-Mazurskie, Polen), † 02.05.1951[105] Bochum, ☐ 07.05.1951 Bochum, Zentralfriedhof am Freigrafendamm

2. Ahnenreihe [4–5 / 6–7]

4. **Pudenz**, Johann <u>Ferdinand</u>, Gastwirth in Ershausen, Zimmermann in Bochum, * 02.03.1848 Ershausen, Ef., ~ 05.03.1848 Ershausen, Ef., † 12.03.1908[106] Weitmar (seit 1926 zu Bochum). Um 1882/83 zog Ferdinand mit seiner Frau und seinem erstgeborenen Sohn nach Weitmar-Bärendorf (auf die heutige Hattinger Str.) und wohnte dort in den Häusern Nr. 72 (1888), Nr. 74 (1894) und Nr. 80c (1897).
    oo 15.02.1881 Rüstungen, Ef. Katharina **Döring**. Zw. 1882 u. 1897 wurden 6 Söhne geboren; nur der erstgeborene Sohn, Johann Hermann **Pudenz** (1882–1946) kam noch in Ershausen zur Welt. Er starb in Wilhelmshaven.

5. **Döring**, Katharina, * 03.07.1858 Rüstungen, Ef., † 28.12.1903[107] Weitmar (seit 1926 zu Bochum)

6. **Lewalski**, Johann („Jan"), Landwirt, * 26.01.1851 Nagelstal, Landkr.

---

99 In Klammern sind die Ahnennummern (AN) nach Kekule aufgeführt, getrennt nach der väterlichen und mütterlichen Seite.

100 Das um 1890 entstandene Bochumer O&K-Werk im Dreieck Bessemerstraße, Ringlokschuppen und Wörthstraße (heutige Ursulastraße) stellte v. a. Feld- und Kleinbahnwagen sowie schmalspurige Spezialwagen her.

101 StA Weitmar Nr. 239/1890.

102 StA Bochum Nr. 221/1953.

103 StA Weitmar Nr. 114/1912.

104 StA Kirschenau Nr. 25/1888.

105 StA Bochum Nr. 752/1951.

106 StA Weitmar Nr. 76/1908.

107 StA Bochum-Weitmar Nr. 345/1903.

Neumark, Westpr. (Naguszewo, Warmińsko-Mazurskie, Polen), † um 1920

oo I. vor 1884 N.N.

oo II. 13.11.1884[108] Kirschenau, Landkr. Neumark, Westpr. (Wiśniewo, Warmińsko-Mazurskie, Polen) Constantine **Wieczerzycki**. TrZ waren zwei ältere Brüder der Braut, der Einsaße Anton **Wieczerzycki** (38 J.; geb. um 1846) und der Arbeiter Johann **Wieczerzycki** (40 J.; geb. um 1844), beide aus Grabau. Aus der Ehe gingen 6 Kinder hervor. – 1905 hatte Kirschenau 97 Einwohner.

7.   **Wieczerzycki**, Constantine, * 12.12.1853 Grabau, Kr. Löbau, Westpr. (Grabowo, Warmińsko-Mazurskie, Polen), † um 1929

3. Ahnenreihe [8–11 / 12–15]

8.   **Pudenz**, Johann <u>Peter</u>, Schöppe, ~ 11.06.1795 Ershausen, Ef., † 29.09.1870 Ershausen, Ef.
oo I. 14.01.1828 Ershausen, Ef. Maria Magdalena **Degenhardt**. * 20.02.1801 Ershausen, Ef., † 04.02.1841 Ershausen, Ef., □ 06.02.1841 Ershausen, Ef. 4 Kinder zw. 1831 u. 1839.
oo II. 11.11.1844 Ershausen, Ef. Magdalena **Richard**. 3 Kinder zw. 1844 u. 1852.

9.   **Richard**, Magdalena, * um 1821 Struth, Unstrut-Hainich-Kreis, Thüringen (Ortsteil der Gemeinde Rodeberg im (Süd-)Ef.), † 14.04.1864 Ershausen, Ef., □ 17.04.1864 Ershausen, Ef.

10.   **Döring**, Johann <u>Hermann</u>, Wirt, Bäcker, * 11.01.1835 Rüstungen, Ef., † 20.02.1894 Rüstungen, Ef. Diese Dörings wurden in Rüstungen „**Jullens**" genannt.
oo 26.04.1858 Rüstungen, Ef. Juliane **Müller**

11.   **Müller**, Juliane, * 09.08.1831 Sickerode, Ef., † 12.06.1921 Rüstungen, Ef.

12.   **Lewalski**, Joseph, Einsasse (Vollbauer), * vor 1831, † vor 1884 Nagelstal, Landkr. Neumark, Westpr. (Naguszewo, Warmińsko-Mazurskie, Polen)
oo vor 1851 Eva **Lebevatzki**

13.   **Lebevatzki**, Eva, * vor 1831, † vor 1884 Nagelstal, Landkr. Neumark, Westpr. (Naguszewo, Warmińsko-Mazurskie, Polen)

14.   **Wieczerzycki**, Nikolaus, Einsaße (Vollbauer), * vor 1824, † vor 1884

---

108 StA Kirschenau Nr. 19/1884; archiviert im Staatsarchiv in Olsztyn (Allenstein; Archiwum Państwowe w Olsztynie, Partyzantów 18, 10-521 Olsztyn, Polen. Online-Suche: http://olsztyn.ap.gov.pl/baza/szukaj.php), Zespol 799, StA zu Grabau, 42/799/11, lfd. S. 116. Vgl. dazu auch das „Allensteiner Indexierungsprojekt" des *Vereins für Familienforschung in Ost- und Westpreußen e.V.* (VFFOW): https://namensindex.org/namen.php.

Grabau, Kr. Löbau, Westpr. (Grabowo, Warmińsko-Mazurskie, Polen)
oo vor 1844 Marie **Brozdowsky**. 5 Kinder.

15.   **Brozdowsky**, Marie, Einsaßenwittwe, * vor 1824, † nach 1884

4. Ahnenreihe [16–23 / 24–31]

16.   **Pudenz**, Lorenz, ~ 23.05.1771 Ershausen, Ef., † 15.12.1840 Ershausen, Ef., □ 18.12.1840 Ershausen, Ef.
       oo 03.03.1794 Rüstungen, Ef. Dorothea Elisabeth **Döring**. 3 Kinder zw. 1795 u. 1809.

17.   **Döring**, Dorothea Elisabeth, ~ 23.05.1776 Rüstungen, Ef., † 09.08.1837 Ershausen, Ef., □ 12.08.1837 Ershausen, Ef.

18.   **Richardt**, Johannes <u>Georg</u>, * 28.10.1798 Struth, Unstrut-Hainich-Kreis, Thüringen (Ortsteil der Gemeinde Rodeberg im (Süd-)Ef.) , † nach 1821
       oo 1821 Struth, Unstrut-Hainich-Kreis, Thüringen (Ortsteil der Gemeinde Rodeberg im (Süd-)Ef.) Anna Margaretha **Degenhardt**. 2 Kinder.

19.   **Degenhardt**, Anna Margaretha, * 1796, † 1841

20.   **Döring**, Anselm, Wollkämmer, * 02.10.1807 Rüstungen, Ef., † 11.01.1867 Rüstungen, Ef.
       oo 03.02.1833 Schwobfeld, Ef., Alle Heiligen Maria Magdalena **Wehr**. TrZ Christoph **Wehr** u. Jacob **Günther**, Dieterode.

21.   **Wehr**, Maria Magdalena, * 08.10.1809 Schwobfeld, Ef., † 21.06.1873 Rüstungen, Ef.

22.   **Müller**, Christoph, * vor 1811, † nach 1831
       oo vor 1831 Elise <u>Margarethe</u> **Gunkel**

23.   **Gunkel**, Elise <u>Margarethe</u>, * vor 1811, † nach 1831

5. Ahnenreihe [32–47 / 48–63]

32.   **Pudenz**, Johann Michael, Schulze, ~ 17.02.1744 Ershausen, Ef., † um 06.07.1793 Ershausen, Ef., □ 06.07.1793 Ershausen, Ef. TP Johann Michael **Linse** ex Wachstedt, Mutterbruder.
       oo 25.11.1766 Ershausen, Ef. Anna Sabina **Döring**. 8 Kinder zw. 1767 u. 1782.

33.   **Döring**, Anna Sabina, ~ 02.03.1745 Misserode, Ef., † 08.06.1792 Ershausen, Ef., □ 09.06.1792 Ershausen, Ef.

34.   **Döring**, Johann Peter, ~ 30.10.1741 Rüstungen, Ef., † 05.03.1825 Rüstungen, Ef.
       oo 18.04.1763 Rüstungen, Ef. Anna Martha **Hartleib**

35.   **Hartleib**, Anna Martha, * 29.04.1746 Rüstungen, Ef., † 14.08.1781 Rüstungen, Ef.

40.   **Döring**, Johannes, Soldat, * 27.09.1775 Rüstungen, Ef., ~ 27.09.1775

Rüstungen, Ef., gef. vor 15.11.1824 („im Krieg gefallen"). TP Joannes **Wehr**
oo 12.05.1800 Rüstungen, Ef. Anna Margaretha **Koch**. TrZ Christoph **Koch** u. Peter **Hartmann**

41. **Koch**, Anna Margaretha, * 21.09.1773 Rüstungen, Ef., † 10.04.1833 Rüstungen, Ef.

42. **Wehr**, Nicolaus, Tagelöhner, Witwer, * vor 1789, † nach 1833
oo vor 1809 Maria Magdalena **Weinrich**

43. **Weinrich**, Maria Magdalena, * vor 1789, † vor 1833

6. Ahnenreihe [64–95 / 96–127]

64. **Pudenz [Pudens]**, Conrad, Bauer, Schulze und von Hansteinscher Pächter zu Ershausen, von Bodungenscher Pächter zu Martinfeld (1748/49), ~ 15.04.1709 Wilbich, Ef., † 11.04.1795 Ershausen, Ef., ☐ 14.04.1795 Ershausen, Ef.
oo 24.04.1739 Wachstedt, Ef. Anna Maria **Linse [Linße]**. 11 Kinder zw. 1740 u. 1763.

65. **Linse [Linße]**, Anna Maria, ~ 28.02.1720 Wachstedt, Ef., † 14.07.1792 Ershausen, Ef., ☐ 17.07.1792 Ershausen, Ef.

66. **Döring**, Lorenz, * 31.03.1706 Misserode, Ef., † um 21.09.1772 Misserode, Ef., ☐ 21.09.1772 Misserode, Ef.
oo 23.11.1733 Misserode, Ef. Anna Margaretha **Jacob**

67. **Jacob**, Anna Margaretha, * um 1715 Pfaffschwende, Ef., † um 07.04.1772 Misserode, Ef., ☐ 07.04.1772 Misserode, Ef.

68. **Döring**, Johannes, Bauer in Rüstungen, ~ 10.12.1711 Rüstungen, Ef., † 25.01.1780 Rüstungen, Ef.
oo 05.11.1736 Rüstungen, Ef. Anna Maria **Döring**. Mind. 2 Söhne 1741 u. 1747.

69. **Döring**, Anna Maria, ~ 08.11.1712 Rüstungen, Ef., † 30.06.1772 Rüstungen, Ef.

70. **Hartleib**, Johann Georg, * 25.09.1707 Dingelstädt, Ef., † 19.02.1754 Dingelstädt, Ef.
oo 11.05.1745 Ershausen, Ef. Anna Martha **Müller**

71. **Müller**, Anna Martha, * 16.11.1723 Ershausen, Ef., † 28.10.1752 Rüstungen, Ef.

80. **Döring**, Johannes, ~ 05.04.1740 Rüstungen, Ef., † 24.02.1807 Rüstungen, Ef.
oo I. 20.01.1772 Rüstungen, Ef. Anna Barbara **Wehr**. TrZ Christoph **Wehr** u. Franciscus **Döring**
oo II. 15.06.1789 Rüstungen, Ef. Maria Elisabeth **Reyländer**, * vor 1769 Wüstheuterode, Ef. TrZ Joannes **Reyländer** u. Joannes **Schneider**

81. **Wehr**, Anna Barbara, ~ 29.05.1749 Rüstungen, Ef., † 04.04.1789

Rüstungen, Ef., □ 05.04.1789 Rüstungen, Ef.

82. **Koch**, Franz <u>Wilhelm</u>, * vor 1749, † nach 1773
     oo 10.04.1769 Rüstungen, Ef. Anna Maria **Schade**
83. **Schade**, Anna Maria, * vor 1749, † nach 1773

7. Ahnenreihe [128–191 / 192–255]

128. **Pudens**, Johann Hermann, Müllermeister, Grießmühle, Wilbich, * um
      07.1658 Lehna, Ef., † um 13.03.1732 Ershausen, Ef., □ 13.03.1732
      Ershausen, Ef. **[z = 2: 128, 274]**
      oo I. 17.06.1686 Ershausen, Ef. Magdalena **Döring**
      oo II. um 1680 N.N.
129. **Döring**, Magdalena, ~ 28.02.1666 Rüstungen, Ef., † um 25.01.1738
      Ershausen, Ef., □ 25.01.1738 Ershausen, Ef. **[z = 2: 129, 275]**
130. **Lins**, Johann Georg, * 1695 Wachstedt, Ef., † 07.09.1756 Wachstedt,
      Ef.
      oo 1717 Dingelstädt, Ef. Maria Elisabeth **Schönefeld**
131. **Schönefeld**, Maria Elisabeth, * 1696 Dingelstädt, Ef., † nach 1739
      Wachstedt, Ef.
132. **Döring**, Johann Carl, Ackermann in Misserode, * um 1674 Misserode,
      Ef., † um 14.01.1721 Misserode, Ef., □ 14.01.1721 Misserode, Ef.
      oo 29.01.1703 Misserode, Ef. Anna Elisabeth **Wehr**
133. **Wehr**, Anna Elisabeth, * um 1679 Wiesenfeld, Ef., † um 27.02.1740
      Misserode, Ef., □ 27.02.1740 Misserode, Ef.
136. **Döring**, Johann Wilhelm, Ackermann in Rüstungen, * um 1684
      Misserode, Ef., † 14.04.1766 Rüstungen, Ef.
      oo 19.01.1711 Misserode, Ef. Anna Barbara **Pudens**
137. **Pudens**, Anna Barbara, ~ 10.08.1687 Wilbich, Ef., † 12.12.1754
      Rüstungen, Ef.
138. **Döring**, Valentin, * 22.04.1663 Rüstungen, Ef., † 15.06.1730 Rüstungen,
      Ef.
      oo 09.02.1699 Rüstungen, Ef. Anna Barbara **Schade**
139. **Schade**, Anna Barbara, * 08.05.1678 Rüstungen, Ef., † 17.10.1742
      Rüstungen, Ef.
140. **Hartleib**, Daniel, * 06.12.1671 Rüstungen, Ef., † 08.07.1735 Rüstungen,
      Ef.
      oo 08.02.1706 Dingelstädt, Ef. Anna Catharina **Schönefeld**
141. **Schönefeld**, Anna Catharina, * um 1688 Dingelstädt, Ef., † 09.05.1738
      Rüstungen, Ef.
142. **Müller**, Peter, * vor 1703, † nach 1723
      oo 18.01.1723 Eva Magdalena **Pudenz**
143. **Pudenz**, Eva Magdalena, * 30.09.1691 Lehna, Ef., † 31.03.1727
      Ershausen, Ef.

160. **Döring**, Johann <u>Nikolaus</u>, ~ 12.01.1706 Lehna, Ef., † 20.05.1772 Rüstungen, Ef., □ 21.05.1772 Rüstungen, Ef.

oo Katharina <u>Elisabeth</u> **Metze**

161. **Metze**, Katharina <u>Elisabeth</u>, * 07.11.1708 Rüstungen, Ef., ~ 07.11.1708 Rüstungen, Ef., † 03.12.1791 Rüstungen, Ef., □ 04.12.1791 Rüstungen, Ef.

162. **Wehr**, Peter, * vor 1717, † nach 1749

oo 15.07.1737 Rüstungen, Ef. Maria Elisabeth **Huschenbeth**

163. **Huschenbeth**, Maria Elisabeth, * 19.10.1717 Ershausen, Ef., † nach 1749

8. Ahnenreihe [256–383 / 384–511]

256. **Pudenz [Pudens]**, Thomas, Müllermeister in der Grießmühle bei Wilbich, * um 1633, † nach 1679 Wilbich, Ef. **[z = 2: 256, 548]**

oo um 1656 N.N.

258. **Döring**, Nicolaus („Claus"), Ackermann auf dem Stammhof der Familie Döring in Rüstungen, Heiligenstädter Str., * um 1634 Rüstungen, Ef., † 23.10.1699 Rüstungen, Ef., □ 26.10.1699 Rüstungen, Ef. **[z = 3: 258, 550, 640]**

oo vor 08.05.1661 Rüstungen, Ef. Anna <u>Martha</u> **Roth**

259. **Roth**, Anna <u>Martha</u>, * um 1642 Rüstungen, Ef., † 06.03.1719 Rüstungen, Ef., □ 07.03.1719 Rüstungen, Ef. **[z = 3: 259, 551, 641]**

260. **Lins**, Georg, * 1665, † 1710

oo unbek.

262. **Schönefeld [Schönefeldt]**, Hans (Johannes), Müller, * 1656 Dingelstädt, Ef., † nach 1699 **[z = 2: 262, 282]** Im *Jurisdictionalbuch von 1670* heißt es: „Riethmüller 1 Haus, 2 Hufen Land, Kein Weib" und im *Kirchenbuch von Dingelstädt* (1698, S. 685ff.): „Johannes **Schönefeldt** kauft den 1. Weiherstand in der 1. Bank auf der Seite des Gertrudenaltars."[109] 5 Kinder zw. 1688 u. 1699.

oo um 1688 Dingelstädt, Ef. Maria Elisabeth **Drebing [Träbing]**

263. **Drebing [Träbing]**, Maria Elisabeth, * 1656 Wachstedt, Ef., † 21.01.1733[110] Dingelstädt, Ef. **[z = 2: 263, 283]**

264. **Döring**, Balthasar („Baltzer"), Ackermann in Rüstungen, Misserode, * um 1644 Rüstungen, Ef., † um 25.01.1711 Misserode, Ef., □ 25.01.1711 Misserode, Ef. **[z = 2: 264, 272]**

oo I. um 1671 Rüstungen, Ef. Anna Barbara **Hille**

oo II. vor 05.1679 Misserode, Ef. Catharina Elisabeth **Köckmann**

---

109 Zit. n. Frankenberg 2011, Nr. 4573.

110 KB Dingelstädt, St. Gertrudis (kath.), Tote 1733, S. 358, Nr. 25.

Abb. 15: Inschrift am Stammhof der Dörings in Rüstungen
(Foto: C. Doering, Gainesville, Fl.)

265.   **Hille**, Anna Barbara, * um 1640, † nach 22.03.1678 Rüstungen, Ef.

266.   **Wehr**, Valentin (Valtin), von Hansteinscher Meyer zu Wiesenfeld und Martinfeld, von Tastungscher Meyer zu Ascherode, * um 1650 Wiesenfeld, Ef., † um 08.08.1718 Ascherode, Ef., ☐ 08.08.1718 Ascherode, Ef.
oo 16.01.1679 Rüstungen, Ef. Christina **Santrock**

267.   **Santrock**, Christina, * vor 1659 Wiesenfeld, Ef., † 02.02.1711 Ascherode, Ef., ☐ 06.02.1711 Ascherode, Ef. Begräbnistext: „Den 02.02.1711 ist die aschrödische Meyerin gestorben, nomine Christina **Wehr** und den 06.02. wegen Ihres Sohnes damaliger Hochzeit zu Rüstung allhier christlich beigesetzt worden. Die Leiche ist zu Ascherode angenommen worden."[111]

272. = 264. **Döring**, Balthasar („Baltzer")

273.   **Köckmann**, Catharina Elisabeth, * um 1659 Mackenrode (Weidenbach), Ef., † um 01.04.1727, ☐ 01.04.1727 Misserode, Ef.
oo vor 05.1679 Misserode, Ef. Balthasar („Baltzer") **Döring**

274. = 128. **Pudens**, Johann Hermann

275. = 129. **Döring**, Magdalena

276.   **Döring**, Adam, * um 1629 Rüstungen, Ef., † 21.05.1716 Rüstungen, Ef.
oo 1659 Rüstungen, Ef. Cartharine N.N.

277.   **N.N.**, Cartharine, * 1640, † 10.04.1720 Rüstungen, Ef.

280.   **Hartleib**, Peter, * um 1632, † 22.03.1709 Rüstungen, Ef.
oo 1659 Rüstungen, Ef. Elisabeth **Schade**

281.   **Schade**, Elisabeth, * vor 1639, † 08.01.1686 Rüstungen, Ef.

282. = 262. **Schönefeld**, Hans

283. = 263. **Drebing**, Maria Elisabeth

320.   **Döring**, Daniel, Bauer in Rüstungen und Lehna, ~ 08.01.1675 Rüstungen, Ef., † 11.10.1725 Rüstungen, Ef., ☐ 12.10.1725 Rüstungen, Ef.
oo 1703 Rüstungen, Ef. Anna Maria **König**

321.   **König**, Anna Maria, * 1682 Lehna, Ef., † 08.04.1735 Rüstungen, Ef., ☐ 09.04.1735 Rüstungen, Ef.

---

111 DEGENHARD 2017, Nr. 1689.

322. **Metz**, Adam, ~ 19.06.1663 Rüstungen, Ef., † 09.06.1711 Rüstungen, Ef., ☐ 10.06.1711 Rüstungen, Ef.
oo vor 17.05.1699 Anna N.N.
323. **N.N.**, Anna, * 1673, † 30.09.1747 Rüstungen, Ef., ☐ 01.10.1747 Rüstungen, Ef.
326. **Huschenbeth**, Johannes, * vor 1697, † nach 1717
oo vor 1717 Barbara N.N.
327. **N.N.**, Barbara, * vor 1697 Ershausen, Ef., † nach 1717

9. Ahnenreihe [512–767 / 768–1.023]

516. **Döring**, Hans der Jüngere, Ackermann und Vollbauer mit Pferden in Rüstungen, * um 1600 Rüstungen, Ef., † vor 10.1672 Rüstungen, Ef.
[z = 6: 516, 528, 544, 552, 1100, 1280]
oo vor 1629 N.N.
518. **Roth**, Matthias („Matz"), Ackermann, Kirchenaltarist in Rüstungen, * um 1610 Rüstungen, Ef., † um 04.12.1668 Rüstungen, Ef., ☐ 04.12.1668 Rüstungen, Ef. **[z = 3: 518, 1102, 1282]**
oo vor 1642 Anna Barbara N.N.
519. **N.N.**, Anna Barbara, ohne Beruf, * um 1610, † nach 1642 Rüstungen, Ef. **[z = 3; 519, 1103, 1283]**
524. **Schönefeld**, Georg, Müller, * 1600 Dingelstädt, Ef., † 1686 Dingelstädt, Ef. **[z = 2: 524, 564]**. In der *Steuerliste von 1670* heißt es: „Georg **Schönefelt**, 2 Mahlgänge, 1 Haus, zahlt Gemeindesteuer 13 Gr, 6 Pfg", und im *Jurisdictionalbuch von 1672*: „Georg Sch. 1 Herdstätte, 2 Hufe Land, 1 Weib, keine Kinder".[112]
oo 1650 Dingelstädt, Ef. N.N.
528. = 516. **Döring**, Hans der Jüngere
530. **Hille**, Georg Jörge, * unbek., † 02.02.1677 Rüstungen, Ef.
oo vor 1677 N.N.
532. **Wehr**, Claus der Ältere, Meyer zu Wiesenfeld und Martinfeld, * um 1618 Rüstungen, Ef., † um 24.09.1680, ☐ 24.09.1680 Wiesenfeld, Ef.
oo vor 1655 Barbara N.N.
533. **N.N.**, Barbara, * vor 1635, † um 03.01.1684, ☐ 03.01.1684 Wiesenfeld, Ef.
544. = 516. **Döring**, Hans der Jüngere
548. = 256. **Pudenz [Pudens]**, Thomas
550. = 258. **Döring**, Nicolaus („Claus")
551. = 259. **Roth**, Anna Martha
552. = 516. **Döring**, Hans der Jüngere

---

112 Zit. n. Frankenberg 2011, Nr. 4572.

560. **Hartleib**, Valtin, * vor 1612, † um 1660
oo nach 1632 N.N.

562. **Schade**, Valentin, * vor 1619 Rüstungen, Ef., † 03.05.1691 Rüstungen, Ef.
oo vor 1639 Catharina **Kaufhold**

563. **Kaufhold**, Catharina, * vor 1619, † nach 1639

564. = 524. **Schönefeld**, Georg

640. = 258. **Döring**, Nicolaus („Claus")

641. = 259. **Roth**, Anna <u>Martha</u>

644. **Metze**, Jacob, * vor 1643, † vor 01.12.1680. Er besitzt anno 1664 (*Lagerbuch der Vogtei Greifenstein*): „1 Hauß undt Hof am Anger zwischen Hanß **Kunckel**n undt Adam **Peter**n".[113]

10. Ahnenreihe [1.024–1.535 / 1.536–2.047]

1032. **Döring**, Hans der Ältere, Ackermann in Rüstungen, * um 1559 Rüstungen, Ef., † vor 1643 Rüstungen, Ef. **[z = 7: 1032, 1056, 1088, 1104, 2130, 2200, 2560]**
oo vor 1597 N.N.

1036. **Rodt [Rode]**, Behrnd, * vor 1562, † nach 1610 **[z = 3; 1036, 2204, 2564]**

1056. = 1032. **Döring**, Hans der Ältere

1064. **Wehr**, Hans Claus, * um 1590, † nach 1616. Vermutlich der Claus **Wehr**, der im Jahr 1610 Haus und Hof in Rüstungen besitzt. Einziger seines Familiennamens in Rüstungen. Der Name „Wehr" kommt in den Lagerbüchern von 1609 und im *Reuterschen Lagerbuch* von 1582 bis 1610 im Amt Greifenstein vor.
oo vor 1619 Barbara Döring

1065. **Döring**, Barbara, * um 1597 Rüstungen, Ef., † 02.1677 Rüstungen, Ef.

1088. = 1032. **Döring**, Hans der Ältere

1100. = 516. **Döring**, Hans der Jüngere

1102. = 518. **Roth**, Matthias („Matz")

1103. = 519. **N.N.**, Anna Barbara

1104. = 1032. **Döring**, Hans der Ältere

1280. = 516. **Döring**, Hans der Jüngere

1282. = 518. **Roth**, Matthias („Matz")

1283. = 519. **N.N.**, Anna Barbara

---

113 Döring 2018.

11. Ahnenreihe [2.048–3.071 / 3.072–4.095]

2064. **Döring**, Martin („Mertin"), Ackermann in Rüstungen, Besitzer des Stammhofes in Rüstungen, * um 1520 Misserode, Ef., † zw. 1572 u. 1599 Rüstungen, Ef. **[z = 7: 2064, 2112, 2176, 2208, 4260, 4400, 5120]**
oo vor 1559 N.N.

2072. **Rode**, N.N., * vor 1542, † unbek. **[z = 3: 2072, 4408, 5128]**

2112. = 2064. **Döring**, Martin

2128. **Wehr**, Hanns (oder Caspar), * vor 1570, † nach 1590. Der Name „Wehr" kommt in den Türkensteuerlisten von 1542/45 und in der Eichsfelder Landsteuer von 1548 in den Orten Dieterode und Geismar vor. Ob Hanns oder Caspar **Wehr** als Stammvater der Familie Wehr zu gelten hat, lässt sich heute nicht mehr feststellen.

2130. = 1032. **Döring**, Hans der Ältere

2176. = 2064. **Döring**, Martin

2200. = 1032. **Döring**, Hans der Ältere

2204. = 1036. **Rodt [Rode]**, Behrnd

2208. = 2064. **Döring**, Martin

2560. = 1032. **Döring**, Hans der Ältere

2564. = 1036. **Rodt [Rode]**, Behrnd

12. Ahnenreihe [4.096–6.143 / 6.144–8.191]

4128. **Döring**, Conrad, Ackermann in Misserode, * um 1480 Misserode oder Döringsdorf, Ef., † nach 1548 Misserode, Ef. **[z = 7: 4128, 4224, 4352, 4416, 8520, 8800, 10240]**
oo vor 1520 N.N.

4144. **Rode [Rodt, Roth]**, Hanns, * vor 1522, † nach 1545. **[z = 3: 4144, 8816, 10.256]**

4224. = 4128. **Döring**, Conrad

4260. = 2064. **Döring**, Martin

4352. = 4128. **Döring**, Conrad

4400. = 2064. **Döring**, Martin

4408. = 2072. **Rode**, N.N.

4416. = 4128. **Döring**, Conrad

5120. = 2064. **Döring**, Martin

5128. = 2072. **Rode**, N.N.

13. Ahnenreihe [8.192–12.287 / 12.288–16.383]

8520. = 4128. **Döring**, Conrad

8800. = 4128. **Döring**, Conrad

8816. = 4144. **Rode [Rodt, Roth]**, Hanns
10 240. = 4128. **Döring**, Conrad
10 256. = 4144. **Rode [Rodt, Roth]**, Hanns

6. Die Quellenlage

Das Eichsfeld ist durch einige Bände der Reihe *Mitteldeutsche Ortsfamilienbücher (MOFB)* der *Arbeitsgemeinschaft für mitteldeutsche Familienforschung e.V. (AMF)* genealogisch gut erschlossen; erste Anlaufstellen für weitere Recherchen zu den Familien Pudenz und Döring können u.a. die Homepages[114] von Marcellinus Prien[115] (Berlin), André Sieland[116] (Meinersen), Georg W. Wand[117] (Rheinland) und Michael M. Döring[118] (Berlin) sein. Weitere Hinweise finden sich im GenWiki[119] unter dem Eintrag *Döring (Familienname)*. Viele der dort gesammelten Informationen wurden von dem Familienforscher Dr. med. Paul Georg Döring (1906–1983) recherchiert und sind in der „Döring-Datenbank" von Michael Döring zu finden. Eine umfassende bibliographische Übersicht der Literatur zum Eichsfeld bietet WIEGAND (2015).

7. Danksagung

Die Abb. 5 und 15 wurden freundlicherweise von Georg Goldmann (Deuna, Eichsfeld) und Christine Doering (Gainesville, Florida) zur Verfügung gestellt. Die „Eichsfelder Linien" der Familien Döring und Pudenz verdanke ich im Wesentlichen meinen „genealogischen Cousins" Roland Pudenz (Erfurt) und Michael Döring (Berlin). Mein besonderer Dank gilt Arndt Richter (München) und Weert Meyer (Leer, Ostfriesland), die mir beim quantitativ-genealogischen Teil dieses Artikels eine unschätzbare Hilfe waren.

---

114 Die Homepage von Roland Pudenz (Erfurt) existiert leider nicht mehr.
115 Homepage von Marcellinus Prien: http://marcellinus.de/html/genealogie.html.
116 Homepage von André Sieland: http://www.sieland-online.de/gene.html.
117 Homepage von Georg W. Wand: http://www.wandnet.de/Deutsch/indexg/indexg.html.
118 Genealogie der Familie Döring vom Eichsfeld: http://www.doerings.info/agemein.htm.
119 GenWiki, Eintrag Döring (Familienname): http://wiki-de.genealogy.net/D%C3%B6ring_ (Familienname).

8. Literatur

Bei Artikeln, die online verfügbar sind (teilweise auch auf der TNG-Homepage[120] des „Roland zu Dortmund"), ist dies angegeben. Da einige Links sehr lang sind, wurde an vielen Stellen nur der Hinweis „Online" angegeben; die Literatur ist dann i. d. R. durch eine einfache Eingabe des Titels (ggf. mit dem Zusatz „pdf") in Suchmaschinen wie *Google* oder *bing* leicht zu finden. – Die genealogische Literatur ist in den Jahren 1933 bis 1945 (aber auch bereits in den Jahrzehnten davor) teilweise von „rassehygienischen" Gedanken und einer „völkischen" Ideologie durchdrungen. Zum kritischen Umgang damit vgl. z.B. BANZHAF (2014) und FAHLBUSCH et al. (2017).

AMBROSE, Stanley H. (1998): Late Pleistocene human population bottlenecks, volcanic winter, and differentiation of modern humans. In: Journal of Human Evolution, 34, 6, S. 623–651.

ATHEN, Hermann (1982): Theoretische Genealogie. In: S. T. Achen (Hrsg.), Genealogica & Heraldica. Report of The 14th International Congress of Genealogical and Heraldic Sciences in Copenhagen 25.-29. August 1980 (S. 421-432). Copenhagen: G. E. C. GAD. [Online: http://tng.rolandgen.de]

ARMBORST, Georg (1957): Genealogische Streifzüge durch die Weltgeschichte. (DALP-Taschenbücher, Bd. 334). München: Lehnen.

BAHLOW, Hans (1991): Deutsches Namenlexikon. Familien- und Vornamen nach Ursprung und Sinn erklärt. Bindlach: Gondrom Verlag.

BANZHAF, Katharina (2014): Vorläufer der psychiatrischen Genetik: Die psychiatrische Erblichkeitsforschung in der deutschsprachigen Psychiatrie im Spiegel der Allgemeinen Zeitschrift für Psychiatrie, 1844 bis 1911. (Inauguraldissertation zur Erlangung des Grades eines Doktors der Medizin des Fachbereichs Medizin der Justus-Liebig-Universität Gießen). Gießen: Justus-Liebig-Universität. [Online]

BELL, Julia (1940): A determination of the consanguinity rate in the general hospital population of England and Wales. In: Annals of Eugenics, 10, S. 370–391. [Online]

BETTINGER, Blaine T. (2016): The Family Tree Guide to DNA. Testing and Genetic Genealogy. Cincinnati: F&W Media International.

BETTINGER, Blaine T. / PARKER WAYNE, Debbie (2016): Genetic Genealogy In Practice. 3108 Columbia Pike, Suite 300, Arlington: National Genealogical Society.

BISCHOF, Norbert (1970): Die biologischen Grundlagen des Inzesttabus. In: REINERT, G. (Hg.): Bericht 27. Kongress Deutsche Gesellschaft für Psychologie (S. 115–142). Kiel: Verlag für Psychologie. [Online]

BISCHOF, Norbert (1989): Das Rätsel Ödipus. Die biologischen Wurzeln des Urkonfliktes von Intimität und Autonomie. München: Piper.

BITTLES, Allan H. / BLACK, Michael L. (2010): Consanguineous Marriage and Human Evolution. In: Annual Review of Anthropology, 39, S. 193–207. [Online]

---

120 http://tng.rolandgen.de/browsemedia.php?mediatypeID=documents.

BITTLES, Allan H. (2008): A Community Genetics Perspective on Consanguineous Marriage. In: Community Genetics, 11, S. 324–330.

CHANG, Joseph T. (1999): Recent Common Ancestors of All Present-Day Individuals. In: Advances in Applied Probability, Bd. 31, Nr. 4, S. 1002–1026. [Online]

DAWKINS, Richard (1996): Das egoistische Gen. (Überarbeitete und erweiterte Neuausgabe). Reinbek bei Hamburg: Rowohlt Taschenbuch Verlag. [Online]

DEGENHARD, Norbert (2014): Familienbuch der katholischen Pfarrgemeinde Wilbich (Kreis Heiligenstadt) 1683 bis 1875. (Landkreis Eichsfeld, GOV: WILICH_O5631). (Reihe Mitteldeutsche Ortsfamilienbücher, MOFB-008). (5., korr. Aufl.). Leipzig: Arbeitsgemeinschaft für mitteldeutsche Familienforschung e.V. (AMF).

DEGENHARD, Norbert (2017): Familienbuch der katholischen Pfarrgemeinde Martinfeld 1601–1875. (Landkreis Eichsfeld, GOV: MARELD_O5631). (Reihe Mitteldeutsche Ortsfamilienbücher, MOFB-011). (4. erw. Aufl.). Leipzig: Arbeitsgemeinschaft für mitteldeutsche Familienforschung e.V. (AMF).

DEVINE, Donn (o. J.): Wie lang ist eine Generation? [Online: https://support.ancestry.de]

DÖRING, Martin (2018): Ahnenliste Catharina Döring. [Unveröff. Manuskript]

DONNER, Susanne (2018): Verwandten-Ehen: Mit Vetter oder Base auf der sicheren Seite. In: Der Tagesspiegel, online: https://www.tagesspiegel.de/wissen/verwandten-ehen-mit-vetter-oder-base-auf-der-sicheren-seite/23239446.html (31.03.2019).

ESTOR, Johann Georg (1750): Practische anleitung zur Anenprobe: so bei den Teutschen erz- und hochstiften, ritterorden und ganerbschaften gewönlich, nebst darzu gehörigen kupfern und anenbäumen. Marburg: P. C. Müller. [Online]

FAHLBUSCH, Michael / HAAR, Ingo / PINWINKLER, Alexander (Hrsg.) (2017): Handbuch der völkischen Wissenschaften: Akteure, Netzwerke, Forschungsprogramme. Unter Mitarb. von David Hamann. Berlin [u. a.]: De Gruyter Oldenbourg. (Teilbd. 1 u. 2 – 2., grundlegend erw. und überarb. Aufl.)

FORST-BATTAGLIA, Otto (1913): Genealogie. (Grundriss der Geschichtswissenschaft, Reihe 1, Um. 4a). Leipzig, Berlin: B. G. Teubner. [Online]

FORST-BATTAGLIA, Otto (1932): Das Geheimnis des Blutes. (Kleine historische Monographien, Bd. 36. Mit 20 Bildtafeln). Wien: Reinhold.

FORST-BATTAGLIA, Otto (1948): Wissenschaftliche Genealogie. Eine Einführung in ihre wichtigsten Grundprobleme. (Sammlung Dalp, Bd. 57). Bern: A. Francke.

FRANKENBERG, Ewald J. (2011): Ortsfamilienbuch Kath. Pfarrgemeinde Dingelstädt 1688 – 1899. (Deutsche Ortssippenbücher, Reihe X). Weilerswist: Eigenverlag.

GÖRICH, Nikolaus / SCHULZ, Ursula / GODEHARDT, Helmut (1923/2004): Aus der Geschichte des eichsfeldischen Dorfes Wilbich. Überarbeiteter und um den Zeitraum von 1923-1997 erweiterter Nachdruck der Chronik von 1923. Hrsg. vom Ortschaftsrat Wilbich. Duderstadt: Mecke Druck und Verlag.

GROSSE, Volker / HERZBERG, Klaus (2008); Mühlen im Obereichsfeld. Ein Kompendium. Heiligenstadt: Eichsfeld-Verlag.

HAGER, Julius Oscar (1907a): Ein Kapitel aus der Descentorik. In: Roland – Monatsschrift des „Roland", Verein zur Förderung der Stammkunde, Jg. 8, H. 5, S. 65–70 (Rubrik: Genealogie von Personen und Geschlechtern).

HAGER, Julius Oscar (1907b): Ein Kapitel aus der Descentorik (Schluss). In: Roland – Monatsschrift des „Roland", Verein zur Förderung der Stammkunde, Jg. 8, H. 6, S. 81-85, sowie Tafeln I-IV (Rubrik: Genealogie von Personen und Geschlechtern).

HAGER, Julius Oscar (1912): Ein Descentorium. In: Vierteljahrsschrift für Wappen-, Siegel- und Familienkunde des Vereins „Herold" in Berlin, XL. Jg., S. 1–11, mit 2 doppelseitigen Tafeln.

HAMAMY, Hanan (2012): Consanguineous marriage. Preconception consultation in primary health care settings. In: Journal of Community Genetics, 3, 3, S. 185–192. [Online]

HAMAMY, Hanan / ANTONARAKIS, Stylianos E. / CAVALLI-SFORZA, Luigi Luca et al. (2011): Consanguineous marriages, pearls and perils: Geneva International Consanguinity Workshop Report. In: Genetics in Medicine, 13, 9, S. 841–847. [Online]

HARDING, Elisabeth / HECHT, Michael (Hrsg.) (2011): Die Ahnenprobe in der Vormoderne. Selektion – Initiation – Repräsentation. (Symbolische Kommunikation und gesellschaftliche Wertesysteme; Schriftenreihe des Sonderforschungsbereichs 496; Bd. 37). Münster: Rhema.

HEIN, Jotun (2004): Pedigrees for all humanity. In: Nature, Bd. 431, S. 518–519. [Online]

HELGASON, Agnar / PÁLSSON, Snæbjörn et al. (2008): An Association Between the Kinship and Fertility of Human Couples. In: Science, Bd. 319, S. 813–816. [Online]

HEYDENREICH, Eduard Karl Heinrich (1913): Handbuch der praktischen Genealogie. (Bd. 1). Leipzig: H. A. Ludwig Degener. [Online]

HUNGERIGE, Heiko (2018): Englischsprachige Verwandtschaftsbeziehungen mit WolframAlpha besser verstehen. In: Computergenealogie – Magazin für Familienforschung, Jg. 33, H. 1, S. 32–33.

HUNGERIGE, Heiko (2019): WORD als „genealogisches Hilfsprogramm". In: Computergenealogie – Magazin für Familienforschung, 34. Jg., H. 1, S. 26-27.

HUNGERIGE, Heiko (2020a): Verwandtenehen: Die Ahnentafel als Ahnennetz. In: Computergenealogie – Magazin für Familienforschung, 35. Jg., H. 1, S. 16–19.

HUNGERIGE, Heiko (2020b): Verwandtschaftsrecht: Im Dschungel der Verwandtschaftsgrade. In: Computergenealogie – Magazin für Familienforschung, 35. Jg., H. 1, S. 6-10.

HUNGERIGE, Heiko (2020c): Englische Verwandtschaftsbezeichnungen: Was ist ein „second cousin twice removed"? In: Computergenealogie – Magazin für Familienforschung, 35. Jg., H. 1, S. 12-14.

HUNGERIGE, Heiko (2020d): Lateinische Verwandtschaftsbezeichnungen: Generatio præterit et generatio advenit. In: Computergenealogie – Magazin für Familienforschung, 35. Jg., H. 1, S. 15.

HUNGERIGE, Heiko (2020e): Berechnung des Inzucht- und Verwandtschaftsko-effizienten über eine Pfadanalyse. In: Computergenealogie – Magazin für Familienforschung, 35. Jg., H. 1, S. 11.

HUNGERIGE, Heiko / KUBA, Herbert (2020): Liste lateinischer Verwandtschaftsbe-zeichnungen sowie mit Verwandtschaft/Familie assoziierter Begriffe. (Online im Servicebereich der Computergenealogie, Heft 1/2020).

KESSLER, Felix (2009): Heiraten ins Blut tut selten gut. Ausarbeitung zum Seminar „Deutsche Rechtssprichwörter – verstaubt oder aktueller denn je?" im WS 2008/09 an der Ruhr-Universität Bochum. [Online]

KEMPER, Tobias A. (2017): Familiengeschichtsforschung plus Naturwissenschaft ist DNA-Genealogie. In: Computergenealogie – Magazin für Familienforschung, Jg. 32, H. 2, S. 26–31.

KRAMER, Anne-Marie (2015): The Genomic Imaginary: Genealogical Heritage and the Shaping of Bioconvergent Identities. In: MediaTropes eJournal, Bd. V, Nr. 1, S. 80–104. [Online]

LANE, Christine S. / CHORN, Ben T. / JOHNSON, Thomas C. (2013): Ash from the Toba supereruption in Lake Malawi shows no volcanic winter in East Africa at 75 ka. In: Proceedings of the National Academy of Sciences (PNAS), April 2013, 201301474; DOI: 10.1073/pnas.1301474110.

LANZINGER, Margareth (2015): Verwaltete Verwandtschaft. Eheverbote, kirchliche und staatliche Dispenspraxis im 18. und 19. Jahrhundert. Wien / Köln / Wei-mar: Böhlau Verlag. [Online]

LIBRERIA EDITRICE VATICANA (2003): Kodex des Kanonischen Rechts. [Online: http://www.vatican.va/archive/DEU0036/_INDEX.HTM#fonte]

LINKE, Reinhard / RICHTER, Arndt / TROGUS, Wolfgang (2013): Ahnenliste Arno Lange. Typoskript (545 S.). [Online: www.genetalogie.de]

LUDWIG, Wilhelm (1948): Vetternehenstatistik und Oedipuskomplex. In: Forschungen und Fortschritte, 24. Jg., H. 13/14, S. 164–165.

MEYER, Weert (1995): Ein Computerprogramm für die Ahnentafelanalyse nach den Regeln der quantitativen Genealogie. In: Computergenealogie, Jg. 11, H. 33, S. 175–183.

MURKEN, Jan Diether / GRIMM, Tiemo / HOLINSKI-FEDER, Elke / ZERRES, Klaus (Hrsg.) (2017): Taschenlehrbuch Humangenetik. (9. Aufl.). Stuttgart: Thieme.

PIEPER, Lennart (2018): Rezension zu: Lanzinger, Margareth: Verwaltete Verwandt-schaft. Eheverbote, kirchliche und staatliche Dispenspraxis im 18. und 19. Jahrhundert. Köln 2015. In: H-Soz-Kult, 22.03.2018. [Online]

PREUSCHHOF, Eckhard (2009): Die Preuschhof Familien aus Ostpreußen. Neue Erkenntnisse durch Analysen Y-chromosomaler DNA. In: Altpreußische Geschlechterkunde, 57. Jg., Bd. 39, S. 355–368.

PREUSCHHOF, Eckhard (2016): Die Preuschhof – Familien aus Ostpreußen. Herkunft und Ausbreitung. Typoskript (493 S.). [Online: www.genetalogie.de]

PUDENZ, Roland (2000): Deutsches Geschlechterbuch „der Sippe Pudenz, auf dem Eichsfeld" (die Linie des Ferdinand Pudenz). [Unveröff. Manuskript, März 2000]

PUDENZ, Roland (2002): Die Türkensteuerlisten der kurmainzischen Ämter Bischofstein und Greifenstein von 1542. In: Verein für Eichsfeldische Heimatkunde und Heimatverein Goldene Mark (Untereichsfeld) e.V. (Hg.): Eichsfeld-Jahrbuch 2002 (S. 119–130), 10. Jg. Duderstadt: Mecke Druck.

RICHTER, Arndt (1979): Erbmäßig bevorzugte Vorfahrenlinien bei zweigeschlechtigen Lebewesen. Die Spaltungs-Proportionen in der Aszendenz bei geschlechtsgebundener Vererbung, erläutert am Beispiel des Menschen. Professor Dr. Siegfried Rösch zum 80. Geburtstag. In: Archiv für Sippenforschung, 45, H. 74, S. 96–109. [Online: www.genetalogie.de und http://tng.rolandgen.de]

RICHTER, Arndt (1987): Verwandtschafts- und Implexberechnungen: Statistische Ergänzungen zur Ahnenschaft von Gregor Mendel. In: Computergenealogie, 3. Jg., H. 7, S. 186–191. [Online: www.genetalogie.de]

RICHTER, Arndt (1997): Die Geisteskrankheit der bayerischen Könige Ludwig II. und Otto. Eine interdisziplinäre Ahnenstudie mittels Genealogie, Genetik und Statistik mit einer EDV-Programmbeschreibung von Weert Meyer. Neustadt/ Aisch: Verlag Degener & Co.

RICHTER, Arndt (2006): Mütterliche Großväter im Lichte meiner These: Von der besonderen Mittlerrolle X-chromosomaler Gene bei der Ausprägung geistiger Eigenschaften. [Online: www.genetalogie.de]

RICHTER, Arndt (2009): Festgefügtes im Strome der Zeit. Genealogische Bekenntnisse. Typoskript (666 S.). [Online: www.genetalogie.de]

RICHTER, Arndt (2010): Ahnenliste Arndt Richter. (Schriftenreihe der Arbeitsgemeinschaft für mitteldeutsche Familienforschung e.V., AMF-SR 220). Leipzig: AMF.

RICHTER, Arndt (2012): Siegfried Rösch: Gedanken zur Ahnenliste Rösch (Kinder). Typoskript (50 S.). [Online: www.genetalogie.de]

RICHTER, Arndt (2013): Vorwort zur Ahnenliste Prof. Arno Lange (1885–1966). Typoskript (23 S.). [Online: www.genetalogie.de]

RICHTER, Arndt (2014): 75 Jahre Faszination Ahnentafel Rübel-Blaß (1939). Eine späte Lobpreisung im Gedenkjahr Karl des Großen (814–2014). Typoskript (158 S.). [Online: www.genetalogie.de]

RICHTER, Arndt (2018). Wolfgang Trogus (1940–2018) – Gedenken und persönliche Erinnerungen. Typoskript (8 S.). [Online: www.genetalogie.de]

RICHTER, Friedrich Theodor (1877): Genealogisch-historische Einleitung. In: OERTEL, F. M.: Genealogische Tafeln zur europäischen Staatengeschichte des neunzehnten Jahrhunderts. Mit einer genealogischen Einleitung herausgegeben von Friedrich Theodor RICHTER. (S. IX–LXI; 3. ergänzte Aufl.). Leipzig: F. A. Brockhaus. [Online: Google Books]

RÖSCH, Siegfried (1955): Grundzüge einer quantitativen Genealogie. (Teil A des Buches über Goethes Verwandtschaft) (= Praktikum für Familienforscher, Sammlung gemein-verständlicher Abhandlungen über Art und Ziel und Zweck der Familienkunde, H. 31) Neustadt an der Aisch: Degener & Co. (Sonderdruck aus „Goethes Verwandtschaft"). [Online im GenWiki]

RÖSCH, Siegfried (1956): Goethes Verwandtschaft. Versuch einer Gesamtverwandtschaftstafel mit Gedanken zu deren Theorie. (Bibliothek familiengeschichtlicher Arbeiten, Bd. XVI). Neustadt an der Aisch: Degener & Co. [Online im GenWiki]

RÖSCH, Siegfried (1957): Über den Verwandtschaftsgrad – Zugleich als wohlverdienter Nachruf für den kürzlich verstorbenen großen Genealogen Wilhelm Karl Prinzen von Isenburg. In: Familie und Volk – Zeitschrift für Genealogie und Bevölkerungskunde, Bd. 6, S. 313–317. [Online: http://tng.rolandgen.de]

RÖSCH, Siegfried (1961): Die Ahnenschaft der Königin Kleopatra VII. In: Familie und Volk, Bd. 4, S. 396–402. [Online im GenWiki]

RÖSCH, Siegfried (1969): Die genealogischen Wandteppiche Ottheinrichs von der Pfalz. Sonderdruck aus der Festschrift zum hundertjährigen Bestehen des Herold zu Berlin 1869–1969. [Online im GenWiki]

RÖSCH, Siegfried (1977): Caroli Magni Progenies. Pars 1. (Publikationen der Zentralstelle für Personen und Familiengeschichte, Institut für Genealogie, Bd. 30). Neustadt an der Aisch: Verlag Degener & Co.

ROHDE, Douglas L. T. / OLSON, Steve / CHANG, Joseph T. (2004): Modelling the recent common ancestry of all living humans. In: Nature, 431, S. 562–566. [Online]

ROTH, Wendy D. / IVEMARK, Biorn (2018): Genetic Options: The Impact of Genetic Ancestry Testing on Consumers' Racial and Ethnic Identities. In: American Journal of Sociology, Bd. 124, Nr. 1 (July 2018), S. 150-184. [https://doi.org/10.1086/697487]

RÜBEL, Eduard / RUOFF, Wilhelm Heinrich (1939): Ahnentafel Rübel-Blass. (Hrsg. von der Helene- und Cécile-Rübel-Familienstiftung, 2 Bde.). Zürich: Schulthess & Co.

RUTHERFORD, Adam (2018): Eine kurze Geschichte von jedem, der jemals gelebt hat. Was unsere Gene über uns verraten. Reinbek bei Hamburg: Rowohlt Polaris.

SAGGAR, Anand K. & BITTLES, Allan H. (2008): Consanguinity and child health. In: Paediatrics and Child Health, Bd. 18, H. 5, S. 244-249.

SCHELLING, Hermann von (1944): Die Ahnenschwundregel. In: Der Erbarzt, Bd. 12, H. 9/12, S. 113-120.

SCHELLING, Hermann von (1945): Studien über die durchschnittliche verwandtschaftliche Verflechtung innerhalb einer Bevölkerung. Jena: Gustav Fischer.

SCHLEGEL, Karl August Moritz (1802): Kritische und systematische Darstellung der verbotenen Grade der Verwandtschaft und Schwägerschaft bey Heyrathen, nach dem Mosaischen Gesetze, dem Römischen und Canonischen Gesetze, und den Protestantischen Kirchenordnungen, mit besonderer Hinsicht auf die Chur-Braunschweig-Lüneburgischen Kirchenordnungen, nebst einem Versuche zu einer neuen Begründung der Eheverbote nach den reinen Principien der Sittenlehre und des Naturrechts, und einer Prüfung der bisher darüber aufgestellten Systeme. Hannover: Gebrüder Hahn. [Online-Digitalisat der Bayerischen StaatsBibliothek (BSB)].

SCHMELCHER, Antje (2011): Verwandtenehen: Darüber spricht (und forscht) man nicht. In: Frankfurter Allgemeine Zeitung. [Online: https://www.faz.net/-gpf-zh20; 01.04.2019]

SCHNITTER, Helmut (1994): Die überlieferte Defensionspflicht. Vorformen der all-gemeinen Wehrpflicht in Deutschland. In: FOERSTER, Roland G. von (Hg.): Die Wehrpflicht – Entstehung, Erscheinungsformen und politisch-militärische Wirkung (S. 29–38). (Reihe Beiträge zur Militärgeschichte, 43. Reprint 2015). Oldenbourg: De Gruyter.

SCHOLZ, Roman C. (2017): DNA-Genealogie. Gentests als Hilfsmittel der Ahnen-forschung. In: Genealogie, 33. Jg., H. 2, S. 402–410.

SHAW, Alison / RAZ, Aviad E. (Hrsg.) (2015): Cousin Marriages: Between Tradition, Genetic Risk and Cultural Change. (Fertility, Reproduction, and Sexuality, Bd. 28). Brooklyn, NY: Berghahn Books.

STREN, Nina (2013): Verbotene Beziehungen: Frühneuzeitliche Verwandtschafts- und Beziehungskonzepte in Ehedispensansuchen vor dem Passauer Konsistorium. Diplomarbeit an der Universität Wien, Studienrichtung Geschichte. [Online]

TREMBLAY, Marc / VÉZINA, Hélène (2000): New Estimates of Intergenerational Time Intervals for the Calculation of Age and Origins of Mutations. In: The American Journal of Human Genetics, Bd. 66, S. 651–658. [Online]

TROGUS, Wolfgang (2013): Einleitung zur Ahnenliste Arno Hermann Lange (1885–1966). Typoskript (4 S.). [Online: www.genetalogie.de]

VON RESTORFF, Wulf (2013): Der Balzradius und Genealogie. In: Computergenealogie, 1, S. 16–19. [Erweiterte Fassung online unter https://slidex.tips/download/der-balzradius-und-die-genealogie]

VON SCHROEDER, Felix (1942): Ahnentafeln mit naher Verwandtschaft der Eltern. Ein systematischer Aufriß über die Zahl der Möglichkeiten. In: Familienge-schichtliche Blätter, Jg. 40, H. 3/5, Sp. 41-54. [Online: http://tng.rolandgen.de]

WEISS, Kenneth M. / SMOUSE, Peter E. (1976): The Demographic Stability of Small Human Populations. In: Journal of Human Evolution, 5, S. 59–73. [Online]

WIEGAND, Günther (2015): Eichsfeldische Bibliographie. Die Literatur über das Eichsfeld von den Anfängen bis 2008. Duderstadt: Verein für Eichsfeldische Heimatkunde und Heimatverein Goldene Mark (Untereichsfeld) e.V. [Fine überarbeitete Fassung (2019) des Sachregisters zur Eichsfeldischen Biblio-graphie mit angefügten Berichtigungen der Buchausgabe ist online verfügbar.]

WESTREICH, Allan H. (2017): Using a Y-DNA Surname Project to Dig Deeper Into Your Genealogy: A Case Study. In: Journal of Genetic Genealogy, Bd. 9, S. 1-14. [Online]

WRIGHT, Sewall G. (1922): Coefficients of Inbreeding and Relationship. In: The American Naturalist, Bd. 56, S. 330–338. [Online]

WRIGHT, Sewall G. (1934): The Method of Path Coefficients. In: Annals of Mathe-matical Statistics, Bd. 5, H. 3, S. 161–215. [Online]

WULZ, Gustav (1925): Ein Beitrag zur Statistik der Verwandtenehen. In: Archiv für Rassen- und Gesellschafts-Biologie, 17, H. 1, S. 82–95.

Die Verwandtschaft des Wiedenbrücker Stifts-dechanten Christoph Strenger († 1659)

von Christian Loefke

Das Niedersächsische Landesarchiv, Standort Osnabrück (NLA OS), bewahrt zahlreiche Akten aus dem früheren, osnabrückischen Amt Reckenberg (heute Teil des Kreises Gütersloh) in seinen Beständen, deren Existenz mitunter dem Forscher vor Ort in Wiedenbrück, dem ehemaligen Hauptort des Amtes Reckenberg, nicht bewusst ist. Eine dieser höchst interessanten Akten beschäftigt sich mit dem Erbe des verstorbenen Stiftsdechanten Christoph Strenger.[1] Dabei steht neben der den Hauptteil der Akte einnehmenden Korrespondenz über den Anspruch der Schwester des Dechanten, Anna Haver geb. Strenger, gegenüber den tatsächlich bedachten Erben die genealogische Herleitung der verschiedenen Erbschaftsansprüche.

Bevor der Doktor der Theologie und Medizin, der Dechant Christoph Strenger, am 6. April 1659 für immer seine Augen schloss,[2] hatte er am Tag zuvor mit der Aufsetzung eines neuen Testaments den Anstoß für die folgende Erbauseinandersetzung gegeben. In dem neuen Testament wurden lediglich seine Haushälterin Anna Catharina sowie die – namentlich nicht genannten – beiden Verwandten, die bei ihm dienten, mit jeweils 10 Rt bedacht. Dies führte dazu, dass sich der Hildesheimer Hofgerichtspedell, Adam Haver, im Namen seiner Frau Anna, die eine leibliche Schwester des Dechants vom gleichen Vater war,

---

1 NLA OS, Rep 908 Nr. 1893. – Zum Dechanten selbst vgl. auch SCHMIDT-CZAIA, Bettina: Das Kollegiatstift St. Aegidii et Caroli Magni zu Wiedenbrück (1250-1650). Osnabrück 1994 (Osnabrücker Geschichtsquellen und Forschungen), S. 353-358 (K144); die dort S. 357 angegebene Abstammung des Dechanten ist nach der hier vorliegenden Akte als falsch zu verwerfen.

2 Das Totenbuch (FLASKAMP, Franz [Hg.]: Das Totenbuch II (1656/1701) der Kirchengemeinde Wiedenbrück. Gütersloh 1938 [Quellen und Forschungen zur Natur und Geschichte des Kreises Wiedenbrück, 49], S. 28) vermeldet ihn zu diesem Tag. Da es sich dort aber um Begräbnisdaten handelt, müsste er am selben Tag gestorben und begraben worden sein. Die Angabe bei SCHMIDT-CZAIA, Kollegiatstift, S. 356, er sei am 4. April gestorben, kann nicht stimmen, da die Osnabrücker Akte ein Protokoll des damaligen Stadtrichters Heinrich Volmari enthält, der am 5. April vor Zeugen das Testament des Dechanten aufnimmt. Zudem zweifelt Schmidt-Czaia den Doktortitel der Medizin an (S. 358 Anm. 1732), der bei HARSEWINKEL, Florenz Karl Joseph: Ordo ac series clericorum Wiedenbrugensium. Münster 1933 (Quellen und Forschungen zur Natur und Geschichte des Kreises Wiedenbrück, 4), S. 42 und 102, für ihn reklamiert wird. Jedoch nennt schon die Osnabrücker Akte ihn zeitgenössisch Dr. theol. et med. (fol. 3r).

auf das Heftigste beschwerte und das neue Testament anfocht. Unter anderem habe der Erblasser die anderen Verwandten zu Lebzeiten und bei seiner Bettlägrigkeit immer mit den Worten „Laßet mir mit Frieden!" abgewimmelt, während ihm, Haver, und seiner Frau versprochen worden war, sich neben den schon erhaltenen Wohltaten weiterer Erbstücke erfreuen zu dürfen, die sie nun aber nicht erhalten hätten.

Um nun die größere Berechtigung gegenüber den anderen Erben aufzuzeigen, wurde – zum Teil leider nur sehr oberflächlich – die gemeinsame Abstammung der Erben von dem Wiedenbrücker Pfarrer Christoph Rose[3] dargelegt. Im Folgenden sind diese Angaben durch weitere Informationen ausgebaut und in eine kleine Stammfolge[4] gebracht worden.

01   Christoph Rose

Pfarrer in Wiedenbrück, 1575 als Prediger Mitglied des Wiedenbrücker Kalands, 1603 mit seiner Haushälterin, einer Tochter und einer Magd geschatzt, † Wiedenbrück 14.3.1622;[5]

(∞)[6]

Anna Werdincksell, **Köchin und Konkubine**, genannt 1603 in der Schatzungsliste

Kinder:
1) **Elisabeth**, ∞ **Assveri**, siehe unten 02.1.
2) **Angela**[7], ∞ **Wippermann**, siehe unten 02.2.
3) **Agnes**, ∞ **Strenger**, siehe unten 02.3.

---

3   Vgl. zu ihm ebenfalls SCHMIDT-CZAIA, Kollegiatstift, S. 418f. (V72).

4   Die erste Seite der Osnabrücker Akte enthält zwei skizzenhafte Abstammungsschemata. Die dieser Akte entnommenen Angaben sind **fett** gedruckt.

5   FLASKAMP, Franz (Hg.): Die Kalands-Bruderschaft zu Wiedenbrück, 2. Teil: Mitglieder- und Iotenlisten 1343–1854. Münster 1957 (Quellen und Forschungen zur Westfälischen Geschichte, 83), S. 14 (*1575*); LOEFKE, Christian: Eine Wiedenbrücker Kopfschatzung von 1603, in: Roland 12 (2001/2003), S. 87–91, hier 89 (*1603*); LOEFKE, Christian: Auszüge aus alten Nekrologen, in: Roland 25/26 (2016/2017), S. 172-174, hier 174 (*1622*).

6   Die Osnabrücker Akte nennt die Kinder als „außer der Ehe gezeugt" und deren Mutter „Kuchinnen und Concubine". Nach der Schatzungsliste von 1603 als quasi verheiratete Lebensgefährtin zu beurteilen.

7   Bei FLASKAMP, Franz: Das westfälische Patriziergeschlecht Wippermann, in: Westfälische Zeitschrift 110 (1960), S. 249–270, hier S. 257, ist der familiäre Zusammenhang falsch dargestellt. Bei LOEFKE, Christian: Wiedenbrücker Krameramtsverwandte des 17. Jahrhunderts, in: Beiträge zur westfälischen Familienforschung 54 (1996), S. 91–181, hier 157, ist ihr Vorname nach LÜBBERMANN, Ernst-August: Wiedenbrücker Stammtafeln. Rheda-Wiedenbrück 1986, S. 43 falsch angegeben! Der Vorname „Angela" wird auch durch Geburtsbrief für den Sohn Christoph 1629 nachgewiesen (StadtA RH-WD, Gerichtsprotokolle 6, Bl. 130r).

02.1 **Elisabeth** Rose, T.d. Christoph Rose u.d. Anna Werdincksell (→ 01)
† nach 1651 (wohl sogar nach 1660);
∞ I. vor 1603(?)[8]
Conrad Walter, † vor 1608;
∞ II. um 1608
Johannes Aßver, Glasmacher in Wiedenbrück, wird 1608 aus Laer (zwischen Glandorf und Bad Rothenfelde) eingebürgert, † Wiedenbrück 18., □ ebd. 20.11.1663.[9]

Kinder:[10]
1) Johannes **Aßver**, Glaser, gent. 1651 als ‚filius' mit Frau und 1 Kleinkind, als Amtssohn am 17.4.1664 mit Frau und den Kindern aus seiner 1.Ehe, Anna Christina und Catharina Agnes, im Krameramt aufgenommen, □ Wiedenbrück 4.12.1672;[11]
   ∞ I. vor 1651
   Eva Pellenthier, bürgert in Wiedenbrück 18.1.1658 mit 3 Kindern ein, □ Wiedenbrück 18.4.1661;[12]
      ∞ II. Wiedenbrück 8.1.1664 (Tz: *Christianus Wipperman et Henrich zur Westen*)[13]
   Catharina Primherr, □ Wiedenbrück 16.5.1694, T.d. Bäckers Johann Primherr d.Ä. u.d. Catharina Arenshoff;
   (sie: ∞ II. Wiedenbrück 3.11.1677 (Tz: *Johan Primherr et Johan Kirchoff*)[14] Otto Wiemann)
2) Dietrich **Aßver**, wird 1628 im Rinderpfortenhof bei seinen Eltern mitgeschatzt, 1645 als Ehemann der Elisabeth Wolff genannt, † vor 1675;[15]

---

8 In der Schatzungsliste 1603 nicht mehr bei den Eltern genannt.

9 Zu ihm auch LOEFKE, Krameramtsverwandte, S. 99 Nr. 2.

10 Das Stammtafelschema auf der ersten Seite der Osnabrücker Akte suggeriert drei Kinder, davon eine Tochter, die mit Born verheiratet war. Auf den folgenden Seiten der Akte wird dann von „mehreren" Kindern gesprochen.

11 Vgl. zu ihm LOEFKE, Krameramtsverwandte, S. 99 Nr. 3.

12 FLASKAMP, Franz (Hg.): Die Bürgerlisten der Stadt Wiedenbrück, 2. Teil: Ratsprotokolle 1630-1818. Gütersloh 1938 (Quellen und Forschungen zur Natur und Geschichte des Kreises Wiedenbrück, 50), S. 32 (*1658*), FLASKAMP, Franz (Hg.): Das Totenbuch II (1656/1701) der Kirchengemeinde Wiedenbrück. Gütersloh 1938 (Quellen und Forschungen zur Natur und Geschichte des Kreises Wiedenbrück, 49), S. 31 (*1661*).

13 FLASKAMP, Franz (Hg.): Das Traubuch II (1656/1701) der Kirchengemeinde Wiedenbrück. Münster 1948 (Quellen und Forschungen zur Natur und Geschichte des Kreises Wiedenbrück, 72), S. 29 (*1664*).

14 FLASKAMP, Traubuch Wiedenbrück 2, S. 56 (*1677*).

15 LOEFKE, Christian (Hg.): Kopfschatzung der Stadt Wiedenbrück vom 19. August 1628. Dortmund 1996 (Schatzungslisten aus dem Amt Reckenberg, 2), S. 14 Nr. 84; FLASKAMP, Franz

∞   vor 1645

Elisabeth Wolff, wird mit 4 Kindern 1645 in Wiedenbrück eingebürgert.[16]

3)   Angela **Aßver** (gen. von Laer), geschatzt 1649 auf 4ß, ☐ Wiedenbrück 20.10.1652;[17]

∞   1630

Heinrich **Born**,[18] Glasmaler (*vitriarius* 1649), im Krameramt am 17.12.1630 aufgenommen, wurde 1649 im Rinderpfortenhof wegen Kriegsschäden nur auf 8ß geschatzt, gen. 1651 mit Frau, 2 Söhnen und 2 Kleinkindern, ☐ Wiedenbrück 11.3.1662;

(er: ∞ II. Wiedenbrück 19.10.1653 (Tz: *Christian Wipperman et Doctor Camen*)[19]

Anna Kamen, ~ Wiedenbrück 21.1.1629 (Tp: *Wilbrandt Schulte, die Cantzelersche* [Beatrix Nagel] *und Anna Druffels*), ☐ Wiedenbrück 18.5.1666, T.d. Henrich Kamen u.d. Margareta Hartkamp;[20]

sie: ∞ II. Wiedenbrück 3.5.1665 (Tz: *Johan Kraemer et Gerdt Kamen*)[21]

Hermann Heising, Bäcker).

Kinder u.a.:

a)   **Christian Born**, Glasmaler, im Krameramt am 27.12.1669 aufgenommen, ~ Wiedenbrück 12.12.1649 (Tp: *Christianus Wipperman, Christopher Aßwer, Appoteker Monasteriensis, et uxor Gerhardi Ploschers, Pelsers*), ☐ Wiedenbrück 3.1.1676;[22]

∞   Wiedenbrück 17.5.1670 (Tz: *d(ominus) Otto Hakenkamp, secretarius, et Henrich Brandt*)[23]

(Hg.): Die Bürgerlisten der Stadt Wiedenbrück, 1. Teil: Stadtbuch 1480 bis 1541, Bürgerbuch 1549 bis 1730. Rheda 1938 (Quellen und Forschungen zur Natur und Geschichte des Kreises Wiedenbrück, 37), S. 48 (*1645*); BLEISCH, Michael: Wenn alte Häuser erzählen könnten ... Zum 340. Jahrestag der Privilegierung der Morsey'schen Apotheke in Wiedenbrück am 28. März 2009, in: Beiträge zur westfälischen Familienforschung 66 (2008), S. 143–162, hier 143: *1675* wird Dietrich als † Bruder des Christoph Aßver in Münster bezeichnet.

16   FLASKAMP, Bürgerlisten Wiedenbrück 1, S. 48. Die Familie scheint nicht in Wiedenbrück verblieben zu sein, da sie 1649 schon nicht mehr in der Kopfschatzung erwähnt wird.

17   Siehe auch LOEFKE, Krameramtsverwandt, S. 105.

18   Zu ihm vgl. auch LOEFKE, Krameramtsverwandt, S. 104f. Nr. 31.

19   FLASKAMP, Traubuch Wiedenbrück 1, S. 23 (*1653*).

20   LOEFKE, Krameramtsverwandte, S. 105.

21   FLASKAMP, Traubuch Wiedenbrück 2, S. 31 (*1665*).

22   Siehe zu ihm LOEFKE, Krameramtsverwandte, S. 104 Nr. 30. – FLASKAMP, Franz (Hg.): Das Taufbuch II (1647/53) der westfälischen Kirchengemeinde Wiedenbrück. Wiedenbrück 1938 (Quellen und Forschungen zur Natur und Geschichte des Kreises Wiedenbrück, 43), S. 42 (*1649*).

23   FLASKAMP, Traubuch Wiedenbrück 2, S. 41 (*1670*).

(Margareta) Elisabeth Biermann, ~ Wiedenbrück 7.5.1651 (Tp: *Herman Sabel, Elsa Sollinges et Elsaben Willens*), ☐ Wiedenbrück 1.1.1681, T.d. Johann Biermann u.d. Catharina Solling,
(sie: ∞ II. Wiedenbrück 4.5.1677 (Tz: *Walter Bockhoff et Herman Zabeler*)[24]
Stephan Bockhoff)

4) Christopher **Aßver**, bürgert 1647 in Münster ein, Hofapotheker ebd., † Münster (vor 30.3.)1675;[25]

∞ 1647

Anna Fenna Niermeyer, * Ibbenbüren um 1605;
(sie: ∞ I. Münster 13.12.1626
Bernhard Hermann Sevenstern)[26]

5) Catharina Aßver, † nach 1652.

02.2 **Angela** Rose, T.d. Christoph Rose u.d. Anna Werdincksell (→ 01)
† vor 19.8.1628
∞ um 1596/98
Christoph Wippermann senior, bürgert in Wiedenbrück 1596 ein, im Krameramt um 1598 aufgenommen, geschatzt 1599 im Rinderpfortenhof auf 1½ Thaler, 1628 mit Sohn im Rinderpfortenhof auf 1T 3ß 6d geschatzt, wohnt 1649 bei seinem Sohn Christian, geschatzt 1649 im Rinderpfortenhof auf 7ß, gen. 1651 als Witwer, * um 1570, ☐ Wiedenbrück 29.5.1658.[27]

Kinder:[28]
1) **Christian** Wippermann, Färber, im Krameramt am 24.6.1635 mit Frau aufgenommen, Ratsherr, geschatzt 1649 im Rinderpfortenhof auf 1T 7ß, gent. 1651 mit Frau, 4 Söhnen, 3 Töchtern, 1 Kleinkind und 1 Magd,

---

24 FLASKAMP, Traubuch Wiedenbrück 2, S. 55 (*1677*).

25 Vgl. zu ihm STEINBICKER, Clemens: Das münsterische Geschlecht von Detten genannt Humperdinck, in: Beiträge zur westfälischen Familienforschung 59 (2001), S. 161–238, hier 184 (die Angaben zu seiner Abstammung sind dort falsch). – HÖVEL, Ernst (Hg.): Das Bürgerbuch der Stadt Münster 1538 bis 1660. Münster 1936 (Quellen und Forschungen zur Geschichte der Stadt Münster i.W, 8), S. 255 Nr. 4800 (*1647*).

26 Dieses Ehepaar gehört zu den Vorfahren der amerikanischen Schauspielerin Uma Thurman („Kill Bill").

27 Vgl. zu ihm und seiner Familie FLASKAMP, Patriziergeschlecht, S. 256f. (die dortigen Überlegungen zu seiner Frau sind nach den hier vorliegenden Angabe als falsch zu verwerfen); LOEFKE, Krameramtsverwandte, S. 156f.

28 Die Akte nennt explizit nur die drei Söhne.

† 26.12.1667, ☐ Wiedenbrück 29.12.1667;[29]

∞ I. um 1629

Christina Schönhoff, geschatzt 1649 auf 10ß 6d, ☐ Wiedenbrück 10.12.1661, T.d. Hermann Meier im Schönhoff u.d. Anna Graflage;

∞ II. Wiedenbrück 10.1.1663 (Tz: *Christopffer Crassies et Christopffer Wolff*)[30]

Agnes Volmari, sie verlässt ihn aber schon im Frühjahr 1663 wieder, * um 1604, ☐ Wiedenbrück 8.4.1674, 70 Jahre alt;

(sie: ∞ I. nach 1628

Laurenz Funcke, wird in der Kopfschatzung von 1628 als noch unverheiratet verzeichnet, ☐ Wiedenbrück 15.7.1660)[31]

2) **Johann** Wippermann,[32] seit 1622 Bürger in Warendorf, ☐ Wiedenbrück 9.5.1666.

3) **Christoph** Wippermann, 1629 beantragt sein Vater einen Geburtsbrief für ihn, da er sich in Soest niederlassen will, im Krameramt in Wiedenbrück am 20.6.1638 aufgenommen, bürgert in Wiedenbrück 1640 erneut ein, † Wiedenbrück 5.7.1647 (**† vor 1660**); [33]

∞ um 1638

Anna Strop, geschatzt 1649 im Ostpfortenhof auf 7ß, † Wiedenbrück 19.2.1650, T.d. Jobst Strop u.d. Catharina Thumann;

(sie: ∞ I. (Eheberedung 13.10.1630)

Hermann Glandorf, im Krameramt am 23.6.1632 aufgenommen, † 1636, S.d. Christopher Glandorf u.d. ...)[34].

4) NN (Tochter) nach den KB Wiedenbrück muss es noch eine namentlich nicht genannte Tochter gegeben haben, die 1627 zweimal Patin und wohl lange vor 1660 verstorben war.

---

29 Vgl. zu ihm FLASKAMP, Patriziergeschlecht, S. 257; LOEFKE, Krameramtsverwandte, S. 156 Nr. 311.

30 FLASKAMP, Traubuch Wiedenbrück 2, S. 27 (*1663*).

31 LOEFKE, Kopfschatzung 1628, S. 19 Nr. 216; FLASKAMP, Totenbuch Wiedenbrück 2, S. 30 (*1660*).

32 Vgl. zu ihm und seiner Familie FLASKAMP, Patriziergeschlecht, S. 264f.

33 Vgl. zu ihm FLASKAMP, Patriziergeschlecht, S. 255f. (nach Warendorfer Geburtsbrief Nr. 638 seine Ehe jedoch nicht kinderlos!); LOEFKE, Krameramtsverwandte, S. 157 Nr. 314. – StadtA RH-WD, Gerichtsprotokolle, Bd. 6, fol. 130r (*1629*).

34 Vgl. zu ihm LOEFKE, Krameramtsverwandte, S. 113 Nr. 75, seine Mutter ist jedoch nicht die dort angegebene Gertrud Runde, die bereits 1598 gestorben ist (LOEFKE, Nekrologen, S. 173).

02.3 **Agnes** Rose, T.d. Christoph Rose u.d. Anna Werdincksell (→ 01)
wird 1603 noch bei den Eltern geschatzt, † vor 24.10.1604
∞ (**Ehevertrag 9.5.1602**)[35]
Degenhard Strenger, Goldschmied in Wiedenbrück, im Krameramt um 1602
aufgenommen, **schichtet am 24.10.1604 mit seinem Sohn Christoph**, das
dazugehörige Inventar wird im Januar 1605 aufgenommen, wobei gleichzeitig
auf die beabsichtigte neue Eheschließung des Degenhard hingewiesen wird,
† 1628;[36]
(er: ∞ II. um 1605
      Maria von Vörden;
      (sie: ∞ I.
      Bernhard Schlieker, Amtsschreiber in Wiedenbrück, 1598 im
      Kaland, † vor 1605)

Kinder
aus der Ehe Strenger/Rose:
1) **Christoph Strenger**, Stiftsdechant, * Wiedenbrück um 1603/04, † und
    □ Wiedenbrück 6.4.1659.[37]

aus der Ehe Strenger/von Vörden:
2) **Bartholomäus Strenger**, 1628 im Neupfortenhof mit Schwester Anna
    und einer Magd auf 13 ß geschatzt, † vor 1636.[38]
3) **Anna Strenger**,[39] 1628 bei ihrem Bruder im Neupfortenhof geschatzt,
    † nach 1660;
    ∞   um 1628/29
    Adam Haver, **Hofgerichtspedell in Hildesheim**, geschatzt 1628 mit
    seinem Bruder Heinrich bei seiner verwitweten Mutter im Ostpfortenhof,

---

35 Es werden als Zeugen an Seiten des Bräutigams Herr Volmari, Pastor in Gütersloh, Bartho-
    lomäus Volmari, Richter, und Otto Strenger, an Seiten der Braut ihr Vater Christoph Rose,
    Johan Rosen, Christoph Wippermann und Johan Krampen genannt.

36 Vgl. LOEFKE, Krameramtsverwandte, S. 148 Nr. 268, dort der Name des ersten Ehemanns der
    zweiten Frau fälschlich als „Schleicher" statt Schlieker angegeben. – Vormünder des Sohnes
    Christoph bei der Schichtung waren Christoph Glandorf, Otto Strenger, Herr Christoph Rose
    und Christoph Wipperman, Zeugen waren Bartholomäus Volmer [Volmari, Richter], Johan
    Morfeld, Henrich Röse, Christopher Volmer.

37 Der in den Protocolla contractum, Bd. 3, S. 80v-81v, genannte Christoph Strenger, Bruder zu
    Johann, Hermann und Gertrud Strenger, ist nicht der Dechant, sondern dessen gleichnamiger
    Vetter.

38 LOEFKE, Kopfschatzung 1628, S. 24 Nr. 326; Protocolla contractum, Bd. 2, fol. 70v (*1636*).

39 Bei LOEFKE, Krameramtsverwandte, S. 116, wird sie fälschlich als Schwester des Degenhard
    Strenger bezeichnet, in der dort genannten Quelle dafür heißt ihr Bruder aber richtig Bartho-
    lomäus.

ist 1636 für seinen verstorbenen Schwager Bartholomäus tätig, spricht (nach 1647 / vor 1649) das Krameramt auf, da er nach Rietberg verziehen will, † nach 1660, S.d. Gerhard Haver u.d. Catharina Nagel.[40]

Kinder u.a.:[41]

a)   Conrad Haver, ~ Wiedenbrück 12.8.1629 (Tp: *d(omi)nus Christofferus Strenger, Cantzeler* [Conrad] *Wipperman, pro quo Joannes Kote, und die Haversche* [Catharina Nagel]).[42]

b)   Andreas Haver, ~ Wiedenbrück 22.12.1630 (Tp: *Andreas Kote und Hinrich Havers Frouwe Anna* [Glandorf]).[43]

c)   Adam Haver, ~ Wiedenbrück 17.2.1647 (Tp: *Henricus Schulte, quaestor Reckenbergensisi, Conradt Mumperove, der alte villicus in Slebrugge, et Anna Maria Druffels*).[44]

---

40   Zu ihm auch Loefke, Krameramtsverwandte, S. 116 Nr. 89; in Rietberg nicht im Bürgerbuch erwähnt, da wohl bald schon nach Hildesheim verzogen. – Loefke, Kopfschatzung 1628, S. 20 Nr. 229. – Name der Mutter nach Protocolla contractum, Bd. 3, fol. 12r.

41   Kirchenbuchlücke 1633-1646.

42   Flaskamp, Taufbuch Wiedenbrück 1, S. 40f. (*1629*).

43   Flaskamp, Taufbuch Wiedenbrück 1, S. 50 (*1630*).

44   Flaskamp, Taufbuch Wiedenbrück 2, S. 10 (*1647*).

Die Familie Bönninger aus Hörde bzw. Methler

von Werner Jungwirth

Mein Vorfahre Friedrich Wilhelm Bönninger 1 (* 22.03.1808 Hörde) ist am 23.09.1844 in Hörde tödlich verunglückt. Seine Witwe Maria Christine Conradine Franziska Henrine geb. Piele (* 21.10.1808 Hörde) heiratet am 05.12.1847 in Hörde Hermann Franz August Gröning (* 12.05.1818 Waltrop, † 21.06.1856 Hörde). Dem Paar wurden folgende Kinder geboren: Mathilde (* 02.08.1848), Louise (* 02.08.1848), Hermann August (* 18.02.1851, † 30.10.1874 Hörde). Mathilde heiratet am 28.11.1869 in Hörde Gottfried Wemper (* 06.04.1839).

Meine Vorfahrin ist mit ihrer Familie nach Methler verzogen und dort am 22.04.1892 verstorben. Anzeigender war lt. Sterbeurkunde Nr. 35 des Standesamtes Weddinghofen der Sohn, Steiger Friedrich Bönninger (* 18.10.1833 Hörde, † 26.07.1896 Methler).

---

1   Im Roland-Heft 03/1995 habe ich über meine Vorfahren Bönninger berichtet.

Auch die Söhne Heinrich Wilhelm (* 22.12.1835 Hörde) und Carl Heinrich (*26.04.1838 Hörde) sind nach Dortmund-Husen und Methler (Westick) verzogen. Heinrich Wilhelm Bönninger heiratete am 20.01.1861 in Hörde Wilhelmine Enzian (* 21.06.1839 kath. Letmathe). Folgende Kinder wurden geboren: Wilhelm (* Hörde 11.07.1861), Friedrich Heinrich (* Hörde 19.04.1863), Laura (* Kurl 22.12.1866), Friedrich Wilhelm Heinrich August (* Kurl 02.12.1868), August (*Husen 11.07.1870, † 31.08.1870), eine Tochter (* Kurl 28.03.1871), die gleich nach der Geburt verstarb. Die Mutter Franziska Wilhelmine ist am 29.03.1871 verstorben, die Beerdigung auf dem zuständigen katholischen Friedhof in Courl wurde verweigert.

Der Witwer heiratete am 01.10.1871 Johanna Maria Friederike Hermeling (* 09.10.1843), Tochter des verstorbenen Caspar Hermeling und der Johanna Maria Wilhelmine Hoop in Flierich. Das Paar hatte folgende Kinder: Friedrich Wilhelm Otto (* 26.10.1872), Friedrich Wilhelm Emil (* 21.11.1873), Carl Wilhelm Heinrich (* 07.08.1876, † 28.08.1876), Caroline Mathilde (* 02.09.1878), Carl (*19.09.1879, †21.09.1879), Carl (* 17.12.1881, † 04.04.1951 Husen). Alle Kinder wurden in Husen geboren. Der Maschinenwärter Heinrich Wilhelm Bönninger verstarb ebendort am 22.02.1914 an Altersschwäche, seine Witwe Johanna Maria Friederike starb ebenfalls dort am 02.07.1927 auch an Altersschwäche.

Der Sohn Friedrich Wilhelm August (aus 1. Ehe) heiratete am 01.12.1894 in Heeren Caroline Henriette Scharrenbach (* 27.07.1873 Westick). Kinder: Otto (* 11.02.1896), Mathilde (* 26.09.1898).

Die Tochter Caroline Mathilde (aus 2. Ehe) heiratet am 05.01.1901 Heinrich Schmidt (* 27.11.1864).

Der Sohn Carl (aus 2. Ehe) heiratete am 17.05.1909 Frieda Menningmann (* 07.01.1887 Lanstrop). Kinder: Alfred (* 26.08.1909), Wilhelm (* 08.05.1914, gef. 11.06.1942 im 2. Weltkrieg), Elfriede (* 05.12.1916).

Der 3. Sohn des Friedrich Wilhelm Bönninger (s.o.), Carl Heinrich (* 26.04.1838), heiratete am 25.04.1868 Henriette Hoop (* 13.03.1843, † 26.11.1875 Hörde). Das Paar hatte zwei Söhne: Heinrich Friedrich Wilhelm Hermann (* 29.11.1869) und Richard (* 10.02.1873). Carl Heinrich Bönninger ist am 27.08.1900 in Westick in seiner Wohnung verstorben. Anzeigender (lt. Sterbeurkunde Nr.124/1900) war sein Sohn Richard Bönninger.

Richard Bönninger heiratete am 11.06.1901 in Methler Lina Potthoff (*11.06.1875), Tochter des verstorbenen Schmieds Wilhelm Potthoff und der Mina geb. Quellenberg. Sie hatten folgende Söhne: Wilhelm (* 24.03.1902, †22.09.1903) und Richard (* 19.04.1904, † 09.08.1908). Der Vater Richard Bönninger verunglückte durch einen Unfall am 15.04.1904, seine Witwe Lina starb am 30.03.1961 in ihrer Wohnung in Westick (lt. Sterbe-Urkunde 14 vom 01.04.1961, Standesamt Methler).

Jetzt in unsere jüngere Geschichte 75 Jahre nach Ende des 2. Weltkrieges.

Meine Großtante Sofie Charlotte Bönninger (* 25.03.1906 Westick-Kaiser-au), jüngste Schwester meiner Großmutter Frieda Brockhaus geb. Bönninger

(*22.06.1895, † 17.06.1961), erlernte nach ihrer Schulzeit, Entlassungszeugnis der Volksschule Kaiserau vom 31.03.1920, den Beruf als Damenschneiderin von 23.01.1922 bis 01.02.1925, Lehrbrief und Prüfungszeugnis vom 08.05.1925 sowie Abgangszeugnis der Städtischen Berufschule Dortmund vom 31.10.1924. Meine Tante heiratete am 15.07.1933 (Standesamt Dortmund-Mitte und Ev. Johanneskirche Dortmund/St. Reinoldi Gemeinde) Gottlieb Walther Kniefert (*31.05.1902 Dortmund), Sohn des Stuckateurgehilfen Gottlieb Kniefert und der Luise geb. Hanebeck, wohnhaft Dortmund, Düppelstr. 43. Die beiden hatten keine Kinder. Mein Onkel war Kraftfahrer, Automobilführer-Zeugnis vom 01.11.1924 der Automobilführer-Schule J.Müller, Dortmund. Zum Ende des 2. Weltkrieges wurde er noch eingezogen und war Obergefreiter. Mein Onkel wurde für tot erklärt (lt. Standesamt I in Berlin vom 23.03.1949 Nr. 3870/W).

Am 13.10.2011 habe ich dem Deutschen Roten Kreuz, Suchdienst München, einen Nachforschungsauftrag erteilt und bekam am 20.11.2011 folgende Antwort: Gottlieb Walther Kniefert kam 08.05.1945 in sowjetische Gefangenschaft und wurde am 02.11.1945 im Lager 231 registriert. Lt. Rotem Kreuz befand sich das Lager 231 damals in Sewerouralsk, Gebiet Swerdlowsk. Mein Großonkel ist am 28.03.1946 in der Hospitalabteilung Nr. 1 des Sewurallager NKWD, das in Sosna lag, an Tuberkolose und Dystrophie verstorben und wurde auf dem Hospitalfriedhof in Soswa bestattet. Lt. Auskunft des Volksbundes Deutsche Kriegsgräberfürsorge wurde der Friedhof mehrmals überbettet. So konnte nach 66 Jahren das Schicksal meines Onkels geklärt werden.

Da die Wohnung meiner Großtante Lotte in der Brunnenstr. 31, Dortmund, bombadiert war, zog sie zu ihrer Schwester Alma Lessel (*26.10.1897, †27.10.1965 Dortmund) und deren Mann Erich Lessel (*23.09.1893 Dortmund, † 05.10.1952 Dortmund), Sohn von Wilhelm Lessel und Mathilde geb. Jakobs in die Burgmundastr. 5. Die Burgmundastraße lag an der Krimstraße und Heilige Gartenstraße. Die Burgmundastraße existiert nicht mehr. Als Kind habe ich meine Tanten dort besucht und kann mich noch an die Wohnung und die Straße erinnern.

Nach dem Tode ihrer Schwester zog Tante Lotte in die Friedrichstraße und ist dort am 27.11.1980 gegen 20.15 Uhr verstorben (Sterbeurkunde Nr. 2149 vom 01.12.1980). Sie wurde gemäß ihres Wunsches am 03.12.1980 auf dem Ev. Friedhof zu Methler beigesetzt.

Quellenangaben: Kirchenbücher der Ev. Kirchengemeinden Hörde, Methler und Husen, Kath. St. Clara Kirchengemeinde Hörde, Standesämter Weddinghofen und Methler (Stadtarchiv Kamen), Stadtarchiv Dortmund, Familienbücher Kniefert und Lessel, DRK-Suchdienst München und Volksbund Deutsche Kriegsgräberfürsorge; Familienforscher aus Kamen-Methler.

Elverfeld-Forschung in Westfalen (II)

Die Warendorf-Paderborner Elverfelds

von Christian Loefke

Im Jahr 2010 hatte ich hier über die Herkunft der Wolbecker Elverfelds aus Brühl bei Köln berichtet,[1] deren genauer Zusammenhang mit den Heeßen-Lüdinghausen-Ahlener Elverfeld noch nicht geklärt ist. Sichere Nachrichten gibt es dagegen über die Herkunft der Familie Elverfeld in Warendorf. Roland Seeberg-Elverfeldt hatte 1971 in den Baltischen Ahnen- und Stammtafeln eine umfangreiche Zusammenstellung zu seinen aus Osnabrück stammenden und im 17. Jahrhundert ins Baltikum verzogenen Vorfahren Elverfeldt veröffentlicht.[2] Dabei war ihm – wie er mir persönlich mitteilte – der 1634 in Warendorf ausgestellte Geburtsbrief des Heinrich Elverfeld, der dort mit seiner Herkunft aus Osnabrück und seinen Eltern genannt wird, entgangen.[3] Somit fehlt dieser Zweig in der Seeberg-Elverfeldtschen Zusammenstellung. Durch die inzwischen online verfügbaren Kirchenbücher der Bistümer Münster[4] und Paderborn[5] ergaben sich weitere Zusammenhänge von einzelnen Elverfeld-Funden mit diesem Familienzweig.

Stammfolge

01   Jost (Justus, Jobst) **Elverfeldt**, S.d. Johann (von) Elverfeldt u.d. Anna (von Leden)
* Osnabrück um 1565, † ebd. nach 05.09.1617, seit 20.11.1589 Bürger der Altstadt Osnabrück, Zinngießer (und Goldschmied ?), Ratsherr und Hausbesitzer in der Großen Straße;[6]
∞ Osnabrück vor 1592
Anna **Godeking**, † Osnabrück nach 17.07.1612, 1592–1612 als Ehefrau des Jost Elverfeldt erwähnt), T.d. Bürgers der Altstadt (seit 1563) Lüdeke Godeking.

---

1   LOEFKE, Christian: Elverfeld-Forschung in Westfalen. Zur Herkunft der Wolbecker Familie Elverfeld, in: Roland 19 (2010), S. 23–29.

2   SEEBERG-ELVERFELDT, Roland: Die Familie Elverfeldt in Osnabrück und Kurland, in: Baltische Ahnen- und Stammtafeln 15 (1971), S. 43–76.

3   NIESERT, Franz-Julius / WALLMEIER, Wilhelm: Die Geburtsbriefe der Stadt Warendorf 1584–1804. Warendorf 1964 (Quellen und Forschungen zur Geschichte der Stadt Warendorf, 3), S. 26, Nr. 209 (**1634**).

4   Vgl. https://data.matricula-online.eu/de/deutschland/muenster.

5   Vgl. https://data.matricula-online.eu/de/deutschland/paderborn.

6   Vgl. zu diesem Ehepaar SEEBERG-ELVERFELDT, Familie, S. 46.

Sohn:[7]
02 **Henrich Elverfeldt,** S.d. Jobst Elverfeldt u.d. Anna Godeking (→ **01**)
* Osnabrück um 1605, † Warendorf um 1670, erhält am 2. Mai 1634 in Warendorf
seinen Geburtsbrief und bürgert am gleichen Tag dort ein;[8]
∞ I. um 1634
NN, ...
∞ II. um 1646
Clara **Groenschrager**, † Warendorf um 1654, bürgert in Warendorf am 9. Juli
1646 aus Geseke ein;[9]
∞ III. Warendorf/Laurentius 16.08.1654[10]
Gertrud **Schwenger**, * Oelde um 1631, ☐ Wiedenbrück 04.05.1706, bürgert
am 9. Oktober 1654 in Warendorf ein, T.d. Johannes Schwenger u.d. Catharina
Griese.[11]
   (sie: ∞ II. Warendorf/Laurentius 22.11.1672 Jörgen **Kruse**)[12].

Kinder, erster Ehe:
1)   Anna Angela **Elverfeldt**, * Warendorf um 1635;
     ∞ Warendorf/Laurentius 21.06.1660 (Tz: –)[13]
     Heinrich **Schwenger**, * Oelde um 1635, bürgert 1660 in Warendorf und
     1670 mit Frau und 4 Kindern in Wiedenbrück ein.[14]

---

7   Zu den anderen Kindern vgl. SEEBERG-ELVERFELDT, Familie, S. 46.
8   NIESERT/WALLMEIER, Geburtsbriefe Warendorf, S. 26, Nr. 209: *2. Mai* [**1634**], *Henrich Elver-*
     feldt – E: † Jost E. und Anna Godeking, Eheleute in der Stadt Osnabrück – Z: Henrich Eilers,
     Bürger hierselbst, und Claus Berges von Osnabrück; NIESERT, Franz-Julius: Das Bürgerbuch
     der Stadt Warendorf 1542–1848. Warendorf 1952 (Quellen und Forschungen zur Geschichte
     der Stadt Warendorf, 2), S. 102, Nr. 1705: *V 2* [**1634**] *Henrich Elverfeldt.*
9   NIESERT, Bürgerbuch Warendorf, S. 115, Nr. 2047: [**1646**] *VII 9, Clara Groenschrager, Henrich*
     Elverfeldts Haußfraw, uf Schein der freien, ehelichen Geburt und Abschiedts der Stadt Geseke.
10   Warendorf, St. Laurentius (katholisch), Kirchenbuch 2 (Heiraten 1647-1654), S. 166 (**1654**);
     die Dimission in Oelde vermerkt.
11   Wiedenbrück, St. Aegidius (katholisch), Kirchenbuch 8 (Begräbnisse 1702-1787), S. 11: *4. Maij*
     [**1706**] *Gerdrudt Schwengers condicta Erberfelt, 75 annor(um)*; NIESERT, Bürgerbuch Waren-
     dorf, S. 126, Nr. 2357: [**1654**] *X 9, Gertraud Schwengers, Henrich Elverfeldts Haußfraw.* – Zur
     Familie Schwenger vgl. LOEFKE, Christian: Geistliche Mitglieder der Familie Schwenger aus
     Wiedenbrück im 17. und 18. Jahrhundert, in: AVERKORN, Raphaela u. a. (Hg.): Europa und
     die Welt in der Geschichte. Festschrift zum 60. Geburtstag von Dieter Berg. Bochum 2004,
     865–875.
12   Warendorf, St. Laurentius (katholisch), Kirchenbuch 5 (Heiraten 1671-1677), S. 93a (**1672**).
13   Warendorf, St. Laurentius (katholisch), Kirchenbuch 3 (Heiraten 1655-1666), S. 251 (**1660**);
     die Dimission in Oelde vermerkt.
14   FLASKAMP, Franz (Hg.): Die Bürgerlisten der Stadt Wiedenbrück. 1. Teil: Stadtbuch 1480 bis
     1541, Bürgerbuch 1549 bis 1730. Rheda 1938 (Quellen und Forschungen zur Natur und

Kinder:

a) Henrich **Swenger**, ~ Warendorf/Laurentius 28.08.1661 (Tp: *Hinrich Elvervelt*), † 1.11.1717, bürgert 1670 mit Eltern in Wiedenbrück ein, immatrikuliert Paderborn 1678, 1689–1717 Pfarrer in Gütersloh, Dechant der Kalandsbruderschaft zu Wiedenbrück seit 1711.[15]

b) Catharina **Swenger**, ~ Warendorf/Laurentius 02.02.1665 (Tp: *Cathar(ina) Swenger*),[16] bürgert 1670 mit Eltern in Wiedenbrück ein.

c) Hermann **Swenger**, ~ Warendorf/Laurentius 12.10.1667 (Tp: *d(ominus) Hermannus Specke, pastor in Claholt*),[17] bürgert 1670 mit Eltern in Wiedenbrück ein.

d) Anna (Elisabeth) **Swenger**, ~ Warendorf/Laurentius 1.1.1670 (Tp: *Anna Frederichs*),[18] bürgert 1670 mit Eltern in Wiedenbrück ein.

e) Arnold Henrich **Schwenger**, ~ Wiedenbrück 26.04.1672 (Tp: *Johan Henrich Elverfedt*(!) *et Catharina Kersting*).[19]

f) Bernard Georg **Schwenger**, ~ Wiedenbrück 17.02.1675 (Tp: *Berend Schwenger et Elisabeth Suthaus*).[20]

g) Maria Gertrud **Schwenger**, ~ Wiedenbrück 18.12.1678 (Tp: *Ludolff Schwenger et Maria Polmans*); erhält 1699 ihren Geburtsbrief in Wiedenbrück, da sie Bernhardinerin im Kloster Meyendorf im Stift Halberstadt werden will.[21]

Geschichte des Kreises Wiedenbrück, 37) S. 53: *Anno 1670* [u. a. eingebürgert] *Henrich Swenger et uxor Engel Elverfeldt von Warendorff, mit ihren Kinderen*; FLASKAMP, Franz (Hg.): Die Bürgerlisten der Stadt Wiedenbrück. 2. Teil: Ratsprotokolle 1630 bis 1818. Gütersloh 1938 (Quellen und Forschungen zur Natur und Geschichte des Kreises Wiedenbrück, 50), S. 38: *18. November* [**1670**] *Henrich Swenger, uxor Engel Elberfeldt, Kinder Henrich, Catharina, Hermannus, Elisabeth, welche zusammen von Warendorff in diese Statt gekommen*.

15 Warendorf, St. Laurentius (katholisch), Kirchenbuch 3 (Taufen 1655-1666), S. 159 (**1661**); FLASKAMP, Franz (Hg.): Die Kalands-Bruderschaft zu Wiedenbrück, 2. Teil: Mitglieder- und Totenlisten 1343–1854. Münster 1957 (Quellen und Forschungen zur Westfälischen Geschichte, 83), S. 19 (**1717**); FREISEN, Joseph (Hg.): Die Matrikel der Universität Paderborn. Matricula Universitatis Theodorianae Padibornae 1614–1844. 2 Bde. Würzburg 1931/1932, hier: I, S. 49, Nr. 2590 (**1678**) und II, S. 50 (**1689-1717**).

16 Warendorf, St. Laurentius (katholisch), Kirchenbuch 3 (Taufen 1655-1666), S. 308 (**1665**).

17 Warendorf, St. Laurentius (katholisch), Kirchenbuch 4 (Taufen 1667-1672), S. 7 (**1667**).

18 Warendorf, St. Laurentius (katholisch), Kirchenbuch 4 (Taufen 1667-1672), S. 35 (**1670**); getauft auf den Namen „Anna", anscheinend aber nur „Elisabeth" gerufen.

19 Wiedenbrück, St. Aegidius (katholisch), Kirchenbuch 6 (Taufen 1656-1701), S. 118 (**1672**).

20 Wiedenbrück, St. Aegidius (katholisch), Kirchenbuch 6 (Taufen 1656-1701), S. 138 (**1675**). Name der Mutter hier „Angela Evergerdt"!

21 Wiedenbrück, St. Aegidius (katholisch), Kirchenbuch 7 (Taufen 1702–1786), S. 163 (**1678**); StadtA RW, WD Ratsprotokolle Bd. 5, fol. 530r (**1699**).

2) Johann Henrich **Elverfeldt**, * Warendorf um 1640, → **03.1**.

3) Anna Catharina **Elverfelt**, ~ Warendorf 19.03.1645 (Tp: *Anna Holtkamp*),
    ☐ Wiedenbrück 21.05.1681 (*Elias Uhrmeister seine Fraw*), bürgert
    15.11.1678 mit 3 Kindern in Wiedenbrück ein, 1684 bezeichnet Bernd
    Elberfeld sie als seine Schwester und Aegidius Uhrmeister als seinen
    Schwager;[22]

    ∞ Wiedenbrück 08.06.1675 (Tz: *Ludolph Schwenger et Johan Otto
    Giffkenhorst*)[23]

    Aegidius **Uhrmeister**, * Wiedenbrück um 1654, ☐ ebd. 17.10.1719 (*67
    annorum*), Zinngießer[24] bzw. Kannengießer[25], (S.d. Otto Uhrmeister u.d.
    Elisabeth Bodde);[26]

    (er: ∞ II. Wiedenbrück 14.1.1682 (Tz: *Conradus Uhrmeister et Laurentz
           Schreiner*)[27]

           Agnes Elisabeth **Primherr**, ~ Wiedenbrück 6.8.1662 (Tp: *Andreas
           Schreiner et Agnes Wordeman*), ☐ ebd. 13.1.1691 (*Ilies Uhrmeisters
           Fraw*), T.d. Hermann Primherr u.d. Margareta Schreiner;[28]

           ∞ III. Wiedenbrück 24.9.1691 (Tz: *Johan Schröder, Lohnherr, et*

---

22 Warendorf, St. Laurentius (katholisch), Kirchenbuch 1 (Taufen 1643-1648), S. 52 (**1645**);
    Wiedenbrück, St. Aegidius (katholisch), Kirchenbuch 6 (Begräbnisse 1656-1701), S. 54
    (**1681**); ebenso FLASKAMP, Franz (Hg.): Das Totenbuch II (1656/1701) der Kirchengemeinde
    Wiedenbrück. Gütersloh 1938 (Quellen und Forschungen zur Natur und Geschichte des
    Kreises Wiedenbrück, 49), S. 75 (**1681**); FLASKAMP, Bürgerlisten Wiedenbrück 2, S. 40 (**1678**);
    StadtA RW, WD Ratsprotokolle 5, fol. 105v (**1684**).

23 Wiedenbrück, St. Aegidius (katholisch), Kirchenbuch 6 (Heiraten 1656-1701), S. 33 (**1675**);
    ebenso FLASKAMP, Franz (Hg.): Das Traubuch II (1656/1701) der Kirchengemeinde Wie-
    denbrück. Münster 1948 (Quellen und Forschungen zur Natur und Geschichte des Kreises
    Wiedenbrück, 72), S. 51 (**1675**); nach KB Warendorf (S. 111) aber am 10. Juni in Wiedenbrück
    verheiratet!

24 FLASKAMP, Bürgerlisten Wiedenbrück 2, S. 40.

25 StadtA RW, WD-F88, pag. 64.

26 Zu seiner Abstammung: bei der Hochzeit 1675 ist J.O. Gewekenhorst Trauzeuge (= Enkel des
    Aegidius U. u.d. Christina Pötter); bei der Hochzeit 1682 ist Conrad Uhrmeister Trauzeuge
    (= Bruder, ∞ Catharina Schröder); bei Hochzeit 1691 ist Christoph Uhrmeister Trauzeuge (=
    Bruder, ∞ Margareta Dotte); bei den Kinder der zweiten Ehe kommen Paten aus der Familie
    Bodde vor, d.h. Verwandtschaft Uhrmeister mütterlicherseits, bei der Tochter Anna Marga-
    reta aus der dritten Ehe ist Anna Margareta Nordhoff Patin, Ehefrau seines Neffen Johann
    Christoph Uhrmeister; selbst ist er Trauzeuge bei Andreas Adam Uhrmeister (= Bruder). Dies
    alles deutet darauf hin, dass er ein Sohn des Otto Uhrmeister u.d. Elisabeth Bodde ist und
    seine Geburt in die KB-Lücke 1653-56 fallen muss.

27 FLASKAMP, Traubuch Wiedenbrück 2, S. 62 (**1682**).

28 Wiedenbrück, St. Aegidii (katholisch), Kirchenbuch 6 (Taufen 1656-1701), S. 43 (**1662**);
    FLASKAMP, Totenbuch Wiedenbrück 2, S. 94 (**1691**).

Christoffer Uhrmeister)[29]

Anna <u>Gertrud</u> **Reker**, ~ Wiedenbrück 20.6.1666 (Tp: *Jost Mesk et Anna Walters*), bürgert 19.10.1691 in Wiedenbrück ein, T.d. Johannes Bömker gen. Reker u.d. Gertrud Reker).[30]

Kinder aus der Ehe Uhrmeister/Elverfeld:

a) Jörgen **Uhrmeister**, bürgert mit Mutter 15.11.1678 in Wiedenbrück ein.[31]

b) Ernst Ludolf **Uhrmeister**, bürgert mit Mutter 15.11.1678 in Wiedenbrück ein.[32]

c) Conrad **Uhrmeister**, bürgert mit Mutter 15.11.1678 in Wiedenbrück ein.[33]

d) Catharina **Uhrmeister**, ~ Wiedenbrück 23.04.1680 (Tp: *Catharina Thieß*).[34]

aus der Ehe Uhrmeister/Primherr:

e) Anna Christina **Uhrmeister**, ~ Wiedenbrück 1.11.1682 (Tp: *Christina Kocken et Conrad Uhrmeister*).[35]

f) Johann Henrich **Uhrmeister**, ~ Wiedenbrück 11.4.1684 (Tp: *Johan Weschman et Anna Christina Bodden*).[36]

g) Johann Christoph **Uhrmeister**, ~ Wiedenbrück 4.6.1686 (Tp: *Henrich Bodde et Elisabeth Adrians d(icta) Collenberg*).[37]

h) Catharina Gertrud **Uhrmeister**, ~ Wiedenbrück 25.6.1687 (Tp: *Henrich Soister et Catharina Maria Gieße genannt Schwengersche*).[38]

i) Laurenz Christoph **Uhrmeister**, ~ Wiedenbrück 5.6.1689 Taufe (Tp: *Laurentz Schreiner et Anna Margaretha Uhrmeister*).[39]

aus der Ehe Uhrmeister/Reker:

j) Margaretha Elisabeth **Uhrmeister**, ~ Wiedenbrück 15.8.1694 (Tp: *Johan Reker et Elisabeth Uhrmeister*).[40]

k) Conrad <u>Aegidius</u> **Uhrmeister**, ~ Wiedenbrück 15.4.1696 (Tp: *Cordt Schroder et Margar(etha) Bittern condicta Bodden*), ☐ ebd.

---

29 FLASKAMP, Traubuch Wiedenbrück 2, S. 82 (**1691**).

30 Wiedenbrück, St. Aegidii (katholisch), Kirchenbuch 6 (Taufen 1656-1701), S. 73 (**1666**); FLASKAMP, Bürgerlisten Wiedenbrück 2, S. 46 (**1691**).

31 FLASKAMP, Bürgerlisten Wiedenbrück 2, S. 40 (**1678**).

32 FLASKAMP, Bürgerlisten Wiedenbrück 2, S. 40 (**1678**).

33 FLASKAMP, Bürgerlisten Wiedenbrück 2, S. 40 (**1678**).

34 Wiedenbrück, St. Aegidii (katholisch), Kirchenbuch 6 (Taufen 1656-1701), S. 173 (**1680**).

35 Wiedenbrück, St. Aegidii (katholisch), Kirchenbuch 6 (Taufen 1656-1701), S. 183 (**1682**).

36 Wiedenbrück, St. Aegidii (katholisch), Kirchenbuch 6 (Taufen 1656-1701), S. 200 (**1684**).

37 Wiedenbrück, St. Aegidii (katholisch), Kirchenbuch 6 (Taufen 1656-1701), S. 212 (**1686**).

38 Wiedenbrück, St. Aegidii (katholisch), Kirchenbuch 6 (Taufen 1656-1701), S. 218 (**1687**).

39 Wiedenbrück, St. Aegidii (katholisch), Kirchenbuch 6 (Taufen 1656-1701), S. 235 (**1689**).

40 Wiedenbrück, St. Aegidii (katholisch), Kirchenbuch 6 (Taufen 1656-1701), S. 271 (**1694**).

5.12.1713 (*Aegidius Uhrmeister, 18 annoru(m)*).[41]

l) Anna Beatrix **Uhrmeister**, ~ Wiedenbrück 5.3.1698 (Tp: *Laurentz Schroder et Beatrix Uhrmeister*).[42]

m) Anna Maria **Uhrmeister**, ~ Wiedenbrück 22.3.1699 (Tp: *Friderich Grafflage et Anna Catharina Uhrmeister*).[43]

n) Anna Margaretha **Uhrmeister**, ~ Wiedenbrück 2.10.1701 (Tp: *Johan Reddekers et Anna Marg(aretha) Northoff condicta Uhrmeister*).[44]

o) Catharina Elisabeth **Uhrmeister**, ~ Wiedenbrück 2.2.1705 (Tp: *Dirck Grafflage et Anna Elisabeth Niemanß*).[45]

p) Anna Franziska Margareta **Uhrmeister**, ~ Wiedenbrück 22.11.1707 (Tp: *Anna Catharina Uhrmeister et Diederich Reker*).[46]

q) Margaretha Elisabeth **Uhrmeister**, ~ Wiedenbrück 1.6.1712 (Tp: *Catharina Schröder condicta Uhrmeister et Conradt Kersting*).[47]

aus dritter Ehe:

4) Anna **Elverfelt**, ~ Warendorf/Laurentius 12.11.1656 (Tp: *Anna Mettelenstrots*).[48]

5) Maria **Elbervelt**, ~ Warendorf/Laurentius 20.01.1658 (Tp: *Maria Dreiers*).[49] wohl jung verstorben.

6) Bernhard **Elberfelt**, ~ Warendorf/Laurentius 03.08.1659 (Tp: *Berndt Grise*),[50] → **03.2**.

7) Johannes **Elbervelt**, ~ Warendorf/Laurentius 18.12.1661 (Tp: *Balthasar Rocholt*).[51]

8) Maria **Elverfels**, ~ Warendorf/Laurentius 30.03.1664 (Tp: *Maria Stellmans*).[52]

41 Wiedenbrück, St. Aegidii (katholisch), Kirchenbuch 6 (Taufen 1656-1701), S. 282 (**1696**); Wiedenbrück, St. Aegidii (katholisch), Kirchenbuch 8 (Tote 1702-1787), S. 31 (**1713**).

42 Wiedenbrück, St. Aegidii (katholisch), Kirchenbuch 6 (Taufen 1656-1701), S. 293 (**1698**).

43 Wiedenbrück, St. Aegidii (katholisch), Kirchenbuch 6 (Taufen 1656-1701), S. 301 (**1699**).

44 Wiedenbrück, St. Aegidii (katholisch), Kirchenbuch 6 (Taufen 1656-1701), S. 316 (**1701**).

45 Wiedenbrück, St. Aegidii (katholisch), Kirchenbuch 7 (Taufen 1702-1786), S. 22 (**1705**).

46 Wiedenbrück, St. Aegidii (katholisch), Kirchenbuch 7 (Taufen 1702-1786), S. 42 (**1707**).

47 Wiedenbrück, St. Aegidii (katholisch), Kirchenbuch 7 (Taufen 1702-1786), S. 74 (**1712**).

48 Warendorf, St. Laurentius (katholisch), Kirchenbuch 3 (Taufen 1655-1666), S. 34 (**1656**).

49 Warendorf, St. Laurentius (katholisch), Kirchenbuch 3 (Taufen 1655-1666), S. 64 (**1658**).

50 Warendorf, St. Laurentius (katholisch), Kirchenbuch 3 (Taufen 1655-1666), S. 103 (**1659**).

51 Warendorf, St. Laurentius (katholisch), Kirchenbuch 3 (Taufen 1655-1666), S. 168 (**1661**).

52 Warendorf, St. Laurentius (katholisch), Kirchenbuch 3 (Taufen 1655-1666), S. 285 (**1664**).

03.1 Johann Henrich Elberfeldt, S.d. Henrich Elverfeldt u.d. NN ... (→ **02**)
* Warendorf um 1640, † vor 1685, leistet 10.12.1666 als Bürgerkind seinen Bürgereid in Warendorf, Kannengießer bzw. Zinngießer, bürgert in Rietberg 16.10.1676 mit Frau und 1 Sohn ein, später wieder in Warendorf, dort wird 1685 seine Witwe mit 7 Kindern verzeichnet;[53]
∞ 1666[54]
Anna **Holtebauer**, † nach 1686, bürgert mit Mann und Sohn 1676 in Rietberg ein, später wieder in Warendorf, dort ohne eigene Namensnennung 1685 im Münsterviertel als Witwe Elberfeld mit 7 Kindern und 1 Knecht verzeichnet;[55]
(sie: ∞ II. um 1686[56]

> Johann **Schetter**, Zinngießer, beantragt 1686 in Werl seinen Geburtsbrief, da er Anna Holtebuer, Witwe des Johann Henrich Elverfeld in Warendorf, heiraten will, S.d. Friedrich Schette(r) u.d. Anna Bögge)[57].

Kinder:

1)   Heinrich **Elvervelt**, ~ Warendorf/Laurentius 08.10.1667 (Tp: *Hinrich Elvervelt*),[58] wohl jung gestorben.

2)   Bernhard **Elvervelt**, ~ Warendorf/Laurentius 08.10.1667 (Tp: *Berendt Zurstraten*).[59]

---

53   NIESERT, Bürgerbuch Warendorf, S. 139, Nr. 2781 (**1666**); FLASKAMP, Franz (Hg.): Die Bürgerlisten der Reichsgräflichen Landeshauptstadt Rietberg, 2. Teil: 1662 bis 1693. Rietberg 1938 (Quellen und Forschungen zur Natur und Geschichte des Kreises Wiedenbrück, 36), S. 16 (**1676**).

54   Lücke im Traubuch St. Laurentius in Warendorf, der Jahrgang 1666 fehlt.

55   FLASKAMP, Bürgerbuch Rietberg 2, S. 16 (**1676**); SCHMIEDER, Einwohner 1685, S. 134, Nr. 668: *[1685] Relicta Elberfeldt, Zinngießern, 21 Sch. – 7 Kinder: Engel 11, Herman 10, Anna 8, Anna Catharina 6, Christian 4, Caspar 2, Gertraudt 1 Jahr – 1 Knecht 12 Sch. – Solutum totum mit 1 Rt 5 Sch.* – 1680 wird ihr Familienname im KB Rietberg mit „Münstermann" angegeben.

56   Lücke von 1683–1690 im Traubuch St. Laurentius in Warendorf.

57   DEISTING, Heinrich Josef: Die Geburtsbriefe des Stadtarchivs Werl ab 1608, in: Mitteilungen der Werler Arbeitsgemeinschaft für Familienforschung 1 (1980/82), S. 60–63, hier: S. 62f. [Heft 4], Nr. 26: **1686** April 20. Geburtsbrief des Zinngießers Johann Schetter, der die Ww. Anna Holtebuhrs des Johann Heinrich Elverfeldt in Warendorf ∞ will. Z.: Gregor Mentze, 74 J. alt, der Vater des Joh. Sch. sei Friedrich Schette(r), ∞ mit Anna Bögge, Tochter des Richtmannes Clas Boggen. Die Eltern seien vor 28 Jahren nach Soest gezogen, dort 24 Jahre gelebt und beide in einem Jahr gestorben. Zweiter Zeuge: Meister Steffen Duffhauß, 64 J. alt, Stadtmusikus. [Anm.: Der Kannengießer Friedr. Schetter wurde am 8.2.1659 Bürger zu Soest. Vgl. M. Pieper-Lippe, Zinn im südl.Westfalen ..., S. 41. Nikolaus („Claus") Bögge war Richtmann der Kaufleute u. wohnte in der Werler Steinerhofe, er ist von 1640-1662 mindestens in Akten des StA. Werl bezeugt].

58   Warendorf, St. Laurentius (katholisch), Kirchenbuch 4 (Taufen 1667-1672), S. 7, Nr. 119 (**1667**).

59   Warendorf, St. Laurentius (katholisch), Kirchenbuch 4 (Taufen 1667-1672), S. 7, Nr. 120 (**1667**).

3) Anna Angela **Elbervelt**, ~ Warendorf/Laurentius 19.05.1669 (Tp: *An(na) Engel Glandrups*),[60] wohl früh gestorben.

4) Anna Angela **Elbervelt**, ~ Warendorf/Laurentius 03.08.1670 (Tp: *Anna Engel Elbervelt*), genannt 1685 = 11 Jahre alt.[61]

5) Heinrich **Elbervelt**, ~ Warendorf/Laurentius 03.08.1670 (Tp: *Hinrich Holtebuer*),[62] → **04**.

6) Johann Hermann **Elberfeldt**, * um 1675, genannt in Warendorf 1685 = 10 Jahre alt, bürgert 1676 mit Eltern in Rietberg ein, erhält 10.10.1696 in Warendorf seinen Geburtsbrief.[63]

7) Anna **Elbervelt**, ~ Warendorf/Laurentius 2.10.1672 (Tp: *Anna Grotekers*), genannt 1685 = 8 Jahre alt.[64]

8) Anna Catharina **Elverwelts**, ~ Warendorf/Laurentius 28.7.1675 (Tp: *Anna Voßes*), genannt 1685 = 6 Jahre alt.[65]

9) Christian Heinrich **Erberfelt**, ~ Rietberg 17.4.1678 (Tp: *Christian Panreck, Margaretha Hagenbrock*), genannt 1685 = 4 Jahre alt.[66]

10) Johann Caspar **Elberfeldt**, ~ Rietberg 31.3.1680 (Tp: *Joannes Haver, Caspar Quast, Elisabeth Wordemans*), genannt 1685 = 2 Jahre alt, erhält 15.9.1703 in Warendorf seinen Geburtsbrief.[67]

---

60 Warendorf, St. Laurentius (katholisch), Kirchenbuch 4 (Taufen 1667-1672), S. 27, Nr. 97 (**1669**).

61 Warendorf, St. Laurentius (katholisch), Kirchenbuch 4 (Taufen 1667-1672), S. 42, Nr. 135 (**1670**); SCHMIEDER, Einwohner **1685**, S. 134, Nr. 668 (vgl. oben Anm. 31).

62 Warendorf, St. Laurentius (katholisch), Kirchenbuch 4 (Taufen 1667-1672), S. 42, Nr. 136 (**1670**).

63 FLASKAMP, Bürgerbuch Rietberg 2, S. 16 (**1676**; vgl. oben Anm. 29); SCHMIEDER, Einwohner **1685**, S. 134, Nr. 668 (vgl. oben Anm. 31); NIESERT/WALLMEIER, Geburtsbriefe Warendorf, S. 115, Nr. 1567: *10. Oktober* [**1696**], *Herman Elberfeldt, aus der Stadt Warondorf gebürtig – E: † Johan Henrich E. und Anna Holtebuers, Eheleute in dieser Stadt Warendorf – Z: Christian Rhedeker und Henrich Schulte, beide Bürger hierselbst.*

64 Warendorf, St. Laurentius (katholisch), Kirchenbuch 4 (Taufen 1667-1672), S. 73, Nr. 201 (**1672**); SCHMIEDER, Einwohner **1685**, S. 134, Nr. 668 (vgl. oben Anm. 31).

65 Warendorf, St. Laurentius (katholisch), Kirchenbuch 5 (Taufen 1672-1678), S. 47, Nr. 181 (**1675**); SCHMIEDER, Einwohner **1685**, S. 134, Nr. 668 (vgl. oben Anm. 31).

66 Rietberg, St. Johannes Baptista (katholisch), Kirchenbuch 1 (Taufen 1665-1702), S. 71 (**1678**); SCHMIEDER, Einwohner **1685**, S. 134, Nr. 668 (vgl. oben Anm. 31).

67 Rietberg, St. Johannes Baptista (katholisch), Kirchenbuch 1 (Taufen 1665-1702), S. 80 (**1680**); Name der Mutter hier „Anna Münstermans"; SCHMIEDER, Einwohner **1685**, S. 134, Nr. 668 (vgl. oben Anm. 31); NIESERT/WALLMEIER, Geburtsbriefe Warendorf, S. 138, Nr. 1835: *15. September* [**1703**], *Caspar Elberfeldt, aus dieser Stadt Warendorf gebürtig – E: † Johan Henrich E. und Anna Holtebaur, Eheleute und Bürger hierselbst – Z: Jörgen Holtkampf und Tonnies Weber, Bürger hierselbst.*

11) Gertrudt **Elberfeldt**, ~ Warendorf/Laurentius 05.02.1683 (Tp: *Gerdrudt Frederichs*), genannt 1685 = 1 Jahr alt.[68]

04   Henrich Elberfeld, S.d. Johan Heinrich Elberfeldt u.d. Anna Holtebauer (→ **03.1**)

~ Warendorf/Laurentius 03.08.1670 (Tp: *Hinrich Holtebuer*), † Paderborn/Gaukirche 19.2.1715, Kannengießergeselle 1695, erhält 7.10.1695 in Warendorf seinen Geburtsbrief, 1704 (1716) Meierbrief für Henrich Elberfeldt, Zinngießer zu Paderborn.[69]

∞ Paderborn/Dom 5.11.1695 (Tz: –)[70]

Anna Angela **Marceller**, ~ Paderborn/Dom 11.11.1674 (Tp: *Gerdrut Sangers*), †Paderborn/Gaukirche 25.9.1733, T.d. Cordt Marceller u.d. Elisabeth Kalthoff.[71]

Kinder:

1) Conrad **Elberfelt**, ~ Paderborn/Dom 14.10.1696 (Tp: *Cort Marceller parens puerperae*)[72], † Paderborn/Gaukirche 26.4.1736;[73]
   ∞ um 1734
   NN

2) Maria Magdalena **Erberfeldt**, * Paderborn 28., ~ ebd./Gaukirche 31.8.1698 (Tp: *Maria Magdalena Holtkamp uxor Zülchers*).[74]

---

68   Warendorf, St. Laurentius (katholisch), Kirchenbuch 7 (Taufen 1682-1690), S. 17, Nr. 33 (**1683**); SCHMIEDER, Einwohner **1685**, S. 134, Nr. 668 (vgl. oben Anm. 31).

69   Warendorf, St. Laurentius (katholisch), Kirchenbuch 4 (Taufen 1667-1672), S. 42, Nr. 136 (**1670**); NIESERT/WALLMEIER, Geburtsbriefe Warendorf, S. 111, Nr. 1520: *7. Oktober* [**1695**], *Henrich Elberfeldt, Kannengießergeselle – E: † Johan E. und Anna Holtebaur, Eheleute und Bürger dahier – Z: Christian Rhedeker und Berndt Laeckhove, Bürger hierselbst*; Stadt Paderborn, Urk. 26 (07.10.**1695**): Bürgermeister und Rat der Stadt Warendorf bestätigen auf Bitten Henrich Elberfeldts, Sohn des verstorbenen Kannengießers Johann Henrich Elberfeldt zu Warendorf, die eidliche Aussage der Wandmacher zu Warendorf, Christian Rehdecker und Bernhard Laeckhoven, über dessen eheliche Geburt und Herkommen. Ankündigung des Stadtsiegels und der Unterschrift des Stadtsekretärs; LA NRW, Abt. Westfalen, Stift Busdorf, Paderborn - Akten, Nr. 304 (**1704**); PB-Gaukirche-To2 (1706-1759), S. 482 (**1715**): dort als „Joannes Henricus Erbelfeldt" genannt, 46 Jahre alt und 19 Jahre verheiratet.

70   PB-Dom-Tr1 (1657-1706), S. 273 (**1695**).

71   PB-Dom-Tf2 (1657-1695), S. 72 (**1674**); PB-Gaukirche-To2 (1706-1759), S. 532 (**1733**): danach 63 Jahre alt, 30 Jahre verheiratet und 10 Jahre Witwe.

72   PB-Dom-Tf3 (1695-1702), S. 225 (**1696**).

73   PB-Gaukirche-To2 (1706-1759), S. 537 (**1736**): danach war er 40 Jahre alt und 2 Jahre verheiratet.

74   PB-Gaukirche-Tf1 (1637-1706), S. 141 (**1698**).

∞ Paderborn/Gaukirche 24.9.1726 (Tz: *Fridericus Eversdorff et Conradus Elberfeldt*)[75]

Hieronymus **Heinemann**, Procurator, ... , S.d. Hermann Heinemann.

a)   Heinrich **Heinemann**, * Paderborn 19., ~ ebd./Gaukirche 20.7.1628 (Tp: *Hermannus Heineman, avus*).[76]

b)   Maria Constantia **Heinemann**, * Paderborn 11., ~ ebd./Gaukirche 12.2.1730 (Tp: *Maria Angela Erberfedt*(!) *nata Marceller*).[77]

c)   Catharina Elisabeth **Heinemann**, * Paderborn 25., ~ ebd./Gaukirche 27.1.1732 (Tp: *avia Catharina Elisabetha Heineman loco eius Anna Angela Erberfeldt*).[78]

d)   Johanna Anna Maria **Heinemann**, * Paderborn 23., ~ ebd./Gaukirche 24.6.1733 (Tp: *Anna Angela Erberfeldt*).[79]

e)   Anna Angela **Heinemann**, * Paderborn 22., ~ ebd./Gaukirche 23.9.1735 (Tp: *Anna Elberfeldt dicta Kloperkamp, l(oco) hujus levavit Anna Angela Elberfeldt*).[80]

f)   Maria Anna **Heinemann**, * Paderborn 22., ~ ebd./Gaukirche 23.11.1737 (Tp: *Eva Maria Masseller nata Remper*).[81]

3)   Angela Gertrud **Elberfeldt**, * Paderborn 1., ~ ebd./Gaukirche 2.1.1701 (Tp: *Angela Gerdrudis Reuters uxor Zölscher*);[82]

∞ Paderborn/Gaukirche (St. Ulrich) 5.11.1720 (Tz: *Jo(ann)es Henricus Fischer et Martinus Eberle*)[83]

Johann Friedrich **Erensdorff**, Meister, ...

a)   Maria Elisabeth **Erensdorff**, ~ Paderborn/Marktkirche 16.10.1721 (Tp: *Ann(a) Margr(eta) Marseller*).[84]

b)   Johann Friedrich **Erensdorff**, ~ Paderborn/Marktkirche 17.4.1723 (Tp: *Jo(ann)es Henr(icus) Heneken*).[85]

c)   Anton Laurenz Friedrich **Erensdorff**, ~ Paderborn/Marktkirche 11.8.1727 (Tp: *d(ominus) Jansing, Capituli Cathedralis praefectus*).[86]

---

75   PB-Gaukirche-Tr2 (1706-1792), S. 366 (**1726**).

76   PB-Gaukirche-Tf2 (1706-1793), S. 80 (**1728**).

77   PB-Gaukirche-Tf2 (1706-1793), S. 86 (**1730**).

78   PB-Gaukirche-Tf2 (1706-1793), S. 99 (**1732**).

79   PB-Gaukirche-Tf2 (1706-1793), S. 105 (**1733**).

80   PB-Gaukirche-Tf2 (1706-1793), S. 115 (**1735**).

81   PB-Gaukirche-Tf2 (1706-1793), S. 122 (**1737**).

82   PB-Gaukirche-Tf1 (1637-1706), S. 154 (**1701**).

83   PB-Gaukirche-Tr2 (1706-1792), S. 357 (**1720**).

84   PB-Marktkirche Tf2 (1700-1734), S. 270 (**1721**).

85   PB-Marktkirche Tf2 (1700-1734), S. 282 (**1723**).

86   PB-Marktkirche Tf2 (1700-1734), S. 312 (**1727**).

d) Anna Angela **Ernstorff**, ~ Paderborn/Marktkirche 23.1.1731 (Tp: *An(na) Angela Elberfeldt*).[87]

e) Ignatius Antonius **Erensdorff**, ~ Paderborn/Marktkirche 01.03.1732 (Tp: *r(everendissi)mus d(ominus) Ignatius Antonius ab Asseburg, praepos(itus) Cath(edralis), hujus no(m)i(n)e levavit d(ominus) Harding, benef(icius)*).[88]

f) Anna Benedicta **Erenstorff**, * Paderborn 31.10., ~ ebd./Gaukirche 1.11.1734 (Tp: *Anna Benedicta Hadissen*).[89]

g) Anna Maria Elisabetha **Erensdorff**, * Paderborn 28., ~ ebd./ Gaukirche 29.8.1736 (Tp: *Maria Elisabeth Richters nata Meyeran*).[90]

4) Caspar Heinrich **Elberfeld**, * Paderborn 17., ~ ebd./Gaukirche 19.8.1703 (Tp: *Caspar Marceller*).[91]

5) Maria Elisabeth **Elberfeld**, * Paderborn 20., ~ ebd./Gaukirche 27.6.1706 (Tp: *Ludolphi Baden uxor Catharina Marceller*).[92]

6) Anna Maria **Elberfeld**, * Paderborn 6., ~ ebd./Gaukirche 11.10.1708 (Tp: *virgo Maria Schetter*).[93]

7) Anna Constantia **Elberfeld**, * Paderborn 22., ebd./Gaukirche ~ 25.7.1711 (Tp: *Helena Constantia Marceller vidua Meyerans*[94]);
∞ Paderborn/Gaukirche 19.7.1733 (Tz: –)[95]
Johannes **Lorenz**, ...
Kinder:

a) Conrad Henrich **Lorenz**, * Paderborn 15.8., ~ ebd./Gaukirche 16.8.1733 (Tp: *Conradus Erberfeldt*).[96]

8) Anna Angela **Elberfeld**, * Paderborn 5.6., ~ ebd./Gaukirche 8.6.1714 (Tp: *Anna Angela Elberfeldt*), Patin 1731.

---

87 PB-Marktkirche Tf2 (1700-1734), S. 334 (**1731**).

88 PB-Marktkirche Tf2 (1700-1734), S. 342 (**1732**).

89 PB-Gaukirche-Tf2 (1706-1793), S. 111 (**1734**).

90 PB-Gaukirche-Tf2 (1706-1793), S. 118 (**1736**):

91 PB-Gaukirche-Tf1 (1637-1706), S. 171 (**1703**).

92 PB-Gaukirche-Tf2 (1706-1793), S. 3 (**1706**).

93 PB-Gaukirche-Tf2 (1706-1793), S. 11 (**1708**).

94 Johann Wilhelm Meyeran und Helena Constancia Marceller hatten am 10.2.1697 in Paderborn (Dom) geheiratet.

95 PB-Gaukirche-Tr2 (1706-1792), S. 382 (**1733**).

96 PB-Gaukirche-Tf2 (1706-1793), S. 106 (**1733**).

03.2 Johann <u>Berndt</u> **Elberfeldt**, S.d. Henrich Elberfeldt u.d. Gertrud Schwenger
(→ 02)

~ Warendorf/Laurentius 03.08.1659 (Tp: *Berndt Grise*),[97] † nach 1716, Bürger in Warendorf, seine leibliche Mutter ist die Schwester des Henrich Schwenger in Wiedenbrück, Organist in Bockum bei Hövel;
∞ um 1689
Sophia **Richter**, ...

Kinder, alle getauft in Bockum (St. Stephanus):
1) Anna Maria **Elberfeldt**, ~ 19.10.1689 (Tp: *Anna Maria Gerdes et Hen(rich) Wittkampff*).[98]
2) Gerhard **Elberfeldt**, ~ 27.05.1691 (Tp: *Gerdt zu Böckumb et Werinsche*).[99]
3) Anna Catharina **Elberfelt**, ~ 21.12.1692 (Tp: *Anna Cath(arina) Westerman et Herm(ann) Richters*).[100]
4) Bernard **Elberfeldt**, ~ 08.02.1695 (Tp: *Bern(ard) Schulte zu Bokumb et Bruninsche*).[101]
5) Joannes Baptista **Elberfeldt**, ~ 21.01.1697 (Tp: *d(ominus) Jo(ann)ies Holtman, vicarius in Hovel, Elisabeth Elberfeldt*), Zinngießergeselle 1716, hält sich 1716 in Halberstadt auf, erhält 4.6.1716 in Warendorf seinen Geburtsbrief.[102]
6) Henrich **Elberfeldt**, ~ 04.01.1699 (Tp: *Hen(rich) Westermans et Margreta Weischers*).[103]
7) Theodor Hermann **Elverfeldt**, ~ 29.03.1701 (Tp: *Theod(or) Herm(ann) Schreiner, Clara Richters*).[104]

Das folgende Ehepaar und seine Kinder lassen sich bisher nicht an diesen Zweig der Familie Elverfeld anschließen, obwohl es 1729 mit der Patin Cons-

---

97 Warendorf, St. Laurentius (katholisch), Kirchenbuch 3 (Taufen 1655-1666), S. 103 (**1659**); StadtA RW, WD Ratsprotokolle Bd. 5, fol. 115v.

98 Bockum, St. Stephanus (katholisch), Kirchenbuch 1 (Taufen 1659-1746), fol. 19v (**1689**).

99 Bockum, St. Stephanus (katholisch), Kirchenbuch 1 (Taufen 1659-1746), fol. 20v (**1691**).

100 Bockum, St. Stephanus (katholisch), Kirchenbuch 1 (Taufen 1659-1746), fol. 22r (**1692**).

101 Bockum, St. Stephanus (katholisch), Kirchenbuch 1 (Taufen 1659-1746), fol. 23r (**1695**).

102 Bockum, St. Stephanus (katholisch), Kirchenbuch 1 (Taufen 1659-1746), fol. 24v (**1697**); NIE-SERT/WALLMEIER, Geburtsbriefe Warendorf, S. 173 (Nr. 2259): *4. Juni* [**1716**], *Johan Elberfeld, Zinngießergeselle, anitzo zu Halberstadt sich aufhaltend – E: Bernd E. und Sophia Richter, Eheleute und Bürger dhier in Warendorf – Z: Johan Schetter und Henrich Klaverkampf, Bürger dahier.*

103 Bockum, St. Stephanus (katholisch), Kirchenbuch 1 (Taufen 1659-1746), fol. 26r (**1699**).

104 Bockum, St. Stephanus (katholisch), Kirchenbuch 1 (Taufen 1659-1746), fol. 28r (**1701**).

tantia Elberfeld und 1741 mit dem Paten Hieronymus Heinemann anscheinend zumindest Berührungspunkte gibt.

Johann Henrich **Elberfeldt** (Erberfeldt)

∞

Maria Gertrud **Effting**

Kinder:
1) Bartholomäus Anton **Elberfeldt**, ~ Paderborn/Marktkirche 24.8.1724 (Tp: *Barthol(omäus) Anton(ius) Daltrup*[105]), immtr. Paderborn 20.11.1739.[106]
2) Henrich Theodor **Elberfeldt**, ~ Paderborn/Marktkirche 8.6.1727 (Tp: *Theodor Effting*).[107]
3) Maria Constantia **Elberfeldt**, ~ Paderborn/Marktkirche 1.4.1729 (Tp: *Maria Const(antia) Elberfeldt*).[108]
4) Anna Maria **Erberfeld**, * Paderborn 17.2., ~ ebd./Gaukirche 19.2.1731 (Tp: *Anna Maria Effting*).[109]
5) Anna Maria Elisabeth **Elberfeldt**, * Paderborn 11.8., ~ ebd./Gaukirche 12.8.1733 (Tp: *Anna Elisabeth Baum vidua Daltrup*[110]).[111]
6) Franz Bernhard **Elberfeldt**, * Paderborn 7.3., ~ ebd./Gaukirche 8.3.1736 (Tp: *Bernd Bottgieser*), immtr. Paderborn 5.12.1753, in der münster. Notariatsmatrikel 19.9.1760[112]
7) Heinrich August **Elberfeldt**, * Paderborn 18., ~ ebd./Gaukirche 19.4.1738 (Tp: *Adolescens Augustus Schumacher*).[113]
8) Clemens Hieronymus **Elberfeldt**, * Paderborn 22., ~ ebd./Gaukirche 23.11.1741 (Tp: *d(ominus) Hieronimus Heineman, procurator*).[114]

---

105 Vgl. zu im DALTROP, Hermann (†) /STEINBICKER, Clemens (Bearb.): Die Familie Daltrop im Paderborner Land, in: Beiträge zur westfälischen Familienforschung 40 (1982), S. 109-176, hier S. 112f.; FREISEN, Matrikel Paderborn 2, S.129 Nr.6675.

106 PB-Marktkirche-Tf2 (1700-1734), S. 296 (**1724**); FREISEN, Matrikel Paderborn 1, S. 90 Nr. 6675 (**1739**).

107 PB-Marktkirche-Tf2 (1700-1734), S. 311 (**1727**).

108 PB-Marktkirche-Tf2 (1700-1734), S. 324 (**1729**).

109 PB-Gaukirche-Tf2 81706-1793), S. 93 (**1731**).

110 Witwe des Bartholomäus Anton Daltrup, ∞ Paderborn/Gaukirche 4.8.1716; vgl. DALTROP/ STEINBICKER, Daltrop, S. 112f. (mit falschem Traujahr 1717 !).

111 PB-Gaukirche-Tf2 (1706-1793), S. 106 (**1733**).

112 PB-Gaukirche-Tf2 (1706-1793), S. 116 (**1736**); FREISEN, Matrikel Paderborn 1, S. 97 Nr. 7384 (**1753**); KOHL, Wilhelm:Die Notariatsmatrikel des Fürstbistums Münster, in: Beiträge zur westfälischen Familienforschung 20 (1962), S. 3–136, hier S. 69 Nr. 2082 (**1760**).

113 PB-Gaukirche-Tf2 (1706-1793), S. 124 (**1738**).

114 PB-Gaukirche-Tf2 (1706-1793), S. 133 (**1741**).

Weitere, bisher nicht näher einordbare Nennungen:

Anna Benedicta **Elberfelt**, vidua, ...
∞ Paderborn/Gaukirche 15.7.1736 (Tz: *d(ominus) Henricus Höxterman, d(ominus) Cornelius Sasse*)[115]
Franz **Stumpff**, ...

Gertrud **Elberfeldt**, ...
∞ Paderborn/Busdorf 24.02.1748 (Tz: *Georgio Mars custodes, et hujus patre J. Henrico Mars*)[116]
Bernhard **Koch**, ...
(er?: ∞ I. Paderborn/Gaukirche 1.11.1736 (Tz: *Mauritius Müller et Ignatius Naderman*)[117]
Gertrud Köller, ...)

Henricus **Erberfäld**(!) „von Paterborn" wird 1757/58 in die Bruderschaft der Schustergeselle in Lippstadt aufgenommen.[118]

Zwar auch aus Paderborn kommend, aber wohl nicht zur oben aufgeführten Familie dürfte der 1535 im Sommersemester für 6 gr. an der Universität Leipzig immatrikulierte „Henricus **Elverfelt** Paderburnensis" gehören.[119]

---

115 PB-Gaukirche-Tr2 (1706-1792), S. 386 (**1736**).
116 Beide Eheleute werden als verwitwet bezeichnet.
117 PB-Gaukirche-Tr2 (1706-1792), S. 386 (**1736**).
118 REININGHAUS, Wilfried: Die Schuhmachergesellen-Bruderschaft, in: WALBERG, Hartwig (Hg.): Quellen zur Zunftgeschichte Lippstadts in der Frühen Neuzeit. Lippstadt 1993 (Quellen und Forschungen zur Geschichte der Stadt Lippstadt, 8), S. 431–510, hier S. 474, Nr. 589.
119 Die Matrikel der Universität Leipzig. Im Auftrage der Königlich Sächsischen Staatsregierung hrsg. von Georg ERLER. Bd. 1: Die Immatrikulationen von 1409 bis 1559. Leipzig 1895 (Codex Diplomaticus Saxoniae Regiae. 2. Haupttheil, 26), S. 616.

Die Verwandtschaft des Bochumer Kuhhirten Heinrich Kortebusch (1796–1866)

von Heiko Hungerige und Hansi Hungerige

Jeder, der in Bochum lebt, kennt das Kuhhirten-Denkmal in der Bochumer Innenstadt. Es ist bereits das zweite Denkmal (1962; Abb. 2); das erste (1908; Abb. 1) wurde für die Rüstungsproduktion im II. Weltkrieg eingeschmolzen. Bisher konnte man in Online- und Print-Publikationen über das Kuhhirten-Denkmal lesen, es stelle „den letzten Bochumer Kuhhirten Fritz **Kortebusch**" dar, der sein Vieh noch bis 1870 oder sogar 1877 auf die Bochumer Vöde getrieben habe. Bereits 1928 wurden alle Elemente dieser bereits wohl schon vorher etablierten „Kortebusch-Legende" durch den Buchhändler und Heimatdichter Carl **Regelmann** (1867–1951) in seinem am 7. Mai 1927 uraufgeführten Heimatspiel „Kortebusch, der letzte Kuhhirt von Bochum" zusammengefasst und seitdem immer wieder kolportiert, so z. B. in dem Mitte der 1950er-Jahre erschienenen Jugendroman „Schwarze Diamanten" von Heinz **Wildhagen**, in dem es über Kortebusch heißt: „Ein ganz simpler Mann. Der letzte Kuhhirt von Bochum. Und am Alten Markt […] war er in Bronze aufgestellt mit dem Tutehorn am Munde. Er war wirklich keiner von den Großen der Welt, nicht mal lesen und schreiben konnte er, aber er hatte ‚Köpfchen' und die Zunge auf dem rechten Fleck und war ein Bochumer Original."[1]

Wie jedoch in einem in den „Bochumer Zeitpunkten" (Zeitschrift der Bochumer Kortum-Gesellschaft) erschienenen Artikel[2] gezeigt werden konnte, ist diese Beschreibung in mehrfacher Hinsicht nicht zutreffend: Der Kuhhirte hieß mit Vornamen nicht Fritz, sondern Heinrich, er starb bereits 1866 an einem Schlaganfall und war somit auch nicht der letzte Bochumer Kuhhirte. Und zumindest das erste Denkmal von 1908 wurde nicht für ihn persönlich errichtet, sondern war als Symbolfigur gedacht, dazu „bestimmt, die alte Stadt Bochum, die Ackerstadt, dem Gedächtnis der Jugend einzuprägen, damit die allzeit erkenne, wie Bochum sich aus kleinen friedlichen Verhältnissen heraus zu einer der bedeutendsten Industriestädte des Vaterlandes entwickelt hat"[3], wie es der Stadtverordnete August **Hackert** (1840–1922) damals in seinem „Weihspruch" formulierte.

Da die „Bochumer Zeitpunkte" keine primär genealogische Zeitschrift ist, konnten darin nicht alle inzwischen vorliegenden genealogischen Informationen veröffentlicht werden. Dies betrifft einige Seitenlinien in der Verwandtschaft des Kuhhirten und insbesondere die Nachfahren des Johann Bernhard (Berndt)[4]

---

1 WILDHAGEN 1954/55, o.S.

2 HUNGERIGE/HUNGERIGE 2019.

3 „Die Enthüllung des Kuhhirten-Denkmals", in: Märkischer Sprecher Nr. 126 vom 30. Mai 1908.

4 Soweit bekannt sind die Rufnamen unterstrichen.

Kortebusch genannt Sonnenschein, der im April 1724 erstmals heiratete, sowie die Nachfahren des Arnold **Kortebusch** (auch: **Kattenbusch**), der über die Ehe seiner Tochter Anna Christina (* 1762) mit den Bochumer Familien **Benecke** (**Beneke**) und **Scheve** verwandt ist. Sowohl Berndt als auch Arnold lebten wie der Grenadier Diederich <u>Heinrich</u> **Kortebusch** (1754–1790), der Vater des Kuhhirten, auf der „Brenscheder Heyde", also im Quellgebiet des Lottentals südlich des ehemaligen Hauses Brenschede (Abb. 4).[5] Es ist also von einer sehr engen Verwandtschaft der drei Familien auszugehen, die aber aufgrund der durch Umwelteinflüsse teilweise stark zerstörten evangelisch-lutherischen Kirchenbücher dieser Zeit bisher noch nicht nachgewiesen werden konnte. Hier besteht noch weiterer Forschungsbedarf.

Abb. 1: Das erste Kuhhirten-Denkmal von 1908. (Poststempel vom 21.02.1923. Foto: H. Hungerige)

Abb. 2: Das zweite Kuhhirten-Denkmal von 1962. (Foto: H. Hungerige, 29.07.2019)

Da die bisher bekannte Verwandtschaft des Bochumer Kuhhirten Kortebusch durch eine bloße Nachfahrenliste (NFL) seines Vaters nicht darstellbar ist, wird der aktuelle Forschungsstand mit Hilfe von sieben Nachfahrenlisten erfasst; die NFL

---

5   Vgl. HÜLSEBUSCH 1954.

verbundene Nachfahrenlisten (NFL): Ia bis Ie

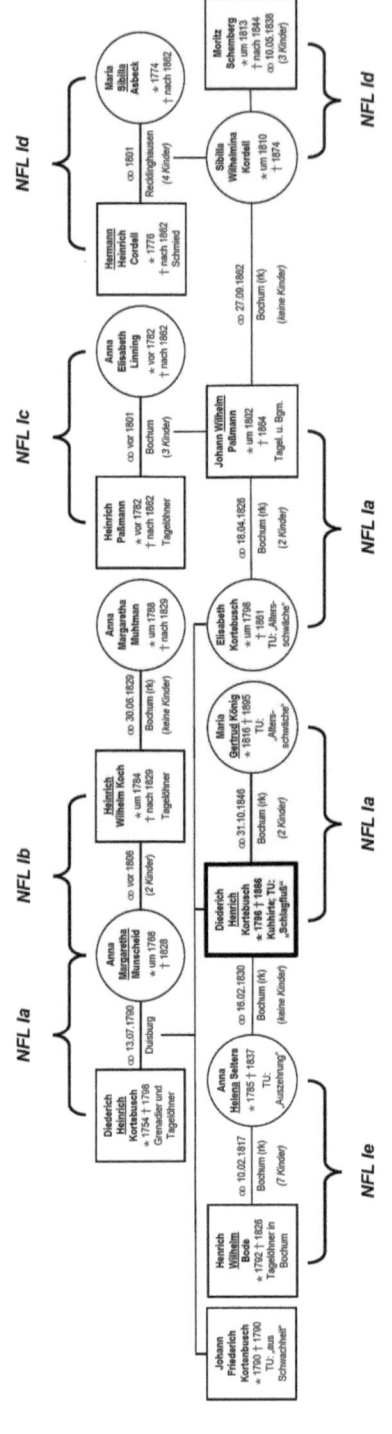

unverbundene Nachfahrenlisten (NFL): II und III

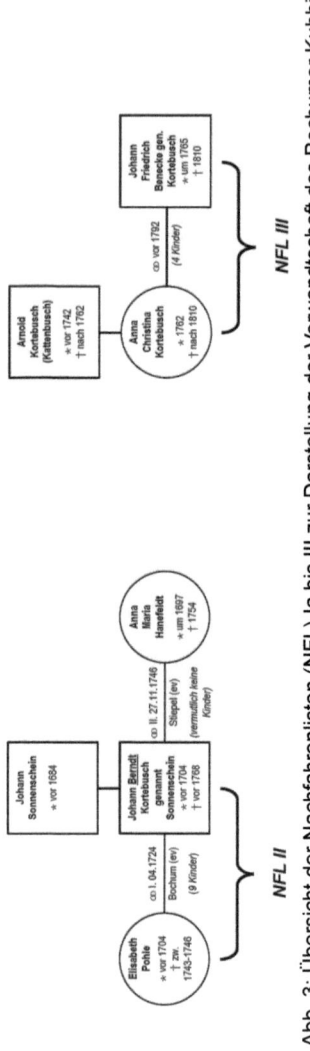

Abb. 3: Übersicht der Nachfahrenlisten (NFL) Ia bis III zur Darstellung der Verwandtschaft des Bochumer Kuhhirten Heinrich Kortebusch (Grafik: H. Hungerige)

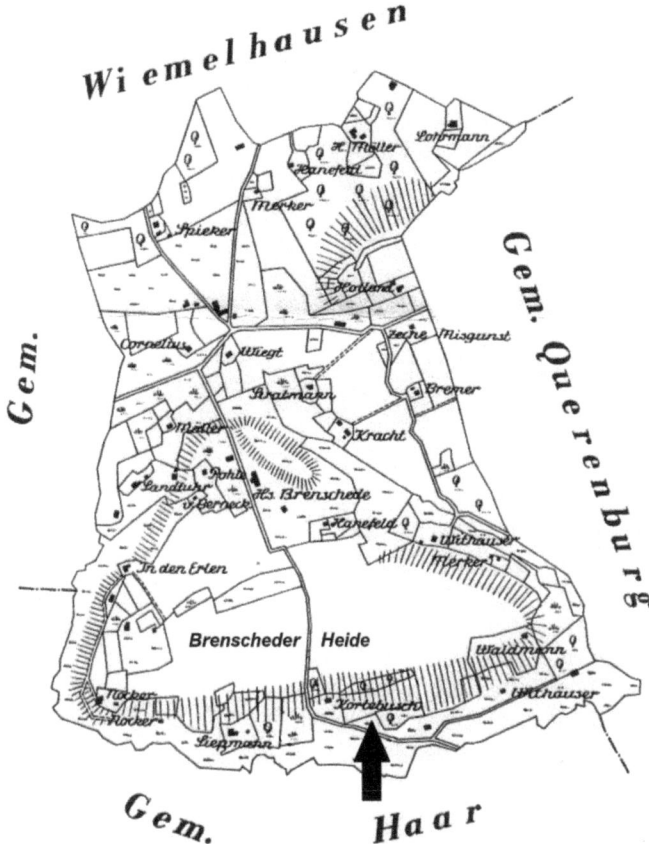

Abb. 4: Die Bauernschaft Brenschede nach der Flurkarte aus dem Jahre 1823 mit dem Kortebusch-Kotten südlich der Brenscheder Heide (aus: HÜLSEBUSCH 1954, Abb. zw. S. 80 u. 81; bearb.). 1798 wird in einer Personenstandsaufnahme der Brenscheder Kotten auch der Bergmann **Kortebuooh** (lfd. Nr. 14) erwähnt (er wohnte dort mit seiner Frau und drei Söhnen), 1811 in einem vom Bochumer Landgericht verfassten Taxgutachten ein „Henr. **Kortenbusch**" (lfd. Nr. 6); der Taxwert des Kottens belief sich auf 788 Rhtl. Als Pachtabgaben musste der Kortenbusch-Kotten leisten: 24 Rhtl. Jahrespacht, außerdem 4 Hühner, 12 Stück Eier, 4 Pfd. Butter sowie „4 Mannes- u. 2 Frauen-Dienste" (HÜLSEBUSCH 1954, S. 92–93). 1829 wird das Gut Brenschede mit 52 Morgen Acker- und Weidegrund, Jagdrecht, Tradde (d.i. ein historisches Verfahren im Steinkohlenbergbau zur Entschädigung und Regulierung von Bergschäden) in der Zeche Glücksburg sowie 18 Kotten, darunter auch **Kortebusch**, „zum notwendigen Verkaufe ausgesetzt; der ganze Besitz war zu c. 16897 ½ Thlr. abgeschätzt" (DARPE 1894, S. 557f.).

la bis le sind dabei zusammenhängend, die NFL II und III bisher unverbunden (Abb. 3). Jüngere Generationen sind teilweise ebenfalls erforscht, werden jedoch an dieser Stelle aus Gründen des Datenschutzes nicht aufgeführt. Die Nummerierung der Nachfahren wurde nach dem System von BEICHHOLD (1929) vorgenommen, vorangestellt wird im Text jeweils die römische Nummer der NFL (z. B. la/211). Als Abkürzungen werden verwendet: TP (Taufpaten, *levans*[6]), TZ (Taufzeugen, *testes*), TrZ (Trauzeugen), Pf. (Pfarrer), KB (Kirchenbuch), KBD (Kirchenbuchduplikat), ZSR (Zivilstandsregister), StA (Standesamt). Die Daten sind seit Juli 2019 vollständig online auf der Internetseite „Familienforschung in Dortmund" (TNG) des „Roland

---

6   Die Taufpaten (*levans*) heben das Kind aus der Taufe (lat. *levare* = erheben, aufrichten; trösten), die Taufzeugen (*testes*) bezeugen die Taufe. Das Bild des „Aus-der-Taufe-Hebens" ist heute nicht mehr naheliegend, da Kinder bei der Taufe nicht mehr eingetaucht werden. Ein Pate verspricht, das Kind im katholischen Sinn zu erziehen, Taufzeugen müssen nicht unbedingt katholisch sein.

zu Dortmund" verfügbar.[7] Außerdem online gestellt wurden die relevanten Belege aus den Zivilstandsregistern und Kirchenbuchduplikaten Bochum (rk), den ev.-luth. Kirchenbüchern von Bochum, Ümmingen und Stiepel ab 1675 sowie Ausschnitte aus historischen Zeitungen zum Kuhhirten-Denkmal.[8]

NFL Ia
Nachfahren des Grenadiers Diederich Heinrich Kortebusch (1754–1790) (Vater des Bochumer Kuhhirten Heinrich Kortebusch)

[0] **Kortebusch**, Diederich Heinrich, Grenadier, altpr. I.R. No. 9, * 18.07.1754[9] Bochum, „gebürtig von der Brenscheder Hayden"[10], † 09.01.1798[11] (Abb. 10) als „Lundwig **Cortebus**" an „Auszehrung"[12] in Bochum, □ 11.01.1798 Bochum. Um 1778/79, mit ca. 25 Jahren, trat er in die preußische Armee ein, vermutlich im Zusammenhang mit der Kriegserklärung Preußens an Österreich am 03.07.1778 (Bayerischer Erbfolgekrieg) und der Mobilisierung der preußischen Truppen Anfang Juli 1778.[13] Diederich Heinrich war zum Zeitpunkt der Geburt seines ersten Sohnes Johann Friederich [Ia/1] am 14.10.1790

Abb. 5: Diederich Heinrich Kortebusch (1754–1790), der Vater des Kuhhirten, war Grenadier im altpreußischen Infanterie-Regiment No. 9 (Uniform eines Gemeinen und eines Offiziers aus: VON SCHMALEN 1771, S. 27; Digitalisat der Sächsischen Landesbibliothek – Staats- und Universitätsbibliothek (SLUB), Permalink: http://digital.slub-dresden.de/id414976398/27).

7   http://tng.rolandgen.de.

8   http://tng.rolandgen.de/browsemedia.php?mediatypeID=documents.

9   Aus dem im Sterberegister angegebenen Lebensalter („43 Jahr 6 Monat 9 Tage") errechnet; Landeskirchliches Archiv der Evangelischen Kirche von Westfalen, Kirchenkreis Bochum (im Folgenden: KB Bochum, ev.-luth.), 1780–1802, Bd. 24, Beerdigungen 1798, S. 275, Dig. 166. Die Digitalisate der ev.-luth. und reform. Kirchenbücher des Kirchenkreises Bochum ab 1675 sind (kostenpflichtig) bei ARCHION (https://www.archion.de) einzusehen.

10   KB Bochum, ev.-luth., Bd. 4, Taufen 1790, S. 52, Nr. 15, Dig. 115.

11   KB Bochum, ev.-luth., Bd. 24, Beerdigungen 1798, S. 275, Dig. 166. Bei dem Sterbeeintrag von Diederich Hein. **Cöthebusch** aus Grumme vom 17.01.1819 (KBD Bochum, rk, Tote 1819 (Land), Nr. 61, Dig. 200) handelt es sich *nicht* um den Vater des Kuhhirten.

12   „Hinter der Bezeichnung verbergen sich vorrangig drei Krankheiten: Tuberkulose, Krebs und Diabetes mellitus" (METZKE 2005, S. 33).

13   Am 13. Mai 1779 wurde der Krieg durch den Frieden von Teschen beendet.

„Grenadier unter dem Regiment **v. Budberg**" in der Compagnie des Capitäns Freiherr **von Seel**.[14] Bei diesem Regiment handelt es sich um das altpreußische Infanterie-Regiment No. 9 (vgl. Abb. 5), das 1646 als Garnison Minden gebildet wurde und bis zur Kapitulation 1806 bestand. Ab 1763 lag das Regiment mit jeweils sechs Kompanien in Hamm/Westf. und Soest.[15] 1782 wurde das (bis dahin „Regiment **Wolffersdorf** zu Fuß" genannte; vgl. die Angabe „Chef Wolfersdorf" in Abb. 5) I.R. No. 9 von Generalmajor (ab 1789 Generalleutnant) Alexander **von Bönninghausen gen. von Budberg** (1717–1802) übernommen und nannte sich fortan „Regiment Budberg zu Fuß".[16] Die Soldaten des Regiments stammten vor allem aus der Grafschaft Mark (von 1609 bis 1807 zu Brandenburg-Preußen), also nördlich (bis zur Lippe) und südlich (bis zur Agger) der Ruhr und waren in Privatquartieren untergebracht. Da ihr Sold nur gering war, mussten sie in der Regel noch mit anderen Tätigkeiten ihren Unterhalt verdienen; dementsprechend wird Diederich Heinrich auch (11 Jahre nach seinem Tod) im Kirchenbucheintrag der ersten Ehe seines Sohnes Heinrich (1830) als „Taglöhner in Bochum"[17] aufgeführt. Am 7.11.1792 wurde das Regiment von Oberst (ab 1793 Generalmajor) Wilhelm Dietrich **von Manstein** (1741–1809) übernommen und dementsprechend im Geburtseintrag von Heinrich **Kortebusch** [Ia/2] als „Reg. v. Manstein" bezeichnet.[18]

∞ 13.07.1790[19] Duisburg Anna Margaretha **Munscheid** (auch: **Monscheid, Monscheidt**), * um 1768, „bürtig aus Bochum", † 28.11.1828[20] Bochum, im Alter von 60 Jahren an „Brustfieber". 1790 Trauung durch den Feldprediger **Lange** in Duisburg, wo Diederich Heinrich stationiert war.[21] Anna Margaretha war zu die-

---

14 Vgl. z. B. CAHILL 1787, S. 14, sowie HIMBURG 1796, Bd. 1, S. 83.

15 Vgl. BÖRGER 1929.

16 Vgl. VON BUDBERG 1960.

17 Kath. Kirche Bochum, Kirchenbuchduplikat 1815–1874, Taufen, Heiraten, Tote (im Folgenden: KBD Bochum, rk), Heiraten 1830, Nr. 5, Dig. 370. Die Digitalisate des Kirchenbuchduplikats Bochum 1815–1874 sind online und kostenfrei bei *FamilySearch* (https://www.familysearch.org) verfügbar. Anmeldung erforderlich. Eine einfache Recherchemöglichkeit bietet die Website *Familysearch update Status* (https://fs.webosi.net) von Steffen Olschner, Berlin.

18 Kurz nach der Geburt von Heinrich Kortebusch wird das Regiment im August 1796 von Oberst Christian Ludwig **von Winning** (1736–1822) übernommen („Winnig zu Fuß").

19 Regiments-KB des altpreußischen Infanterie-Regiments No. 9, Taufen, Trauungen, Beerdigungen 1786–1792, S. 52, Nr. 12, Dig. 55; KB Bochum, ev.-luth., Bd. 4, Taufen 1790, S. 52, Nr. 15, Dig. 115.

20 KBD Bochum, rk, Tote 1828, Nr. 35, Dig. 317.

21 Zu den Lebensumständen preußischer Soldatenfrauen in den Garnisonen vgl. ENGELEN 2005.

sem Zeitpunkt bereits im 6. Monat schwanger (mit ihrem ersten Kind, Johann Friederich [Ia/1], dem älteren Bruder des späteren Bochumer Kuhhirten). Die Kinder wurden ev.-luth. getauft, obwohl die Mutter „der Röm. Cath. Religion zugethan"[22] war. Sie heiratete in II. Ehe den Tagelöhner <u>Heinrich</u> Wilhelm **Koch** (* um 1784) → **NFL Ib**.

3 Kinder von Nr. [0]: Diederich <u>Heinrich</u> Kortebusch (Grenadier)

1   **Kortebusch**, Johann Friederich, * 14.10.1790[23] Bochum, „morgens gegen 6 Uhr", ~ 16.10.1790 Bochum, † 18.10.1790[24] Bochum, „aus Schwachheit", ☐ 19.10.1790 Bochum („auf unserm Armenkirchhofe beygesezet"). TZ[25] sind „1. Johann Friederich **Siepman**, von Brenschede 2. Joh. Henr. **Uterman** aus Bochum 3. Joh. Henr. **Monscheid** 4. Maria Christina **Velten**, beyde aus Bochum 5. Anna Christina **Kotenbusch**[26] 6. Anna Maria **Helwig**, beyde von der Brenscheder Heyde." Um den Verdacht auszuräumen, dass Kind könnte vielleicht unehelich geboren worden sein, vermerkte der Pf. im Kirchenbuch: „Daß die Eltern dieses Kindes schon getraut sind, wurde mit dem Copulations Schein des H[errn] Feldpredigers **Lange** dat. Duisburg den 13<u>ten</u> Juli 1790 bewiesen".

2   **Kortebusch**, Diederich <u>Henrich</u>, Taglöhner, Schweine- u. Kuhhirte, * 12.04.1796[27] Bochum, ~ 19.04.1796 Bochum (ev), „Abends zwischen 10-11 Uhr getauft", † 29.03.1866[28] Bochum, „Schlagfluß", ☐ 03.04.1866 Bochum. Zu den TP s. Abb. 9. Angaben zum Beruf: „Taglöhner" (1830, 1846, 1848, 1851, 1866, 1873 [im Heiratseintrag der Tochter]), im Sterbeeintrag seiner I. Frau „Viehhirte" (1837), in den Bochumer Einwohnerlisten auch „Hirte" (1852) und „Kuhhirt" (1861)[29], in der Sterbeurkunde des Sohnes „Wegearbeiter" (1893)[30]. Da er zum Zeitpunkt des Todes seines Vaters

---

22   KB Bochum, ev.-luth., Bd. 4, Taufen 1790, S. 52, Nr. 15, Dig. 115.

23   Ebd.

24   KB Bochum, ev.-luth., Bd. 24, Beerdigungen 1790, S. 153, Dig. 103.

25   Nach katholischem Recht sind zwei TP erlaubt; in der evangelischen Kirche gibt es keine Begrenzung, daher sind häufiger mehr als zwei TP im Taufeintrag aufgeführt.

26   Bei der TZ „Anna Christina **Kotenbusch**" handelt es sich um Anna Christina **Kortebusch** [III/1], geboren am 07.05.1762 auf der Brenscheder Heide als Tochter des Arnold **Kortebusch** (KB Bochum, ev.-luth., Bd. 2, Taufen 1762, S. 26, Dig. 57).

27   KB Bochum, ev.-luth., Bd. 4, Taufen 1796, S. 211, Nr. 7, Dig. 278.

28   KBD Bochum, rk, Tote 1866, Nr. 179, Dig. 211.

29   Urliste der sämmlichen Civil-Einwohner zu Bochum aufgenommen bei der Zählung von Haus zu Haus am 3ten Dezember 1861 (...); Bochum, den 15. Januar 1862, Nr. 175. Stadtarchiv Bochum, Sign. B 2175.

30   StA Bochum, Sterbeurkunde Nr. 523/1893.

1798 noch nicht einmal zwei Jahre alt war, lebte er zunächst im Haushalt seiner Mutter und seines Stiefvaters Heinrich Wilhelm **Koch** [Ib/0]. „Anstellung des Tagelöhners Kortebusch zum städtischen Schweinehirten"[31] am 11.04.1838. In der Zeit von 1840 bis 1858 wohnte er nachweislich in Haus Nr. 100[32], also ungefähr an der Einmündung der Neustraße in die Brüderstraße im Bochumer Hellweg-Viertel („Krimm" genannt), ab 1858[33] in Haus Nr. 115 (Grabenstraße). Hinterlässt bei seinem Tod „die Gattin mit 2. Minnoreren" [Ia/21 u. Ia/22][34]; Pf. Franz **Ekel** (1796–1867), der 1830 und 1846 auch die Trauungen durchgeführt hatte, sprach bei der Beerdigung am 3. April die letzten Worte.

∞ I.   16.02.1830 Bochum (Abb. 11) Anna Helena, verw. **Bode**, geb. **Selters** (auch: **Selter, Zelter**), * 1785, † 18.11.1837[35] (Abb. 12) Bochum, Tochter des Soldaten Ludwig **Selters**.[36] Trauung durch Pf. Franz **Ekel** (1796–1867), TrZ Wilhelm **Schreiber**, Heinrich **Funkenberg**. Proklamation am 26.01., 02.02. und 09.02.1817, Dimission „zum hiesigen katholischen Pfarrer" am 10.02.1817.[37] Die Heirat ist sowohl im ev. als auch im kath. Kirchenbuch dokumentiert. Obwohl Kortebusch 1796 ev.-luth. getauft worden war, wurde 1830 im ev.-luth. Kirchenbuch unter seinem Namen „katholischer Religion" vermerkt; die Konversion erfolgte vermutlich zum Zeitpunkt der zweiten (kath.) Heirat seiner „der Röm. Cath. Religion zugethaner" Mutter mit dem Katholiken Heinrich Wilhelm **Koch** [Ib/0], also noch im Kindesalter. Die im ev. Kirchenbuch dokumentierte „Dimission", also die „Entlassung" eines Pfarrangehörigen zur Heirat in einer anderen Gemeinde, bezieht sich also auf die Braut. Helena brachte zwei minderjährige Kinder mit in die Ehe, den fast 13-jährigen Henrich Wilhelm **Bode** [Ie/3] und die neunjährige Anna Catharina Regina Elisabeth **Bode** [Ie/4]. Kortebuschs Ehe mit der 12 Jahre älteren Witwe blieb kinderlos.

---

31 HÖFKEN 1930, S. 19.

32 Vgl. die Einwohnerlisten der Stadt Bochum für die Jahre 1840, 1843, 1846, 1852, 1855 und 1858 sowie die 1952 von Höfken erstellten Bochumer Häuser- und Einwohnerverzeichnisse aus der Zeit von 1737–1822 (Stadtarchiv Bochum, Nachlass Höfken). Es ist zu vermuten, dass **Kortebusch** tatsächlich schon als Kind in der Gegend am Hellweg lebte, da davon auszugehen ist, dass seine Familie mütterlicherseits von dort stammt.

33 Einwohnerliste 1858, Stadtarchiv Bochum, Sign. B 2174.

34 KBD Bochum, rk, Tote 1866, Nr. 179, Dig. 211.

35 KB Bochum, ev.-luth., Bd. 44, Beerdigungen 1837, S. 149, Dig. 172.

36 An anderer Stelle (KB Bochum, ev.-luth., Bd. 41, Trauungen 1817, S. 9, Dig. 39, Dimission ohne Nr.) wird als Vater Johann **Selters**, Schneider in Bochum, angegeben.

37 KB Bochum, ev.-luth., Bd. 41, Heiraten 1817, S. 9, Nr. 4, Dig. 39.

∞ II. 31.10.1846[38] Bochum (Abb. 13) Maria <u>Gertrud</u> **König**, * 08.12.1816[39] Oesede, Kr. Melle (heute Stadtteil von Georgsmarienhütte, Landkr. Osnabrück), † 04.08.1895 Bochum, Hernerstr. 100 an „Altersschwäche". Tochter des Ackersmanns Everhard **König**. Die Trauung wurde von Pf. Franz **Ekel** (1796–1867) durchgeführt, TrZ waren Kortebuschs Schwäger Johann <u>Wilhelm</u> **Paßmann** (Ic/2; 1802–1864), Ehemann von Schwester Elisabeth [Ia/3], und Johann <u>Heinrich</u> **Hagedorn**, Ehemann seiner Halbschwester Anna Maria **Koch** [Ib/1]. 1880[40] lebte die Witwe auf der Castroperstr. 69a, 1882 und 1884 auf der Castroperstr. 48, letzte Nennung im Adressbuch Bochum 1888, Herner Str. 65, zusammen mit ihrer inzwischen ebenfalls verwitweten Tochter Catharina <u>Helena</u> [Ia/22].

3 **Kortebusch**[41], Elisabeth, * um 1798[42], † 17.12.1861[43] Bochum, □ 20.12.1861 Bochum, „Altersschwäche". Sie hinterlässt „Gatten mit 2 Maioren" (Ia/31 u. Ia/32).

∞ 18.04.1826[44] Bochum (Abb. 16) Johann <u>Wilhelm</u> **Paßmann** [Ic/2], Tagelöhner (1827), Bergmann (1851), Bruder des Bochumer Nachtwächters Heinrich **Paßmann** [Ic/1], * um 1802 Bochum, † 26.06.1864[45] Bochum. TrZ Heinrich **Heidfeld**, Heinrich **Schneider**. Das Paar lebte 1840 in Bochum in Haus Nr. 112c (Schützenbahn) neben der luth. Pauluskirche.[46]

2 Kinder von Nr. 2: Diederich Henrich Kortebusch (Kuhhirte)

21 **Kortebusch**, <u>Heinrich</u> Wilhelm, rk, Bergmann (1874, 1892), Berginvalide (1893), * 10.11.1848[47] Bochum, ~ 21.11.1848 Bochum, † 25.10.1893[48]

---

38 KBD Bochum, rk, Heiraten 1846, Nr. 46, Dig. 545.

39 StA Bochum, Sterbeurkunde Nr. 849/1895. Geburtsdatum als Randvermerk angegeben.

40 Adressbuch der Stadt Bochum 1880. Die Bochumer Adressbücher von 1905, 1924/25, 1926, 1928/29, 1932, 1936, 1938, 1962, 1981/82, 1984, 1985 und 1987 sind online als Digitalisate in der Digitalen Bibliothek (DigiBib) des Vereins für Computergenealogie (CompGen) verfügbar.

41 Im Traueintrag lautet der Familienname „**Korthaus**", in allen späteren Einträgen „**Kortebusch**".

42 Err. nach der Altersangabe (28 Jahre) im Heiratseintrag von 1826, nach der Angabe im Sterbeeintrag (79 Jahre, 11 Monate) müsste sie aber schon um 1781 geboren worden sein. Die Geburt ihrer Kinder 1827 und 1829 macht den Geburtsjahrgang 1781 allerdings unwahrscheinlich.

43 KBD Bochum, rk, Tote 1861 (Stadt), Nr. 200, Dig. 163.

44 KBD Bochum, rk, Heiraten 1826 (Stadt), Nr. 6, Dig. 296.

45 KBD Bochum, rk, Tote 1864 (Stadt), Nr. 81, Dig. 58.

46 Einwohnerliste 1840, Stadtarchiv Bochum, Sign. B 2169.

47 KBD Bochum, rk, Taufen 1848, Nr. 190, Dig. 638.

48 StA Bochum, Sterbeurkunde Nr. 523/1893.

Grumme No. 56a (später Weg am Kötterberg). TP Schwager Johann <u>Wilhelm</u> **Paßmann** [Ic/2], TZ Wilhelm **Bracht**. 1874/75[49] wohnte er auf dem Südhellwegstr. 8D, 1889[50] Deinsloh 57 (Weg am Kötterberg 82).

∞ 24.10.1874[51] Bochum <u>Maria</u> Agnes **Flock**, rk, * 04.10.1851[52] Kaldenhausen, Duisburg, † nach 1901. Maria ist das 5. und letzte Kind der Eheleute <u>Peter</u> Hermann **Flock** (* 21.10.1812 Kaldenhausen, heute zu Duisburg) u. Maria Christine **Büscher** (* 29.12.1809 Hohenbudberg, heute zu Krefeld), die zw. 1841 u. 1851 geboren wurden. Ihre Vorfahren lassen sich vs. bis zu ihrem Großvater Heinrich **Flock** (* vor 1783), ms. bis zu ihren Urgroßvätern Antoine[53] **Büscher** (* vor 1747) und Jean **Kebbeler** (auch: **Keppeler**; * vor 1748) zurückverfolgen (Abb. 6). Zw. 1875 u. 1891 brachte Maria acht Kinder (Ia/211–Ia/218) zur Welt.

22 **Kortebusch**, Catharina <u>Helena</u>, rk, * 23.03.1851[54] Bochum, ~ 30.03.1851 Bochum, † um 1888. TP die unverehel. Helena **Kracht** aus Bochum, TZ Catharina **Lawo**; Pf. **Peters**.

∞ 29.11.1873[55] Bochum Heinrich **Rehermann** [**Rehrmann**], Bergmann, * um 1848[56], † zw. 1886 u. 1888. Sohn der Eheleute Ackerer Franz **Rehrmann** u. Maria **Schäfer**. Im Heiratseintrag wird die Braut als 22-jährige Helena „**Kortebuß**" angeführt, Tochter des Tagelöhners Heinrich **Kortebuß** und der Gertrud **König**, die ihre Einwilligung gab („Cons. der Mutter"). TrZ Heinrich **Kortebuß** [Ia/21], der Bruder der Braut, u. Maria **Winkel**.

---

49 Adressbuch der Stadt Bochum 1874/75.

50 Adressbuch der Stadt Bochum 1889.

51 Das KBD Bochum, Heiraten 1874 wurde nur bis Ende September 1874 geführt (Stadt und Land); die Heirat am 24.10.1874 ist daher darin nicht enthalten. Das Heiratsdatum wurde aus den Aufzeichnungen des Vaters von Gerd **Kortebusch** übernommen (Brief von Gerd **Kortebusch** vom 08.06.2003). Möglicherweise fand die Heirat aber auch noch in Duisburg statt.

52 Taufregister der Kath. Pfarrkirche St. Matthias in Uerdingen-Hohenbudberg (Krefeld), Bistum Aachen, Jg. 1851, S. 146, Nr. 18. Die übrigen Angaben zu den Geschwistern und Vorfahren von <u>Maria</u> Agnes **Flock** stammen aus der Datenbank von FamilySearch und wurden nicht anhand der Originalquellen überprüft.

53 Die heutigen Duisburger Ortsteile Friemersheim und Kaldenhausen, wo die Urgroßeltern von <u>Maria</u> Agnes **Flock** lebten, liegen linksrheinisch und waren zeitweise von den Franzosen besetzt; die Vornamen wurden daher in dieser Zeit in den Kirchenbüchern auf Französisch angegeben (Antoine = Anton; Jean = Johann; Madeleine = Magdalena).

54 KBD Bochum, rk, Taufen 1851, Nr. 75, Dig. 75.

55 KBD Bochum, rk, Heiraten 1873, Nr. 255, Dig. 24.

56 Kein Taufeintrag von Heinrich **Rehermann** im KBD Bochum 1847, 1848 und 1849.

2 Kinder von Nr. 3: Elisabeth Kortebusch, verh. Paßmann

31 **Paßmann**, Johann <u>Heinrich</u>, rk, Bergmann, * 03.06.1827[57] Bochum, ~ 09.06.1827 Bochum, † 05.09.1872[58] Bochum, ☐ 07.09.1872 Bochum. TP sind Bruder Johann Heinrich **Kortebusch** [Ia/2][59], Christina **Munscheid**.
∞ 28.06.1851[60] Bochum Bernardina (<u>Dina</u>) **Brune**, * um 1827, † zw. 1872 u. 1874 Bochum. TrZ Wilhelm **Wiesmann**, Schreiner in Bochum, Elisabeth **Paßmann** [geb. **Kortebusch**; Ia/3], Bochum. Tochter des Schusters <u>Georg</u> Heinrich **Brune** und der Elisabeth **Bruns**, die am 03.11.1827[61] (ev) in Bochum heirateten. 1858[62] lebte sie mit ihrem Ehemann und den Söhnen <u>Heinrich</u> Friedrich (Ia/313; 2 Jahre) und <u>Wilhelm</u> Heinrich (Ia/311; 7 Jahre) in Haus Nr. 100, in dem auch der Kuhhirte Heinrich **Kortebusch** [Ia/2] mit seiner zweiten Ehefrau lebte. 1861[63] lebte die Familie in Haus Nr. 558a.[64] Zwei Schwestern von Dina sind bekannt: (1) Arnoldina Elisabeth **Brune**, * 20.12.1826[65] Bochum (unehelich), ~ 23.12.1826 Bochum, TP Anna **Fiege**, Anna **Strätling**. (2) Elisabeth Agnes **Brune**, * 12.12.1829[66] Bochum, ~ 21.12.1829 Bochum, TP Elisabeth **Winkelmann**, Anna Gertrud **Nehring**.

32 **Paßmann**, Anna Maria Christina <u>Elisabeth</u> („Elise"), rk, * 12.04.1829[67] Bochum, ~ 16.04.1829 Bochum, Kaplan **Vierhaus**, † zw. 1903 u. 1906 Bochum. TP Anna Maria Christina **Scheutten**, TZ Anna Christina **Winken**. Schon vor der Heirat 1858 Geburt zweier unehelicher Kinder [Ia/321 u. Ia/322].
∞ 13.02.1858[68] Bochum Johann <u>Joseph</u> **Deuters** [auch: **Deiters**], Koksbrenner, * 01.06.1826[69] Bredenborn (seit 01.01.1970 zu Marienmünster, Kr. Höxter), ~ 04.06.1828 Bredenborn, St. Josephus (rk), † vor 1875 Bochum. Josephs Großmutter vs. war Anna

---

57 KBD Bochum, rk, Taufen 1827, Nr. 28, Dig. 256.
58 KBD Bochum, rk, Tote 1872, Nr. 384, Dig. 202.
59 Hier abweichend mit dem Vornamen *Johann* (statt *Diederich*) Heinrich eingetragen.
60 KBD Bochum, rk, Heiraten 1851, Nr. 36, Dig. 103.
61 FamilySearch, Recherche vom 04.04.2018.
62 Einwohnerliste 1858, Stadtarchiv Bochum, Sign. B 2174.
63 Einwohnerliste 1861, Stadtarchiv Bochum, Sign. B 2175.
64 Ebd..
65 KBD Bochum, rk, Taufen 1826 (Stadt), Nr. 57, Dig. 259.
66 KBD Bochum, rk, Taufen 1829, Nr. 136, Dig. 294.
67 KBD Bochum, rk, Taufen 1829, Nr. 56, Dig. 286.
68 KBD Bochum, rk, Heiraten 1858 (Land), Nr. 12, Dig. 611.
69 FamilySearch, Recherche vom 04.04.2018. Von dort auch die weiteren Angaben zu den Familien **Koch** und **Deuters** aus Bredenborn.

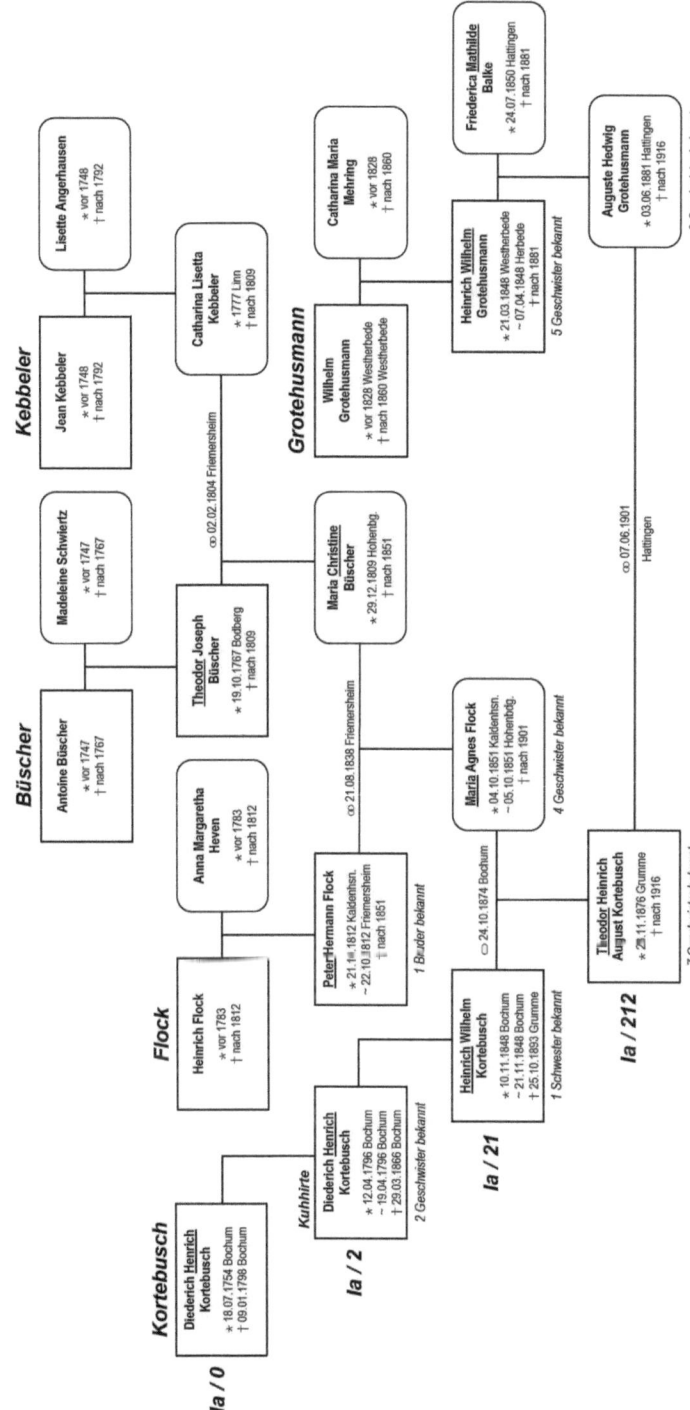

Abb. 6: Zusammenhang der Familie **Kortebusch** mit den Familien **Flock, Büscher, Kebbeler** und **Grotehusmann**. Angaben zu den Geschwistern in den Ahnenlinien **Flock** und **Grotehusmann** sind in der Datenbank des „Roland zu Dortmund" zu finden (http://tng.rolandgen.de).
(Grafik: H. Hungerige)

Margaretha **Deuters**, sein Großvater ms. Conrad **Koch**. Seine Eltern Henrich **Deuters** (* 1796) u. Elisabeth **Koch** (* 1787) heirateten am 06.03.1821 in Bredenborn. Von Joseph sind zwei Geschwister bekannt: (1) Maria Magdalena Catharina **Deuters**, * 12.05.1823 Bredenborn, ~ 18.05.1823 Bredenborn. (2) Johann Franz **Deuters**, * 01.06.1826 Bredenborn, ~ 04.06.1826 Bredenborn. Johann <u>Joseph</u> u. Johann Franz waren Zwillinge.

8 Kinder von Nr. 21: Heinrich Wilhelm Kortebusch

211   **Kortebusch**, <u>Hermann</u> Heinrich Wilhelm, 1890[70], Lehrling auf der Mühlenstr. 4, * 06.03.1875[71] Bochum, † nach 1890.

212   **Kortebusch**, <u>Theodor</u> Heinrich August, rk, Bergmann, Hauer (1905), * 23.11.1876[72] Grumme, Landkr. Bochum (seit 01.04.1904 zu Bochum), † nach 1916. 1901 war er TrZ bei seiner jüngeren Schwester [Ia/213], 1905 wohnte er auf dem Weg am Kötterberg 61a.[73]

       ∞   07.06.1901[74] Hattingen, Ennepe-Ruhr-Kr. Auguste Hedwig **Grotehusmann**, * 03.06.1881 Hattingen, Ennepe-Ruhr-Kr., † nach 1916. Sie war das 3. und jüngste Kind ihrer Eltern, des Fabrikarbeiters Heinrich <u>Wilhelm</u> **Grotehusmann**, * 21.03.1848[75] Westherbede, Witten, ~ 07.04.1848 (ev) Herbede, Witten, † nach 1881, und der Friederica <u>Mathilde</u> **Balke**, * 24.07.1850[76] Hattingen, † nach 1881. Ihre jüngeren Geschwister Ida Josephine **Grotehusmann** und Heinrich Friedrich **Grotehusmann** (* 01.04.1875 Hattingen) wurden am 09.03.1873 und am 24.04.1875 (ev) in Hattingen getauft. Ihre Vorfahren lassen sich vs. bis zu ihren Großeltern, dem Bergmann Wilhelm **Grotehusmann**[77] und Catharina Maria **Mehring** zurück-verfolgen, denen zw. 1848 u. 1860 sechs Kinder geboren wurden (Abb. 6).

213   **Kortebusch**, Maria Gertrud Christina, rk, ohne Beruf, * 25.04.1879[78] Grumme, Landkr. Bochum, † nach 1911

---

70   Adressbuch der Stadt Bochum 1890.

71   StA Bochum-Mitte, Geburtsurkunde Nr. 299/1875.

72   StA Bochum II Süd, Geburtsurkunde Nr. 1486/1876.

73   Adressbuch der Stadt Bochum 1905.

74   StA Hattingen, Heiratsurkunde Nr. 471/1901.

75   Taufregister der ev. Kirchengemeinde Herbede-Ruhr, 1848, Nr. 38.

76   Taufregister der ev. Kirchengemeinde Hattingen-Ruhr, 1850.

77   Taufregister der ev. Kirchengemeinde Herbede-Ruhr, 1848, Nr. 38.

78   StA Bochum II Süd, Geburtsurkunde Nr. 539/1879.

∞   25.01.1901[79] Gerthe (seit 01.08.1929 zu Bochum) Carl Heinrich **Schürmann**, rk, Bergmann, * 13.01.1877 Merklinde, Dortmund, † nach 1911. Sohn von Bergmann Carl **Schürmann** und Elisabeth **Strassmann**. TrZ Theodor **Kortebusch** [Ia/212], 24 Jahre, Bergmann aus Grumme (Bruder der Braut), August **Nitschke**, 25 Jahre, Bergmann aus Grumme.

214   **Kortebusch**, Helena Anna Agnes, * 06.06.1882[80] Grumme, Bochum.

215   **Kortebusch**, Maria Mathilde, * 23.10.1883[81] Grumme, Bochum.

216   **Kortebusch**, Heinrich Wilhelm Franz, * 30.06.1885[82] Grumme, Bochum.

217   **Kortebusch**, Heinrich <u>Wilhelm</u>, * 03.03.1888[83] Grumme, Bochum, gefallen 25.09.1915 Perthes, Marne, Champagne-Ardenne. Er war im I. Weltkrieg Ersatz-Reservist in der 6. Kompagnie des Niederrheinischen Regiments Nr. 39 (ab 26.10.1918 Füsilier-Regiment General Ludendorff). Er fiel während der „Champagne-Schlacht" (Sept. 1915 bis Frühjahr 1916) und wurde seit dem 13.11.1915 als vermisst geführt; als sein Todesdatum gilt der

Abb. 7: Straße Somme-Py – Tahure (Schlagbaum), Herbst 1915 (Abb. 11 aus RUDORFF 1925). In unmittelbarer Nähe fiel Heinrich Wilhelm **Kortebusch** (Ia/217) am 25.09.1915.

79   StA Gerthe, Heiratsurkunde Nr. 7/1901.

80   StA Bochum I Nord, Geburtsurkunde Nr. 412/1882.

81   StA Bochum I Nord, Geburtsurkunde Nr. 765/1883.

82   StA Bochum I Nord, Geburtsurkunde Nr. 478/1885.

83   StA Bochum I Nord, Geburtsurkunde Nr. 170/1888.

Abb. 8: Graben der vorderen Linie im Herbst 1915 (Abb. 12 aus RUDORFF 1925).

25.09.1915.[84] Rudorff (1925, S. 76f.) berichtet: „Am 23. September war die Lage insofern verändert, als der ganze Abschnitt unter schwerstem Artillerie- und Minenfeuer lag [...]. Die Nacht wurde bis zum äußersten zur Erhaltung der Verteidigungsfähigkeit der Stellung ausgenutzt. Trotzdem verschlechterte sich der Zustand weiter, da der durch das Artilleriefeuer zermürbte Boden keinerlei Festigkeit mehr besaß. [...] Während der ganzen Nacht vom 24.-25. September setzte das Trommelfeuer auch nicht eine Minute aus; am 25. September steigerte es sich schon am frühen Morgen zu äußerster Stärke." Allein am 25. September fielen 27 Soldaten, 98 wurden verwundet und 1693 galten als vermisst, darunter Wilhelm **Kortebusch**.

218   **Kortebusch**, Rosa Agnes Elisabeth, rk, * 04.01.1891[85] Grumme, Bochum, † 19.02.1892[86] Grumme Nr. 62, Bochum.

2 Kinder von Nr. 22: Catharina Helena Kortebusch, verh. Rehermann

221   **Kortebusch**, Gerhard Heinrich, rk, * 26.03.1871[87] Bochum (unehelich), ~ 01.04.1871 Bochum. Der Vater ist im Geburtseintrag nicht angegeben. TP Heinrich **Witte**.

---

84   Verlustliste Preußen 379, 1. Weltkrieg, Ausgabe 785 vom 13.11.1915, S. 10101: **Kortebusch** Wilhelm (Grumme, Bochum) sowie Verlustliste Preußen 834, 1. Weltkrieg, Ausgabe 1454 vom 15.05.1917, S. 18503: **Kortebusch** Wilhelm (Grumme); online verfügbar. Sein Geburtsdatum wird in Ausgabe 1454 fälschlich mit „3.3.86" (statt „3.3.88") angegeben. Vgl. dazu auch die Verlustliste beim Onlineprojekt Gefallenendenkmäler (http://www.denkmalprojekt.org).

85   StA Bochum I Nord, Geburtsurkunde Nr. 3/1891.

86   StA Bochum-Mitte, Sterbeurkunde Nr. 107/1892.

87   KBD Bochum, rk, Taufen 1871, Nr. 167, Dig. 286.

222 **Rehermann**, Wilhelm, Hauer, * 23.05.1874[88] Bochum, ~ 31.05.1874
Bochum, † nach 1905. Die Mutter wird im Taufeintrag als „**Kottebusch,**
Gert." aufgeführt. TP Wilhelm **Breinig**, Pf. Johannes Theodor **Cramer**
(1825–1883). Wohnte 1905 auf der Hernerstr. 113.[89]

9 Kinder von Nr. 31: Johann Heinrich Paßmann

311 **Paßmann**, Wilhelm Heinrich, * 22.11.1851[90] Bochum, ~ 30.11.1851
Bochum, Pf. **Peters**, † 21.01.1859[91] Bochum, „Nervenfieber"[92] (= Typhus),
□ 24.01.1859 Bochum. TP Henrich **Hagedorn**, Bergmann, TZ Catharina
Voß, Pf. **Peters**.
312 **Paßmann**, Helena, * 15.10.1853[93] Bochum, ~ 23.10.1853 Bochum,
† vermutl. vor 1858. TP Helena **Kracht**, TZ Johann **Paßmann**.
313 **Paßmann**, Heinrich Friedrich, Tagelöhner, * 12.07.1856[94] Bochum,
~ 20.07.1856 Bochum, Pf. Franz **Ekel** (1796–1867), † 22.03.1897[95]
Bochum, Thomasstr. 15, „Lungentuberkulose"; hinterlässt Ehefrau und
6 min. Kinder. TP Friederich **Paßmann**, Bochum, TZ Math. **Bruns**.
∞ 1876 Christine **Steinhaus**, * vor 1856, † nach 1897.
314 **Paßmann**, Elisabeth Bernhardine, * 19.06.1859[96] Bochum, ~ 21.06.1859
Bochum. TP Elise **Deiters** [Ia/32], verh. in Bochum, Wilhelm **Paßmann**.
315 **Paßmann**, Adelheid, * 18.03.1861[97] Bochum, ~ 23.03.1861 Bochum. TP
Adelheide **Goerdt**, verh. in Bochum.
316 **Paßmann**, August, * 23.09.1863[98] Bochum, ~ 27.09.1863 Bochum. TP
August **Lake**.
317 **Paßmann**, Anton, * 21.08.1865[99] Bochum, ~ 27.08.1865 Bochum. TP
Anton **Maneke**, verehel. in Bochum, TZ Franz **Bergmann**.
318 **Paßmann**, Eduard, * 19.12.1869[100] Bochum, ~ 21.12.1869 Bochum. TP
Eduard **Heinzberger**.

---

88 KBD Bochum, rk, Taufen 1874, Nr. 459, Dig. 135.
89 Adressbuch der Stadt Bochum 1905.
90 KBD Bochum, rk, Taufen 1851, Nr. 256, Dig. 93.
91 KBD Bochum, rk, Tote 1859, Nr. 9, Dig. 718.
92 Vgl. MɛTzκε 2005, S. 61.
93 KBD Bochum, rk, Taufen 1853, Nr. 128, Dig. 203.
94 KBD Bochum, rk, Taufen 1856, Nr. 99, Dig. 403.
95 StA Bochum-Mitte, Sterbeurkunde Nr. 300/1897.
96 KBD Bochum, rk, Taufen 1859, Nr. 136, Dig. 667.
97 KBD Bochum, rk, Taufen 1861 (Land), Nr. 79, Dig. 122.
98 KBD Bochum, rk, Taufen 1863, Nr. 248, Dig. 274.
99 KBD Bochum, rk, Taufen 1865 (Stadt), Nr. 235, Dig. 86.
100 KBD Bochum, rk, Taufen 1869 (Stadt), Nr. 579, Dig. 47.

319 **Paßmann**, Maria Josepha, * 19.12.1869[101] Bochum, ~ 21.12.1869 Bochum. TP Josefa **Kube**.

3 Kinder von Nr. 32: Anna Maria Christina Elisabeth Paßmann, verh. Deuters

321 **Paßmann**, Johann <u>Heinrich</u>, Tagelöhner, Gerberstr. 22 (1892), * 14.06.1850[102] Bochum (unehelich), ~ 22.06.1850 Bochum, Pf. **Peters**, † 1929[103] Bochum. TP Henrich **Paßmann**, unv. in Bochum.
   - ∞ I.   25.06.1875[104] Bochum <u>Auguste</u> Wilhelmine **Meyer**, * um 1847 Christburg (Dzierzgoń[105], Pommern, Polen), † zw. 1883 u. 1892 Bochum. TrZ Maurer Gabriel **Reisdorf**[106] (1844–1888; **Reisdorf** wohnte bis zu seinem Tod Gerberstr. 25, war also ein Nachbar), 31 Jahre; Tagelöhner August **Bredenbröker**, 26 Jahre.
   - ∞ II.   09.12.1892[107] Bochum Friederika **Müller** verw. **Ronsdorf**, * 10.07.1850 Bochum, † 1933[108] Bochum. TrZ Fabrikarbeiter Heinrich **Paßmann** [Ia/313], 36 Jahre, Altenmarkt 11; Bergmann Joseph **Möller**, 36 Jahre, Hamme.
322 **Paßmann**, Elisabetha, * 26.03.1853[109] Bochum (unehelich), ~ 28.03.1853 Bochum, Pf. **Peters**, † 1935[110] Dortmund. TP Elisabeth **Otto**, unv. in Bochum.
   - ∞   14.02.1876[111] Bochum Johannes **Heuser**, * 31.12.1854 Siegburg Mülldorf, Rhein-Sieg-Kreis.
323 **Deuters**, Henrich Joseph, * 13.07.1864[112] Bochum, ~ 24.07.1864 Bochum. TP Henrich Wilhelm **Paßmann**, verehelicht in Bochum.

---

101   KBD Bochum, rk, Taufen 1869 (Stadt), Nr. 580, Dig. 47. Vermerk Vornamen-Spalte: „Zwillinge".
102   KBD Bochum, rk, Taufen 1850, Nr. 117, Dig. 19.
103   StA Bochum-Mitte, Sterbeurkunde Nr. 2277/1929.
104   StA Bochum-Mitte, Heiratsurkunde Nr. 191/1875.
105   Eine Kleinstadt im Powiat Sztumski der polnischen Wojewodschaft Pommern.
106   Ururgroßvater vs. d. Verf.
107   StA Bochum-Mitte, Heiratsurkunde Nr. 421/1892.
108   StA Bochum-Mitte, Sterbeurkunde Nr. 1297/1933.
109   KBD Bochum, rk, Taufen 1853, Nr. 42, Dig. 195. Tauf- und Geburtsdatum wurden im KBD vertauscht.
110   StA Dortmund-Mitte, Sterbeurkunde Nr. 1252/1935.
111   StA Bochum-Mitte, Heiratsurkunde Nr. 25/1876.
112   KBD Bochum, rk, Taufen 1864, Nr. 207, Dig. 18.

1 Kind von Nr. 212: Theodor Heinrich August Kortebusch

2121 **Kortebusch**, <u>Helmuth</u> Heinrich, * 03.05.1916[113] Linden (seit 01.08.1929 zu Bochum), ~ 28.05.1916 Linden, Bochum, gefallen 01.01.1945[114] Zwoleń, Mazowieckie, Polen. TP Heinrich **Kortebusch**. Heirat 1942, ein Sohn bekannt. Nach den dem *Volksbund Deutsche Kriegsgräberfürsorge* vorliegenden Informationen wird Helmuth **Kortebusch** seit dem 01.01.1945 vermisst. In dem Gedenkbuch des Friedhofes Puławy (Mittelstadt in Polen an der Weichsel in der Wojewodschaft Lublin) wurden sein Name und die persönlichen Daten verzeichnet. Seit dem 07.10.2000 ruht er auf der Kriegsgräberstätte *Deutscher Soldatenfriedhof Puławy*, Polesie Duże, 24-122 Góra Puławska.

2 Kinder von Nr. 213: Maria Gertrud Christina Kortebusch, verh. Schürmann

2131 **Schürmann**, Hermann Heinrich Theodor, * 03.03.1907[115] Bottrop, † nach 1950
  ∞ I. 08.03.1932 Hünxe, Wesel
  ∞ II. 18.03.1950 Voerde, Wesel
2132 **Schürmann**, Theodor <u>Franz</u>, * 05.12.1911 Kirchhellen, Bottrop, † nach 1946
  ∞ I. 15.08.1939 Kirchhellen, Bottrop
  ∞ II. 30.11.1946 Moers, Wesel

2 Kinder von Nr. 321: Johann Heinrich Paßmann

3211 **Paßmann**, Heinrich Wilhelm, Arbeiter, * 22.07.1875 Bochum, † nach 1911
  ∞ 09.11.1911[116] Bochum Berta **Kreß**, * vor 1891
3212 **Paßmann**, Wilhelm, Bierfahrer, * 15.10.1883 Bochum, † 05.11.1957 Bochum
  ∞ 30.10.1919[117] Bochum Johanna **Keil**, * vor 1899

---

113 StA Bochum-Linden, Geburtsurkunde Nr. 161/1916 sowie Taufregister Bochum-Linden 1916, Nr. 54. Im Deutschen Geschlechterbuch (Genealogisches Handbuch Bürgerlicher Familien), Bd. 173, 1976, S. 66, ist als Geburtsdatum der 03.05.1917 angegeben.

114 Volksbund – Deutsche Kriegsgräberfürsorge (http://www.volksbund.de/graebersuche.html).

115 StA Bochum, Heiratsurkunde Nr. 7/1901 (Nebeneintrag). Von dort auch die folgenden Angaben.

116 StA Bochum-Mitte, Heiratsurkunde Nr. 1047/1911.

117 StA Bochum-Mitte, Heiratsurkunde Nr. 1428/1919.

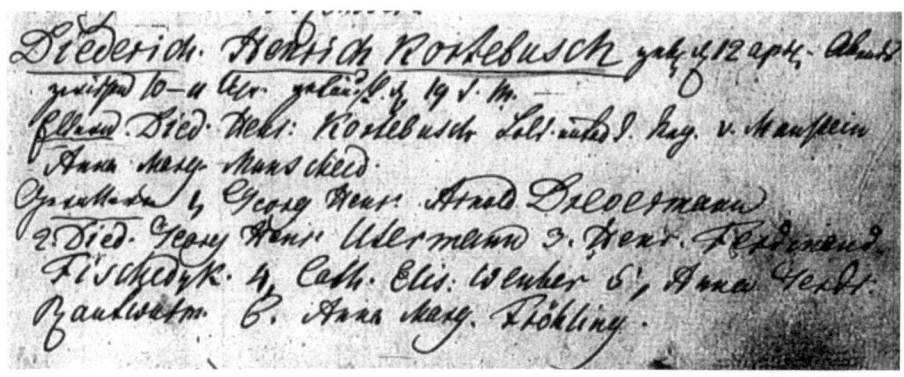

Abb. 9: Taufeintrag (Ausschnitt, re. Seite) des Bochumer Kuhhirten Diederich Henrich
Kortebusch [Ia/2] vom 16. April 1796. Quelle: Landeskirchliches Archiv der Ev. Kirche von
Westfalen, Kirchenkreis Bochum, Bochum, Taufen 1780–1802, Bd. 4, Dig. 278, Mikrofilm
1177/1178 (www.archion.de). Transkription: „Diederich Henrich **Kortebusch** geb. d[en] 12 Apr[il]
Abends | zwischen 10-11 Uhr getauft d[en] 19 d[ieses] M[onats] | Eltern: Died[erich] Henr[ich]
Kortebusch Sold[dat] unter d[em] Reg[iment] **v[on] Manstein** | Anna Marg[aretha] **Munscheid**
| Gevattern: 1. Georg Henr[ich] Arnold **Drevermann** | 2. Died[erich] Georg Henr[ich] **Utermann**
3. Henr[ich] Ferdinand | **Fischedyk** 4. Cath[arina] Elis[abeth] **Wenber** 5. Anna Gerdr[ud] |
Bautwurm 6. Anna Marg[arete] **Fröhling**".

Abb. 10: Sterbeeintrag (Ausschnitt, li. Seite) des Grenadiers Diederich Henrich **Kortebusch**
(Ia/0; Vater des Kuhhirten, hier als Lundwig **Cortebus** eingetragen) vom 9. Januar 1798.
Quelle: Landeskirchliches Archiv der Ev. Kirche von Westfalen, Kirchenkreis Bochum, Bochum,
Beerdigungen 1780–1799, Bd. 24, S. 275, Dig. 166, Mikrofilm 1187/1188 (www.archion.de).
Transkription: „Lundwig **Cortebus** | aus der ade[ligen] Baut Bredenscheid, welcher 19 | Jahr
Soldat – mit Anna Marg. **Monscheid** | verehelicht gewesen, und mit derselben – | 3 Kinder ge-
zeugt hat wovon noch 2 | leben, starb an der Auszehrung | d. 9 Januar 1798 morgens 7 Uhr | alt
43 Jahr 6 Monat 9 Tage - - | beerdigt d. 11 d. M.".

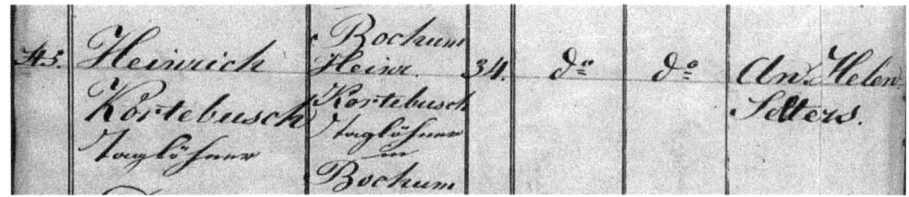

Abb. 11: Heiratseintrag (Ausschnitt, li. Seite) des Kuhhirten Heinrich **Kortebusch** [Ia/2] mit seiner I. Ehefrau Anna <u>Helena</u> **Selters**, verw. **Bode**, am 16. Februar 1830. Quelle: Kath. Kirche Bochum, KBD 1815–1874, Taufen, Heiraten, Tote; Heiraten 1830, Nr. 5, Dig. 370 (www.familysearch.org).

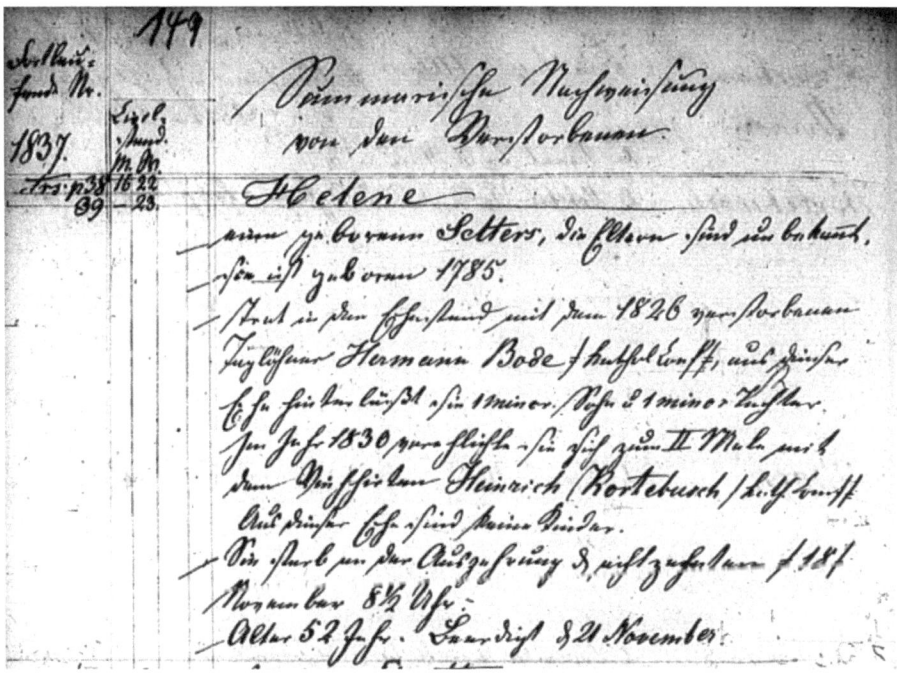

Abb. 12: Sterbeeintrag (Ausschnitt, li. Seite) von Anna <u>Helena</u> **Selters**, verw. **Bode**, der ersten Ehefrau des Kuhhirten, vom 18. November 1837. **Kortebusch** [Ia/2] wird hier erstmals als „Viehhirte" genannt. Quelle: Landeskirchliches Archiv der Ev. Kirche von Westfalen, Kirchenkreis Bochum, Bochum, Beerdigungen 1820–1846, Bd. 44, Dig. 172, Mikrofilm 1198/1199 (www. archion.de). Transkription: „Helene | eine geborene **Selters**, die Eltern sind unbekannt. | sie ist geboren 1785 | trat in den Ehestand mit dem 1826 verstorbenen | Taglöhner Hermann **Bode** [kath. Conf.], aus dieser | Ehe hinterläßt sie 1 minor. Sohn u. 1 minor. Tochter | Im Jahr 1830 verehelichte sie sich zum II. Mal mit | dem Viehhirten Heinrich **Kortebusch** [kath. Conf.] | Aus dieser Ehe sind keine Kinder | Sie starb an der Auszehrung d. achtzehnten [18] | November 8 ½ Uhr. | Alter 52 Jahr. Beerdigt d. 21. November".

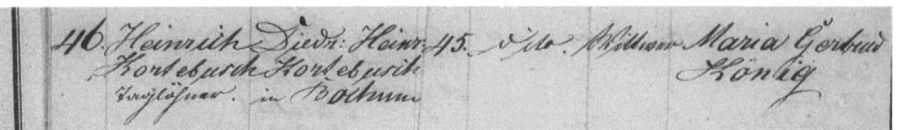

Abb. 13: Heiratseintrag (Ausschnitt, li. Seite) des Kuhhirten Heinrich **Kortebusch** mit seiner II. Ehefrau Maria <u>Gertrud</u> **König** am 31. Oktober 1846. Quelle: Kath. Kirche Bochum, KBD 1815–1874, Taufen, Heiraten, Tote; Heiraten 1846, Nr. 46, Dig. 545 (www.familysearch.org).

NFL Ib:
Nachfahren von Anna Margaretha Munscheid (Mutter des Bochumer Kuhhirten Heinrich Kortebusch) aus ihrer II. Ehe mit Heinrich Wilhelm Koch

[0]   **Koch**, <u>Heinrich</u> (Hein) Wilhelm, Tagelöhner, * um 1784, † nach 1829, Sohn des Tagelöhners u. Steinhauers Heinrich **Koch**. Er saß 1810 zum Zeitpunkt der Geburt seiner zweiten Tochter [Ib/2] in Altena im Gefängnis (Abb. 14).[118] Im Jahre 1776 hatten die Preußen dort auf der Burg Altena das *Criminal- und Civil-Gefängnis* für die Grafschaft Mark eingerichtet; 1811 wurde dieses Gefängnis unter Napoleon geschlossen und nach Werden verlegt.

∞ I.   vor 1806 Anna <u>Margaretha</u> **Munscheid**, * um 1768 Bochum, † 28.11.1828[119] Bochum (Abb. 15), „Brustfieber" (Lungenentzündung).[120] Zu den Kindern aus Margarethas I. Ehe (1790) mit dem Grenadier Diederich <u>Heinrich</u> **Kortebusch** (1754–1798) → **NFL 1a**. Bei ihrem Tod 1828 hinterließ Margaretha ihren II. Ehemann „Hein **Koch**" und „zwey Minorene Kinder" [Ib/1 u. Ib/2].

∞ II.   30.06.1829[121] Bochum Anna Margaretha **Muhtman**, * um 1788, † nach 1829, Tochter des Johann Wilhelm **Muhtman**, Tagelöhner aus Harpen. Aus dieser Ehe sind keine Kinder bekannt.

2 Kinder von Nr. [0]: Heinrich Wilhelm Koch

1   **Koch**, Anna Maria, * um 1806, † nach 1851
∞   24.01.1830[122] Bochum Johann <u>Heinrich</u> **Hagedorn**, Bergmann, * um 1807, † nach 1851. Sohn des Johann **Hagedorn**, Bergmann aus Steele. TrZ: Wilhelm **Schneider**, Elisabeth **Küpper**, Pf. Franz **Ekel** (1796–1867)

---

118   ZSR Bochum, Geburten 1810, Nr. 75, Dig. 51.
119   KBD Bochum, rk, Tote 1828, Nr. 35, Dig. 317.
120   Vgl. Metzke 2005.
121   KBD Bochum, rk, Heiraten 1829, Nr. 18, Dig. 307.
122   KBD Bochum, rk, Heiraten 1830, Nr. 1, Dig. 370.

2   **Koch**, Helena Christina Elisabeth, * 23.02.1810[123] Bochum (Abb. 14)

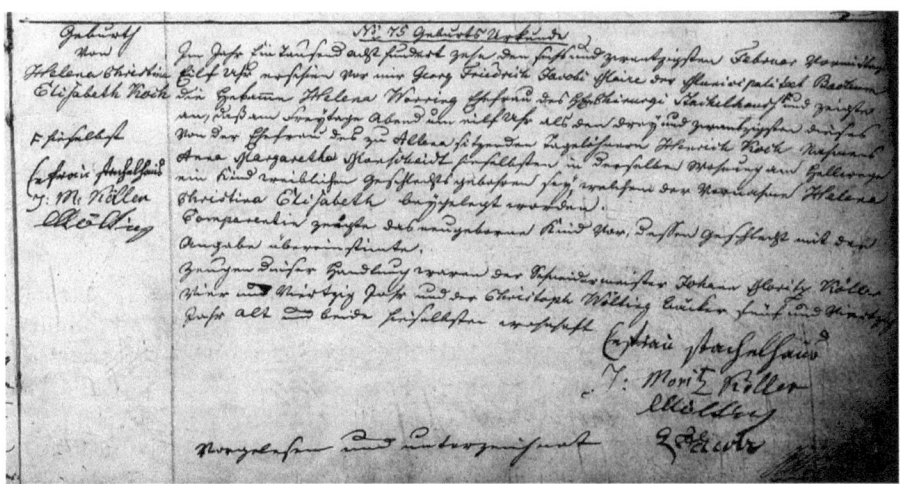

Abb. 14: Geburtseintrag von Helena Christina Elisabeth **Koch** [Ib/2] am 23. Februar 1810. Quelle: ZSR Bochum, Geburten 1810, Nr. 75, Dig. 51 (www.familysearch.org). Transkription: „Nr. 75 Geburts Urkunde | Im Jahr Eintausend acht hundert zehn den sechsundzwantzigsten Februar vormittags | Eilf Uhr erschien vor mir Georg Friedrich **Jacobi**[124] Maire der Municipaliteet Bochum | die Hebamme Helena **Worring** Ehefrau des H. Ew. [?] Chirurgi **Stachelhaus** [*Einschub:* hieselbst] und zeigte | an, daß am Freytagen Abend um eilf Uhr als den dreyundzwantzigsten dieses [*Monats*] | von der Ehefrau des zu Altena sitzenden Tagelöhners Henrich **Koch** Nahmens | Anna Margaretha **Monscheidt** hieselbsten in derselben Wohnung am Hellwege | ein Kind weiblichen Geschlechts gebohren sey, welchem der Vornahmen Helena | Christina Elisabeth beygelegt worden. | Comparentin zeigte das neugebohrene Kind vor, dessen Geschlecht mit den | Angaben übereinstimmte. | Zeugen dieser Handlung waren der Schneidermeister Johann Moritz **Köller** | vier und vierzig Jahr und der Christoph **Wölting** Bäcker [?] fünf und vierzig | Jahr alt und beide hierselbsten wohnhaft. | [*Unterschriften:*] Ehefrau **Stachelhaus** | J. Moritz **Köller** | **Wölting** | vorgelesen und unterzeichnet | **Jacobi**".

8 Kinder von Nr. 1: Anna Maria Koch, verh. Hagedorn

11   **Hagedorn**, Anna Christina (<u>Stina</u>), * 22.06.1830 Bochum, ~ 27.06.1830[125] Bochum. TP Anna Christina **Kortebusch** [evtl. III/1].

---

123   ZSR Bochum, Geburten 1810, Nr. 75, Dig. 51.

124   Dr. Georg Friedrich **Jacobi** (1739–1822), Advokat am Bochumer Landgericht, vom 23.12.1772 bis 1816 erster Bürgermeister von Bochum, Amtseinführung am 30.03.1773 mit einem Jahressold von 40 Reichstalern. Sohn von Johann Konrad **Jacobi** († 1786; vgl. DARPE 1894, Bd. II/C, S. 402f.).

125   KBD Bochum, rk, Taufen 1830, Nr. 53, Dig. 346. Die Dig. 346 u. 356 sind ident.; 356 ist beschädigt.

12   **Hagedorn**, Wilhelmina, * 11.07.1831[126] Bochum, ~ 17.07.1831 Bochum. TP Margr. **Fellermann**, Anna <u>Helena</u> **Kortebusch** [geb. **Selters**, die Frau des Kuhhirten].

13   **Hagedorn**, N.N., * 01.12.1835[127] Bochum, † 01.12.1835 Bochum („Ein todt geborenes Kind männlichen Geschlechts").

14   **Hagedorn**, Hellena Christina, * 21.12.1836[128] Bochum, ~ 26.12.1836 Bochum. TP Anna Gerdruht **Bodde**, Heinrich **Koch** [Ib/0; der Großvater des Kindes].

15   **Hagedorn**, <u>Johann</u> Heinrich, * 17.07.1841[129] Bochum, ~ 25.07.1841 Bochum, † nach 1869

      ∞   29.04.1869[130] Bochum Maria **Schäfer**, Witwe, * um 1826, † nach 1869, TrZ Ferdinand **Wibel**, Wilhelm **Wolf**. Tochter von Johann **Schäfer** u. Susanna **Schnorrbusch**.

16   **Hagedorn**, August, * 07.11.1842[131] Bochum, ~ 08.11.1842 Bochum. TP Anna <u>Catharina</u> **Bode** [Ie/4], Heinrich **Uhlenbruch**.

17   **Hagedorn**, Helena, * 11.02.1845[132] Bochum, ~ 16.02.1845 Bochum. TP Heinrich **Buschmann**, Sohn des Wilhelm **Buschmann** aus Bochum.

18   **Hagedorn**, N.N., * 07.05.1851 Bochum, † 07.05.1851[133] Bochum, „Krämpfe", „Ein Kind männl. Geschl.", ☐ 10.05.1851 Bochum.

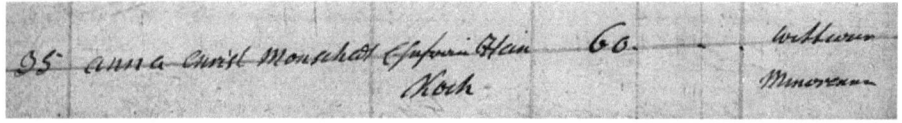

Abb. 15: Sterbeeintrag (Ausschnitt, li. Seite) von Anna Christ. (eigentl.: Margaretha) **Monscheidt** [**Monscheid**], der Mutter des Bochumer Kuhhirten, am 28. November 1828. Quelle: Kath. Kirche Bochum, KBD 1815–1874, Taufen, Heiraten, Tote, Nr. 35, Dig. 317 (www.familysearch.org).

---

126   KBD Bochum, rk, Taufen 1831, Nr. 86, Dig. 398.

127   KBD Bochum, rk, Tote 1835, Nr. 147, Dig. 565.

128   KBD Bochum, rk, Taufen 1836, Nr. 200, Dig. 36.

129   KBD Bochum, rk, Taufen 1841, Nr. 120, Dig. 260.

130   KBD Bochum, rk, Heiraten 1869, Nr. 48, Dig. 80.

131   KBD Bochum, rk, Taufen 1842, Nr. 172, Dig. 316.

132   KBD Bochum, rk, Taufen 1845, Nr. 35, Dig. 467.

133   KBD Bochum, rk, Tote 1851, Nr. 105, Dig. 121. Kein Taufeintrag.

NFL Ic:
Nachfahren von Heinrich Paßmann
(Schwiegervater der Schwester des Bochumer Kuhhirten Heinrich Kortebusch)

[0] **Paßmann**, Heinrich, Tagelöhner in Bochum (1862), * vor 1782, † nach 1862.
   ∞   vor 1801 Anna <u>Elisabeth</u> **Linning**, * vor 1782, † nach 1862.

3 Kinder von Nr. [0]: Heinrich Paßmann

1 **Paßmann**, Heinrich, Nachtwächter, * um 1801, † 1883[134]. Lebte mit seiner Frau A. Mar. **Munscheid** und ihren Kindern lt. Einwohnerlisten 1840[135] in Haus Nr. 323, 1846[136] in Haus Nr. 324, 1861[137] wieder (alleine) in Haus Nr. 323.

2 **Paßmann**, Johann <u>Wilhelm</u>, Tagelöhner (1827), Bergmann (1851), * um 1802 Bochum, † 26.06.1864[138] Bochum, □ 30.06.1864 Bochum, „Auszehrung"; wohnte 1840 in Bochum in Haus Nr. 112c (Schützenbahn).[139]
   ∞ I.   18.04.1826[140] Bochum (Abb. 16) Elisabeth **Kortebusch** [Ia/3], * um 1798, † 17.12.1861[141] Bochum, TrZ Heinrich **Heidfeld**, Heinrich **Schneider**.
        – hier weiter mit NFL Ia –
   ∞ II. 27.09.1862[142] Bochum (Abb. 17) Sibilla Wilhelmina (<u>Mina</u>) **Kordell** [**Cordell**, **Kortelen**, Id/1], * um 1810 Recklinghausen, † 17.07.1874[143] Bochum, □ 20.07.1874 Bochum, „Wassersucht". TrZ August **Lange**, verh. in Bochum, Ehefrau **Wegmann**. Keine Kinder aus dieser Ehe. Tochter von H. H. **Cordell** [Id/0] und M. A. **Asbeck** → **NFL Id**. Mina **Kordell** war in I. Ehe mit Moritz **Schemberg** verheiratet → **NFL Id**.

3 **Paßmann**, Anna Maria Christina, * 02.10.1812[144] Bochum, TP Johann **Engelhard**, 40 Jahre, Schmied in Bochum, Johann Georg **Schürmann**, 38 Jahre, Bochum.

---

134 Rudzinski 2018.
135 Einwohnerliste 1840, Stadtarchiv Bochum, Sign. B 2169.
136 Einwohnerliste 1846, Stadtarchiv Bochum, Sign. B 2171.
137 Einwohnerliste 1861, Stadtarchiv Bochum, Sign. B 2175.
138 KBD Bochum, rk, Tote 1864 (Stadt), Nr. 81, Dig. 58.
139 Einwohnerliste 1840, Stadtarchiv Bochum, Sign. B 2169.
140 KBD Bochum, rk, Heiraten 1826 (Stadt), Nr. 6, Dig. 296.
141 KBD Bochum, rk, Tote 1861 (Stadt), Nr. 200, Dig. 163.
142 KBD Bochum, rk, Heiraten 1862 (Stadt), Nr. 53, Dig. 225.
143 KBD Bochum, rk, Tote 1874, Nr. 334, Dig. 262.
144 ZSR Bochum, Geburten 1812, Nr. 160, Dig. 90.

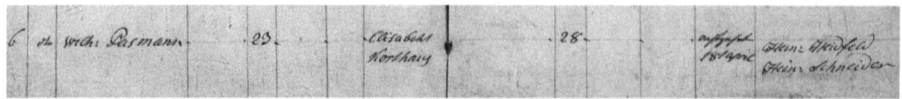

Abb. 16: Heiratseintrag von Elisabeth **Korthaus** [Kortebusch; Ia/3], der Schwester des Kuhhirten, mit Johann Wilhelm **Pasmann** [Paßmann; Ic/2] am 18. April 1826. Quelle: Kath. Kirche Bochum, KBD 1815–1874, Taufen, Heiraten, Tote, Nr. 6, Dig. 296 (www.familysearch.org).

NFL Id:
Nachfahren von Hermann Heinrich Cordell (Vater der II. Ehefrau des verw. Ehemanns der Schwester des Bochumer Kuhhirten Heinrich Kortebusch)

[0] **Cordell**, Hermann Heinrich, Schmied in Recklinghausen, * 21.12.1776[145] Recklinghausen, † nach 1862.
∞   29.11.1801 Recklinghausen Maria Sibilla **Asbeck**, * 14.09.1774 Recklinghausen, † nach 1862.

4 Kinder von Nr. [0]: Hermann Heinrich Cordell

1 **Kordell [Cordell, Kortelen]**, Sibilla Wilhelmina (Mina), * um 1810 Recklinghausen, † 17.07.1874[146] Bochum, □ 20.07.1874 Bochum, „Wassersucht" (also vermutl. Herzversagen). Beerdigung durch Pf. Johannes Theodor **Cramer** (1825–1883), der das Pfarramt 1868 nach dem Tod von Franz **Ekel** (1796–1867) übernommen hatte.
∞ I.   10.05.1838[147] Bochum Moritz **Schemberg**, * um 1813, † nach 1844. TrZ Anna Maria **Ohrbeck**, Franz **Cruismann**, Trauung durch Kaplan **Auvermann**. Sohn von Diederich **Schemberg**, Bote in Bochum.
∞ II.   27.09.1862[148] Bochum (Abb. 17) Johann Wilhelm **Paßmann** [Ic/2], Tagelöhner (1827), Bergmann (1851), * um 1802 Bochum, † 26.06.1864[149] Bochum. TrZ August **Lange**, verh. in Bochum, Ehefrau **Wegmann**. Keine Kinder aus dieser Ehe.
2 **Cordell**, Angela, * 07.02.1810 Recklinghausen.
3 **Cordell**, Carl Hermann, * 28.08.1813 Recklinghausen, ~ 29.08.1813 Recklinghausen (Stadt), St. Peter.

---

145 FamilySearch, Recherche vom 17.02.2018, Pedigree Resource File, am 13.09.2015 eingereicht von Felix Weigand. Von dort auch die weiteren Daten aus Recklinghausen in dieser Linie.
146 KBD Bochum, rk, Tote 1874 (Stadt), Nr. 334, Dig. 262.
147 KBD Bochum, rk, Heiraten 1838, Nr. 11, Dig. 124.
148 KBD Bochum, rk, Heiraten 1862 (Stadt), Nr. 53, Dig. 225.
149 KBD Bochum, rk, Tote 1864 (Stadt), Nr. 81, Dig. 58.

4   **Cordel**, Anna Maria Catharine, * 24.07.1818 Recklinghausen, ~ 25.07.1818 Recklinghausen (Stadt), St. Peter.

3 Kinder von Nr. 1: Sibilla Wilhelmina Kordell, verh. Schemberg

11   **Schemberg**, Heinrich Moritz, * 14.04.1839[150] Bochum, ~ 21.04.1839 Bochum. TP Heinrich **Römer**, Heinrich **Klute**.
12   **Schemberg**, Christina Franziska, * 23.01.1841[151] Bochum, ~ 31.01.1841 Bochum. TP Christina **Potthoff**, Moritz **Stuffen**.
13   **Schemberg**, Friedrich, * 31.12.1843[152] Bochum, ~ 07.01.1844 Bochum. TP Friedrich **Callenberg**, Elisabeth **Kleberg**.

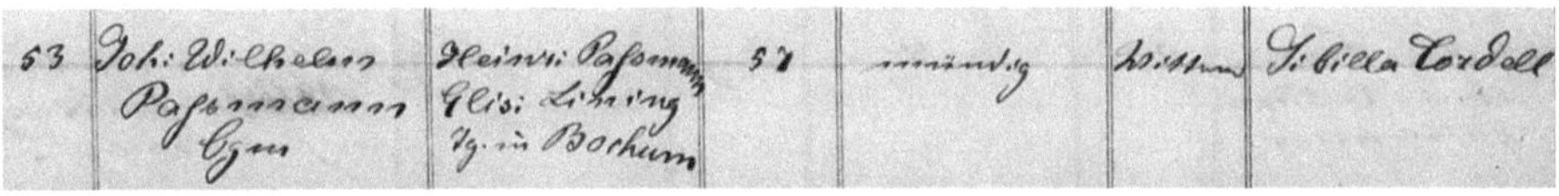

Abb. 17: Eintrag (Ausschnitt, li. Seite) der II. Ehe von Johann <u>Wilhelm</u> **Paßmann** [Ic/2] mit Sibilla Wilhelmina (<u>Mina</u>) **Cordell** [Kordell, Kortelen; Id/1] am 27. September 1862. Quelle: Kath. Kirche Bochum, KBD 1815–1874, Taufen, Heiraten, Tote, Nr. 53, Dig. 225 (www.familysearch.org).

NFL Ie:
Nachfahren von Anna Helena Selters (I. Ehefrau des Bochumer Kuhhirten Heinrich Kortebusch) aus ihrer I. Ehe (1817) mit Heinrich Wilhelm Bode

[0]   **Bode**, Henrich <u>Wilhelm</u>, Tagelöhner, * 1792 Altenbochum, Bochum, † 1826. Sohn des Altenbochumer Ziegelbäckers[153] Henrich **Bode** (1761–12.09.1830, „Altersschwäche")[154].

∞   10.02.1817[155] (Abb. 18) Bochum Anna <u>Helena</u> **Selters** [**Selter**, **Zelter**], * 1785, † 18.11.1837[156] (Abb. 12) Bochum. TrZ Anton **Schorreck**, Johann Heinrich **Paßmann**. Zu den Nachfahren Helenas aus ihrer II. Ehe (1830) mit dem Bochumer Kuhhirten → **NFL 1a**. Helena erlebte die Geburt ihrer Enkel aus der Ehe ihrer

---

150   KBD Bochum, rk, Taufen 1839, Nr. 63, Dig. 152.
151   KBD Bochum, rk, Taufen 1841, Nr. 12, Dig. 251.
152   KBD Bochum, rk, Taufen 1844, Nr. 221, Dig. 377.
153   Zu den Ziegelbäckern in Bochum vgl. SPICHARTZ 2010, 2011.
154   KBD Bochum, rk, Tote 1830, Nr. 61 Dig. 383.
155   KBD Bochum, rk, Heiraten 1817 (Stadt), Nr. 3, Dig. 140.
156   KB Bochum, ev.-luth., Bd. 44, Beerdigungen 1837, S. 149, Dig. 172.

Tochter Catharina [Ie/4] nicht mehr: Nur sieben Jahre nach ihrer II. Heirat (1830) mit dem Kuhhirten **Kortebusch** [Ia/2] starb sie 1837 an „Auszehrung". Obwohl in diesem Jahr nur H. **Koch** (vermutlich Kortebuschs Stiefvater; Ib/0), Wilhelm **Schwarze**, Wilhelm **Ronsdorf** und Anna Stina **Bode** als Hirten angestellt waren[157] (für jeweils 25 Thlr. Hütegeld), wurde in ihrem Sterbeeintrag **Kortebusch** erstmals als „Viehhirte" angegeben.

5 Kinder von Nr. [0]: Henrich Wilhelm Bode

1   **Selters**, Henrich Wilhelm, * 25.02.1814[158] Bochum Nr. 276 (im „Katzenhagen"; unehelich), † 22.07.1814 Bochum im Alter von 5 Monaten
2   **Bode**, Henrich Wilhelm, * 12.03.1816[159] Bochum (unehelich), ~ 19.03.1816 Bochum, vermutl. früh verstorben.[160] TP Elisabeth **Schulte in der Ladbeck**.
3   **Bode**, Henrich Wilhelm, 5. Ulanen-Regiment Düsseldorf, * 18.03.1817[161] Bochum (fünf Wochen nach der Heirat), ~ 23.03.1817 Bochum, † nach 1840. TP Theodor **Bode**, Anna Mar. **Cruismann**; Pf. Johannes Moritz **Fiege** (1763–1829). Seit dem 1. Oktober 1837 (1 ½ Monate vor dem Tod seiner Mutter Helena) diente der 20-Jährige im 5. Ulanen-Regiment unter Carl Ludwig **Vitzthum von Eckstädt** (1788–1863) in Düsseldorf.[162]
4   **Bode**, Anna Catharina Regina Elisabeth, * 06.03.1820[163] Bochum, ~ 11.03.1820 Bochum, † nach 1860. „Gevattern": Elisa Maria **Schreier zu Rechen**, Anne Regine **Knotte**, Diederich **Feldermann**. Sie wird in den Einwohnerlisten 1840 und 1843[164] als „Stieftochter" des Kuhhirten Heinrich **Kortebusch** [Ia/2] aufgeführt, wo die 17-Jährige auch nach dem Tod ihrer Mutter (1837) verblieb. Mit 24 Jahren, am 14.07.1845[165], wurde

---

157   HÖFKEN 1930, S. 10.
158   ZSR Bochum, Geburten 1814, Nr. 39 (nicht digitalisiert; Stadtarchiv Bochum, Sign. B 2017).
159   KBD Bochum, rk, Taufen 1816, Nr. 47, Dig. 24.
160   Der Todeseintrag konnte bisher nicht gefunden werden. Im Taufeintrag wird er als „ehelich" geführt. Der frühe Tod ist nur eine Vermutung: PAULUS (2005) bringt mehrere Beispiele, an denen deutlich wird, dass identische Vornamen bei Kindern auch dann häufig waren, wenn die erstgeborenen gleichnamigen Geschwister *nicht* verstorben waren.
161   KBD Bochum, rk, Taufen 1817, Nr. 25, Dig. 37.
162   Er wird in der Einwohnerliste 1840 (Stadtarchiv Bochum, Sign. B 2169) im Eintrag von Haus Nr. 100, wo der Tagelöhner und Kuhhirte Heinrich **Kortebusch** nach dem Tod seiner ersten Frau zusammen mit seiner Stieftochter [Ie/4] lebte, in einer Randbemerkung erwähnt.
163   KB Bochum, ev.-luth., Bd. 5, Taufen 1820, Nr. 11, Dig. 211. Taufdatum bei FamilySearch falsch mit 11.05.1820 angegeben.
164   Einwohnerlisten 1840 (Sign. B 2169) und 1843 (Sign. B 2170), Stadtarchiv Bochum.
165   KBD Bochum, rk, Heiraten 1845, unter Nr. 20 (keine eigene Nummer, da der Eintrag nur die Dimission (Entlassung) aus der Pfarrei nach Blankenstein enthält), Dig. 493.

sie zwecks Eheschließung „mit Consens des Gerichts" vom Bochumer Pf. Franz **Ekel** (1796–1867) nach Blankenstein entlassen (Dimission).

∞   20.07.1845[166] Blankenstein, Ennepe-Ruhr-Kr. Caspar **Runge**, * zw. 1816 u. 1817 Blankenstein, Ennepe-Ruhr-Kr., † nach 1860. Jüngstes Kind von Johann **Runge** und Anna Elisabeth **Sasse**; seine älteren Geschwister Johann Heinrich (* 1796), Dorothea (* 1806), Maria Elisabeth (* 1808) und Elisabeth (* 1810) wurden ebenfalls in Blankenstein geboren.

5   **Bode**, Peter Konrad Hermann, * 24.04.1823[167] Bochum, ~ 27.04.1823 Bochum, † 13.02.1824[168] Bochum. TP: Peter **Kasatti**, Conrad **Heisner**. (Bei dem ersten TP handelt es sich wahrscheinlich um den am 09.10.1830[169] in Bochum verstorbenen Barometermacher Peter Ludwig **Cassatti**, Ehemann von Anna Maria **Stodt**. Er hinterließ bei seinem Tod 1830 („Lungenschwindsucht") die „Gattin und 5 Minorenne".) – Als Todesursache ist „Epilepsi" angegeben, damals zumeist eine allgemeine Bezeichnung für Krampfleiden aller Art.

7 Kinder von Nr. 4: Anna Catharina Regina Elisabeth Bode, verh. Runge

41   **Bode**, Johann Heinrich, * 16.05.1842[170] Bochum (unehelich), ~ 22.05.1842 Bochum, TP Henrich **Struth**, TZ Mina **Hagedorn**.

42   **Runge**, Friederich, * 05.01.1845, ~ 15.01.1845 Blankenstein, Ennepe-Ruhr-Kr.

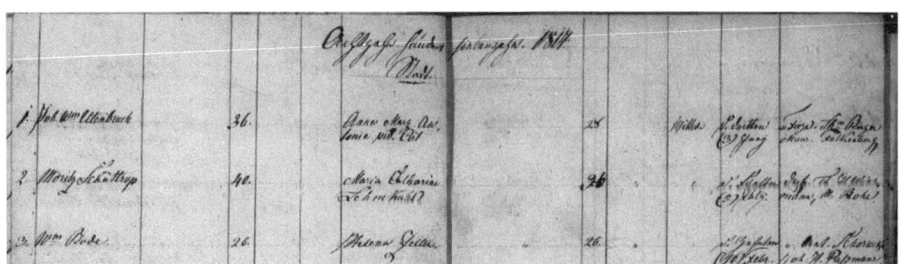

Abb. 18: Eintrag (unten, Nr. 3) der I. Ehe von Anna Helena Zelter [Selters] mit dem Tagelöhner Henrich Wilhelm **Bode** [le/0] am 10. Februar 1817. Sie heiratete 1830 in II. Ehe den Kuhhirten **Kortebusch**. Quelle: Kath. Kirche Bochum, KBD 1815–1874, Taufen, Heiraten, Tote, Nr. 3, Dig. 140 (www.familysearch.org). Proklamation am 26. Januar, 2. Februar und 9. Februar 1817, Dimission „zum hiesigen katholischen Pfarrer" am 10. Februar 1817 (vgl. KB Bochum, ev.-luth., Bd. 41, Heiraten 1817, S. 9, Nr. 4, Dig. 39).

---

166   Die Daten aus Blankenstein (auch die der Kinder) stammen von FamilySearch, Recherche vom 30.01.2018.

167   KBD Bochum, rk, Taufen 1823, Nr. 20, Dig. 101.

168   KBD Bochum, rk, Tote 1824 (Stadt), Nr. 7, Dig. 237.

169   KBD Bochum, rk, Tote 1830, Nr. 66, Dig. 384.

170   KBD Bochum, rk, Taufen 1842, Nr. 73, Dig. 305.

43 **Runge**, Elisabeth, * 23.07.1846, ~ 02.08.1846 Blankenstein, Ennepe-Ruhr-Kr.

44 **Runge**, Johann, * 15.06.1849, ~ 24.06.1849 Blankenstein, Ennepe-Ruhr-Kr.

45 **Runge**, Caroline, * 20.04.1851, ~ 27.04.1851 Blankenstein, Ennepe-Ruhr-Kr.

46 **Runge**, Caspar Wilhelm, * 10.05.1857, ~ 01.06.1857 Blankenstein, Ennepe-Ruhr-Kr.

47 **Runge**, Emilie, * 10.06.1860, ~ 24.06.1860 Blankenstein, Ennepe-Ruhr-Kr.

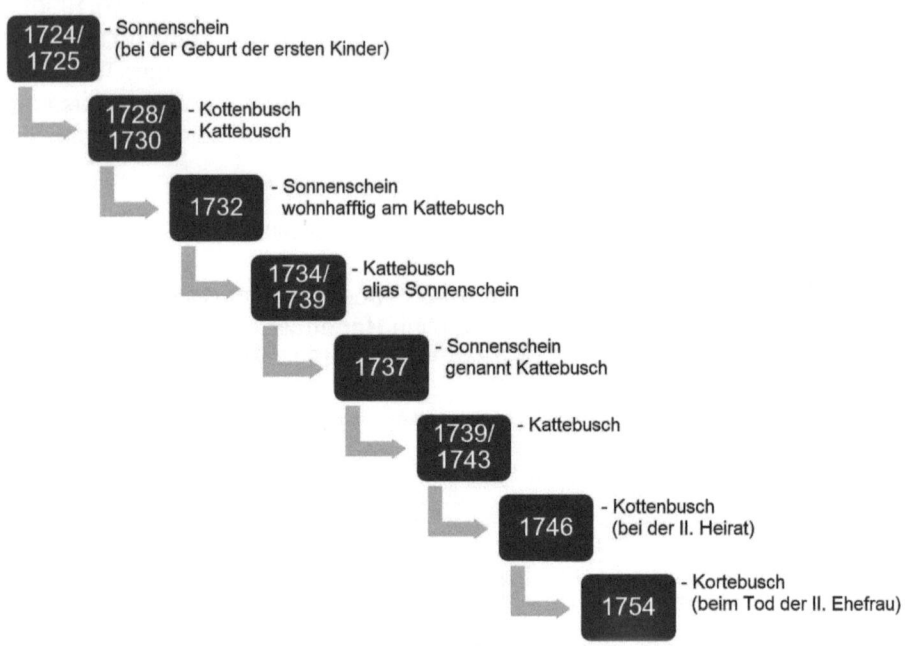

Abb. 19: Änderung des Familiennamens „Sonnenschein" in „Kortebusch"
in der Zeit von 1724 bis 1754 (Grafik: H. Hungerige).

NFL II:
Nachfahren von Johann Sonnenschein (* vor 1684)

Im Laufe des 19. Jahrhunderts wurden zu unterschiedlichen Zeitpunkten in den deutschen Ländern die Familiennamen gesetzlich festgeschrieben („Versteinerungsdatum"), in Preußen geschah dies am 7. Dezember 1816.[171] In der

---

171 Im französisch besetzten Rheinland am 1. April 1803, in Ostfriesland am 1. Januar 1826 und in den meisten anderen deutschen Ländern am 1. Januar 1876. In Westfalen durften jedoch

Zeit davor wurden die in Westfalen üblichen *Hof-* oder *Genannt-Namen* nicht selten zum alleinigen Familiennamen. Die Verwandlung des Familienamens „Sonnenschein" in „Kortebusch" erfolgte in dieser Linie zwischen 1724 und 1754 innerhalb einer Generation, wie Abbildung 19 veranschaulicht: Es handelt sich hierbei jeweils um den Familiennamen ein und derselben Person, nämlich Johann <u>Bernhard</u> **Kortebusch gen. Sonnenschein** (II/1). Übliche Konjunktionen, mit denen in Westfalen Geburts- und Hofnamen miteinander verbunden wurden, waren „modo", „sive", „vulgo", „alias", „olim", „dictus", seltener „praediarius".

[0]   **Sonnenschein**, Johann, * vor 1684.

1 Kind von Nr. [0]: Johann Sonnenschein

1   **Kortebusch**, Johann Bernhard (<u>Berndt</u>) **gen. Sonnenschein**, * vor 1704, † zw. 1743 u. 1768, „wohnhafftig am Kattebusch" (1732).
∞ I.   04.1724[172] Bochum Elisabeth **Pohle**, * vor 1704, † zw. 1743 u. 1746. Der Kotten der Familie **Pohle** lag westlich von Haus Brenschede (vgl. Abb. 4).
∞ II.   27.11.1746[173] Bochum Anna Maria, verw. **Hanefeldt [Hahnefeldt, Hahnefeld]**, * um 1697, † 17.02.1754[174] Bochum, Brenscheder Heide, „Brustkrankheit". Aufgebot am 13.11.1746, Dom[inica] 23 p[ost] Trinit[atis].[175] Aus dieser Ehe vermutl. keine Kinder. Transkription: „eod. copul. Joh. Bernd **Kottenbusch** witwer u. Anna Maria **Hanefeld** Stiegebusch[?]". Anna Maria war in I. Ehe mit Conrad **Hahnefeldt** verheiratet. Die Kotten der Familien **Hahnefeld** lagen nördlich der Brenscheder Heide (ggü. von **Kortebusch**) und ganz im Norden der Bauerschaft Brenschede (vgl. Abb. 4).

9 Kinder von Nr. 1: Johann Bernhard (Berndt) Kortebusch gen. Sonnenschein

11   **Sonnenschein**, Gerdruth Margaretha, ev, ~ 07.06.1724[176] Bochum, † 19.07.1724[177] Bochum, im „Steinkuhler Holtze", „einige Wochen alt".

---

ab 1822 direkte Erben die sog. *Genannt-Namen* als Familiennamen mit dem Zusatz *genannt* (abgekürzt: gt., gnt. oder gen.) weiterführen.

172 KB Bochum, ev.-luth., Bd. 1, Trauungen 1724, S. 443, Dig. 292. Da der Heiratseintrag mit Klebeband „restauriert" wurde, ist er nicht mehr vollständig zu entziffern.

173 KB Bochum, ev.-luth., Bd. 1, Trauungen 1746, S. 478, Dig. 310.

174 KB Bochum, ev.-luth., Bd. 2, Beerdigungen 1754, S. 185, Dig. 131.

175 KB Stiepel, ev.-luth., Bd. 1, Aufgebote 1746, Nr. 3, Dig. 19.

176 KB Bochum, ev.-luth., Bd. 1, Taufen 1724, Dig. 130.

177 KB Bochum, ev.-luth., Bd. 1, Taufen 1724, S. 351, Dig. 241.

12 **[Kattebusch alias] Sonnenschein**, Johann Henrich, ~ 24.06.1725[178] Bochum, im „Steinkuhler Holtze", † 13.04.1739[179] Bochum, Brenscheder Heide, „fil[ius] æt[atis] 14 jahr gest. an der Haupt Kranckheit", gemeint ist damit „Gehirnentzündung, auch Typhus".[180]

13 **Kortebusch [Kottenbusch]**, Catharina Elsabeth, ~ 29.02.1728[181] Bochum, „auf der Brenscheder Heide Töchterlein".

14 **Kortebusch [Kattebusch]**, Anna Maria, ~ 16.04.1730[182] Bochum, † 05.11.1747,[183] D[ominica] 23. p[ost] Tr[initatis], Bochum, Brenscheder Heide, „19 Jahr gest[orben] am hitzig[en] Fieber" (hohes Fieber).

15 **Kortebusch [Sonnenschein]**, Conrad Henrich, Tagelöhner, ~ 20.02.1732[184] Bochum, „Brenscheder Heyde" (Abb. 20), † nach 1769. Nach dem Tod seiner I. Ehefrau heiratete er 9 Monate später ihre verwitwete Schwester:

∞ I. 07.08.1768[185] Ümmingen, Bochum Anna <u>Catharina</u> **Suntmerkamp**, Näherin, * 15.07.1743 (err.) Bochum, † 17.03.1769[186] Bochum, Tochter des Johann Henrich **Suntmerkamp**, Schneider in Ümmingen. Dimission: 01.08.1768[187] an Johann Franz Friedrich Diedrich **von Steinen** (1732–1811), ev.-luth. Pf. in Bausenhagen, Kirchhörde und Ümmingen. Sie starb bei der Geburt ihrer Tochter (II/151; Abb. 23) im Kindbett.

∞ II. 21.12.1769[188] Ümmingen, Bochum Anna Elisabeth **Suntmerkamp**, Kötterin, Witwe, * zw. 1729 u. 1733, † nach 1769. Anna Elisabeths Alter wird in der rechten Spalte des Heiratseintrags auf „36-40" Jahre geschätzt.

16 **Kortebusch [Kattebusch]**, Elsa Margaretha, ~ 30.05.1734[189] Bochum, „Brenscheder Heyde" (Abb. 21), † nach 1768.

---

178 KB Bochum, ev.-luth., Bd. 1, Taufen 1725, Dig. 131.

179 KB Bochum, ev.-luth., Bd. 1, Beerdigungen 1739, S. 393, Dig. 264.

180 METZKE 2005, S. 69.

181 KB Bochum, ev.-luth., Bd. 1, Taufen 1728, S. 152, Dig. 134.

182 KB Bochum, ev.-luth., Bd. 1, Taufen 1730, S. 157, Dig. 137.

183 KB Bochum, ev.-luth., Bd. 1, Beerdigungen 1747, S. 425, Dig. 280.

184 KB Bochum, ev.-luth., Bd. 1, Taufen 1732, S. 161, Dig. 139.

185 KB Ümmingen, ev.-luth., Bd. 2, Trauungen 1768, S. 77, Dig. 63.

186 KB Ümmingen, ev.-luth., Bd. 2, Beerdigungen 1769, S. 138, Dig. 90.

187 Die Angabe „11.08.1768" bei FamilySearch ist vermutlich ein Lesefehler.

188 KB Ümmingen, ev.-luth., Bd. 2, Trauungen 1769, S. 79, Dig. 65.

189 KB Bochum, ev.-luth., Bd. 1, Taufen 1734, S. 169, Dig. 143.

17   **Kortebusch [Sonnenschein gen. Kottenbusch, Kottebusch, Cortebusch]**, Christina Elsabeth, Huferin[190], ~ 20.01.1737[191] Bochum, „D[ominica] 2 p[ost] Epiph[anie]", am 2. Sonntag nach Epiphanias, „auf d. Brensched[er] Heide Töchterlein" (ev), † nach 1777. Als sie 1752 mit 15 Jahren konfirmiert wurde, wird sie im Kirchenbuch als der „seel[igen] Elisabeth **Paulen** ehl. tochter" bezeichnet (gemeint ist Elisabeth **Pohle**).[192]

    o-o   **„von Schultzen bey der Dahlhausischen Mühle"**, * vor 1748, † nach 1768, unverheiratet.

    ∞   27.02.1777[193] Ümmingen, Bochum Henrich Johann **Blenneman**, ~ 12.11.1747[194] Ümmingen, Bochum, † nach 1777, Sohn des Henrich **Bleneman** aus Ümmingen.

18   **Kortebusch [Kattebusch]**, Anna Wilhelmina, ~ 26.07.1739[195] Bochum, „auf d. Brensched[er] Heide Töchterlein".

19   **Kortebusch [Kattebusch]**, Anna Margaretha ~ 01.06.1743[196] Bochum, „auf der Brenscheder Heide Töchterlein".

1 Kind von Nr. 15: Conrad Henrich Kortebusch

aus der Ehe mit Anna Catharina Suntmerkamp:
151   **Kortebusch**, N.N., * 17.03.1769[197] Bochum, † 17.03.1769 Bochum (Abb. 23), „todtgebohrenes Mägdlein".

2 Kinder von Nr. 17: Christina Elsabeth Kortebusch, verh. Blenneman

unehelich aus einer Beziehung mit dem „Schultzen bey der Dahlhausischen Mühle":
171   **Kortebusch**, Henrich Wilhelm, * 08.08.1768 Bochum, ~ 16.08.1768[198] Bochum (Abb. 22).
aus der Ehe mit Henrich Johann Blennemann:
172   **Blenneman**, Anna Catharina, * 07.04.1777 Ümmingen, Bochum, ~ 13.04.1777[199] Ümmingen, Bochum.

---

190   Besitzerin eine Hufe Land, also etwa 10 Hektar.
191   KB Bochum, ev.-luth., Bd. 1, Taufen 1737, S. 177, Dig. 147.
192   KB Stiepel, ev.-luth., Bd. 1, Konfirmationen 1752, Nr. 475, Dig. 54.
193   KB Ümmingen, ev.-luth., Bd. 2, Trauungen 1777, S. 82, Dig. 67.
194   KB Ümmingen, ev.-luth., Bd. 1, Taufen 1747, S. 84, Dig. 109. Anders als die übrigen Taufeinträge in diesem Kirchenbuch sind die Taufen 1744 bis 1753 nach Familien aufgeführt.
195   KB Bochum, ev.-luth., Bd. 1, Taufen 1739, S. 185, Dig. 151.
196   KB Bochum, ev.-luth., Bd. 1, Taufen 1743, S. 197, Dig. 157.
197   KB Ümmingen, ev.-luth., Bd. 2, Beerdigungen 1769, S. 138, Dig. 90.
198   KB Bochum, ev.-luth., Bd. 3, Taufen 1768 (Land), Nr. 17, Dig. 136.
199   FamilySearch, Recherche vom 04.03.2018.

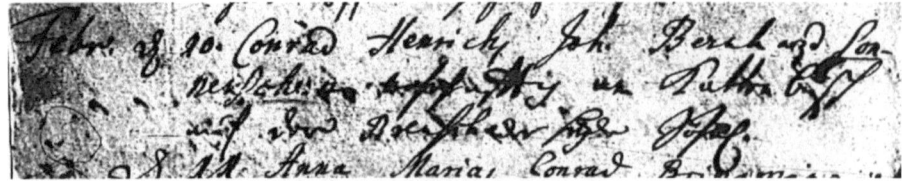

Abb. 20: Taufeintrag von Conrad Henrich **Kortebusch [Sonnenschein**; II/15] am 20. Februar 1732. Quelle: Landeskirchliches Archiv der Ev. Kirche von Westfalen, Kirchenkreis Bochum, Bochum, Bd. 1, Taufen 1732, S. 161, Dig. 139 (www.archion.de). Transkription: „Febr. d. 20 Conrad Henrich, Joh. Bernhard **Son- | nenschein** wohnhafftig am Kattebusch | auf der Brenscheder Heyde Söhnl[ein]". In diesem Taufeintrag wird der Übergang von einer *Ortsbezeichnung* zu einem *Familiennamen* besonders deutlich.

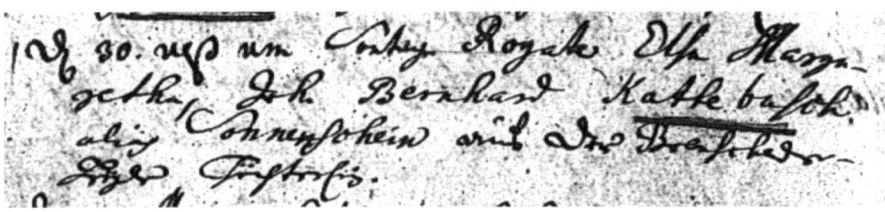

Abb. 21: Taufeintrag von Elsa Margaretha **Kattebusch alias Sonnenschein** [II/16] am 30. Mai 1734. Quelle: Landeskirchliches Archiv der Ev. Kirche von Westfalen, Kirchenkreis Bochum, Bochum, Bd. 1, Taufen 1734, S. 169, Dig. 143 (www.archion.de). Transkription: „d. 30. alß am Sontage Rogate Elsa Marga- | retha, Joh. Bernhard **Kattebusch** | alias **Sonnenschein** auf der Brenscheder | Heyde Töchterlein". Rogate (5. Sonntag nach Ostern) fiel 1734 auf den 30. Mai.

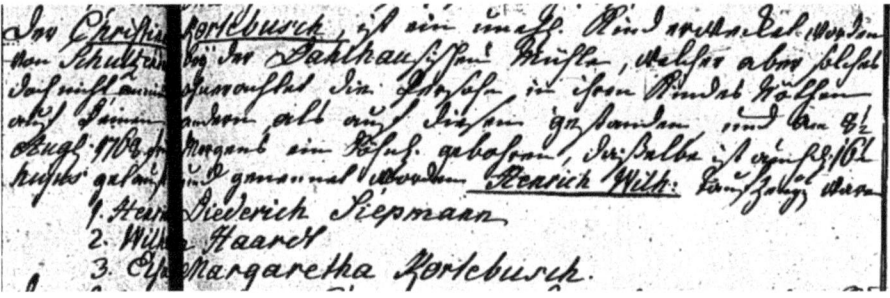

Abb. 22: Taufeintrag von Henrich Wilhelm **Kortebusch** [II/171; unehelich] am 16. August 1768. Quelle: Landeskirchliches Archiv der Ev. Kirche von Westfalen, Kirchenkreis Bochum, Bochum, Bd. 3, Taufen 1768 (Land), Nr. 17, Dig. 136 (www.archion.de). Transkription: „Der Christina **Kortebusch**, ist ein unehl. Kind erwecket worden | von Schultzen bey der Dahlhausischen Mühle[200], welcher aber solches | doch nicht annimmt ohnerachtet die Persohn, in ihren Kindes Nöthen | auf keinen anderen als auf diesem gestanden und am 8.| Aug. 1768 früh Morgens ein Söhnl. geboren, daßelbe ist auf den16. | hujus [= huius, diesen (Monats)] getauft und genannt worden Henrich Wilh. Taufzeugen war- en | 1. Henrich Diederich **Siepmann** | 2. Wilhelm **Haardt** | 3. Elsa Margaretha **Kortebusch**" [II/16].

---

200 Zum Verkauf der Mühle in Dahlhausen 1847 vgl. *Oeffentlicher Anzeiger, als Beilage zum 8. Stücke des Amtsblatts* (S. 107). Arnsberg, den 20. Februar 1847. In: *Amtsblatt der Königlich Preußischen Regierung zu Arnsberg 1847*. Arnsberg: H. R. Stein [Online bei Google Books].

Anmerkung zu Abb. 22: Wie aus dem Text hervorgeht, nimmt der Schultze das Kind nicht an, obwohl die Kindesmutter („die Persohn") darauf beharrt, dass kein anderer als er der Vater sei. Bei unehelichen Kindern war es üblich, dass eine Hebamme die Mutter während der Wehen („in ihren Kindes Nöthen") intensiv nach dem leiblichen Vater befragte, da sie z. B. bei Vaterschaftsklagen als Zeugin vor Gericht geladen werden konnte: „Bei unehelichen Geburten ist auch der Kindesvater genannt, sofern er bekannt ist. Die Hebamme (obsterix) hatte die Pflicht, die Kindsmutter bei den Geburtswehen nach dem Namen des Vaters zu befragen und die gewonnene Kenntnis zu melden. (…) Trotz der unter solchen Umständen gemachten Angaben kam es vor, daß der uneheliche Kindsvater das Kind nicht anerkennen wollte."[201] Dies war offensichtlich bei dem „Schultzen bey der Dahlhausischen Mühle" der Fall. Herr zu Dahlhausen (aber nicht der Vater) war 1767 der münsterische Generalleutnant Friedrich-Christian Freiherr **von Elverfeldt** (1699–1784).

Es ist unklar, ob mit der Angabe „Schultzen" das *Amt*, also der Dorfschulze, oder ein *Familienname* gemeint ist. Sofern es sich um einen Familiennamen handelt, käme als potentieller unehelicher Vater Carolus **Schultze** aus Dahlhausen in Frage, dem von seiner Ehefrau Eva Margaretha **Ortman** 1769, 1771 und 1773 drei Kinder geboren wurden.

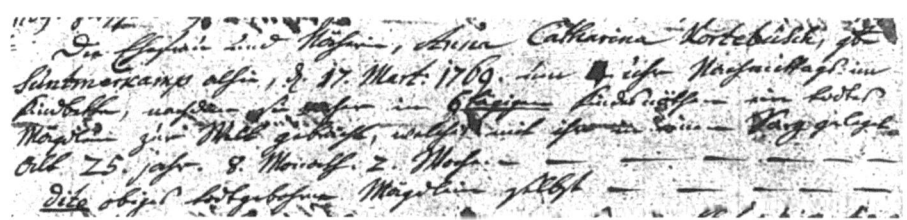

Abb. 23: Sterbeeintrag von Anna Catharina **Kortebusch**, geb. **Suntmerkamp** und ihrer totgeborenen Tochter [II/151] am 17. März 1769, sieben Monate nach der Heirat. Quelle: Landeskirchliches Archiv der Ev. Kirche von Westfalen, Kirchenkreis Bochum, Ümmingen, Bd. 2, Beerdigungen 1769, S. 138, Dig. 90 (www.archion.de). Transkription: „Die Ehefrau und Näherin, Anna Catharina **Kortebusch**, geb. | **Suntmerkamp** alhier, d. 17. Mart. 1769 um 4 Uhr Nachmittags im | Kindbette, nachdem sie vorher in 6tägigen Kindesnöthen ein todtes | Mägdlein zur Welt gebracht, welches mit ihr in einen Sarg geleget | Alt 25. Jahr. 8. Monath. 2 Wochen. | dito: obiges todtgebohrenes Mägdlein selbst".

---

201 LACHAT 1957, S. 14f.

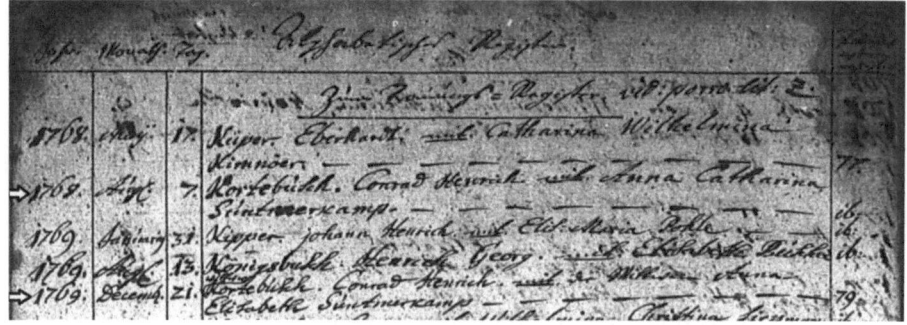

Abb. 24: In dem „Alphabetischen (Trauungs-)Register" sind die beiden Heiraten von Conrad Henrich **Kortebusch** [II/15] fast unmittelbar hintereinander (2. und 5. Eintrag) aufgelistet. Quelle: Landeskirchliches Archiv der Ev. Kirche von Westfalen, Kirchenkreis Bochum, Ümmingen, Bd. 2, Trauungen 1767-1809, Dig. 12 (www.archion.de).

NFL III:
Nachfahren von Arnold Kortebusch (Kattenbusch)

[0] **Kortebusch [Kattenbusch]**, Arnold, * vor 1742, † nach 1762

1 Kind von Nr. [0]: Arnold Kortebusch (Kattenbusch)

1 **Kortebusch [Kattenbusch, Kotenbusch]**, Anna Christina, ~ 07.05.1762[202] Bochum (Abb. 25), † nach 1825. Nach dem Tod ihres Mannes im Oktober 1810 wird die Witwe **Kortebusch** 1825 in einen Rechtsstreit[203] im Vorfeld des Verkaufs des Gutes Brenschede im Jahr 1829 verwickelt, zu dem auch der Kortebusch-Kotten gehört:
„Das Gräflich Limburg-Styrumsche Gut Brenschede war im Jahre 1797 das Eigenthum einer verwittweten Frau **v. Melschede**. Zu dem Gute gehörte der sogenannte Haferkamp, von welchem die Frau **v. Melschede** im Jahr 1797 verschiedene Abtheilungen, theils in Zeitpacht, theils in Erbpacht, an mehrere Kötter, worunter sich auch die Eheleute **Benecke**, genannt **Kortebusch**, zu Brenschede befanden, austhat. Diese erhielten, durch den Gewinnbrief vom 21. Februar 1797, in dem gedachten Kampe zwei Stück Landes in Erbpacht. Die Wittwe **Kortebusch** befand sich nun im Jahre 1823 auch im Besitze zweier anderer Stücke dieses Haferkamps, obgleich ihr, nach der Behauptung des jetzigen Eigenthümers des Gutes Brenschede, Hauptmanns **v. Berneck**, ein Recht zu deren Besitz niemals eingeräumt worden war. Da sie sich zur Herausgabe dieser beiden Stücke

---

202 KB Bochum, ev.-luth., Bd. 2, Taufen 1762, S. 26, Dig. 57.

203 Vgl. DARPE 1894, S. 557f.; sowie im Überblick HÜLSEBUSCH 1954.

in Güte nicht verstehen wollte, so stellte **v. Berneck** im Jahre 1823, beim Land- und Stadtgericht zu Bochum, eine Klage wider dieselbe an, mit dem Antrage: die Verklagte zur Räumung beider Parcellen des Brenscheder Haferkamps, *cum perceptis et percipiendis*[204], seit dem 21. Juni 1803, als dem Tage seiner Besitzergreifung des Gutes Brenschede, zu verurtheilen. Durch das Erkenntniß des *Gerichts zu Bochum*, publicirt den 2. März 1825, wurde ganz nach dem Antrage des Klägers erkannt (…).“[205]

∞   vor 1792 Johann Friedrich **Benecke gen. Kortebusch**, Bergmann, * um 1765, † 31.10.1810[206] Bochum (Abb. 26). Sohn des Bergmanns Friederich **Benecke**, * vor 1745, † zw. 1765-1810, wohnhaft auf der Brenscheder Heide, und der Elisabeth **Meyer**, * vor 1745, † zw. 1765-1810.

4 Kinder von Nr. 1: Anna Christina Kortebusch, verh. Benecke

11   **Benecke**, N.N., * nach 1790 Bochum.
12   **Benecke**, Johann Friederich, ~ 11.03.1792[207] Bochum.
13   **Beneke**, Henrich **gen. Kortebusch**, Bergmann, ~ 26.09.1793 Bochum, † nach 1839.
∞   15.10.1831 Bochum Catharina Maria **Scheve**, * um 1803, † nach 1839. Trauung durch Pastor **Natorp**. Tochter des Ackerwirts Johann Röttger **Unterste Kampmann gen. Scheve**, * vor 1783, † vor 1831 in Querenburg.[208]
14   **Benecke**, Maria Christina, ~ 20.02.1800 Bochum.

3 Kinder von Nr. 13: Henrich Benecke gen. Kortebusch[209]

131   **Beneke**, Georg, * 09.06.1832 Bochum, ~ 24.06.1832 Bochum.
132   **Beneke**, Friedrich Henrich, ~ 12.04.1835 Bochum.
133   **Beneke**, Elisabeth, * 28.09.1839 Bochum, ~ 03.11.1839 Bochum

---

204   In etwa: „mit den bisher schon erzielten und den noch zu erzielenden Einkünften".
205   Zit. n. SIMON / VON STRAMPFF 1834, S. 431–433. Dort auch die Begründung des Urteils.
206   ZSR Bochum 1810, Nr. 348, Dig. 113.
207   Taufdaten zu III/12 bis III/14: FamilySearch, Recherche vom 30.01.2018.
208   KB Bochum, ev.-luth., Bd. 18, Trauungen 1831, S. 32, Nr. 1, Dig. 58. Der Stammbaum der Besitzer des Scheven-Hofes zu Querenburg wurde von Jörgen Beckmann auf der Homepage des Heimatvereins Heven zusammengestellt (http://www.heimatverein-heven.de/stammbaum/scheve-Q.htm).
209   Daten der Kinder von FamilySearch, Recherche vom 04.02.2018.

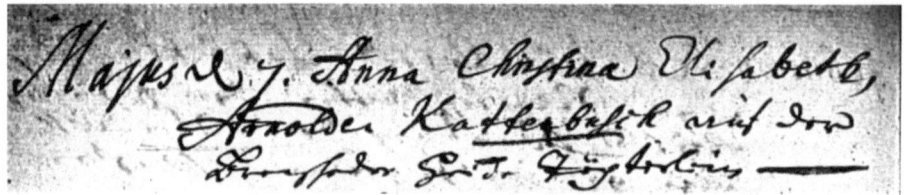

Abb. 25: Taufeintrag von Anna Christina **Kattenbusch** [**Kotenbusch**, **Kortebusch**; III/1] am 7. Mai 1762. Quelle: Landeskirchliches Archiv der Ev. Kirche von Westfalen, Kirchenkreis Bochum, Bochum, Bd. 2, Taufen 1762, S. 26, Dig. 57 (www.archion.de). Transkription: „Majus d. 7. Anna Christina Elisabeth, | Arnolden **Kattenbusch** auf der | Brenscheder Heide Töchterlein –".

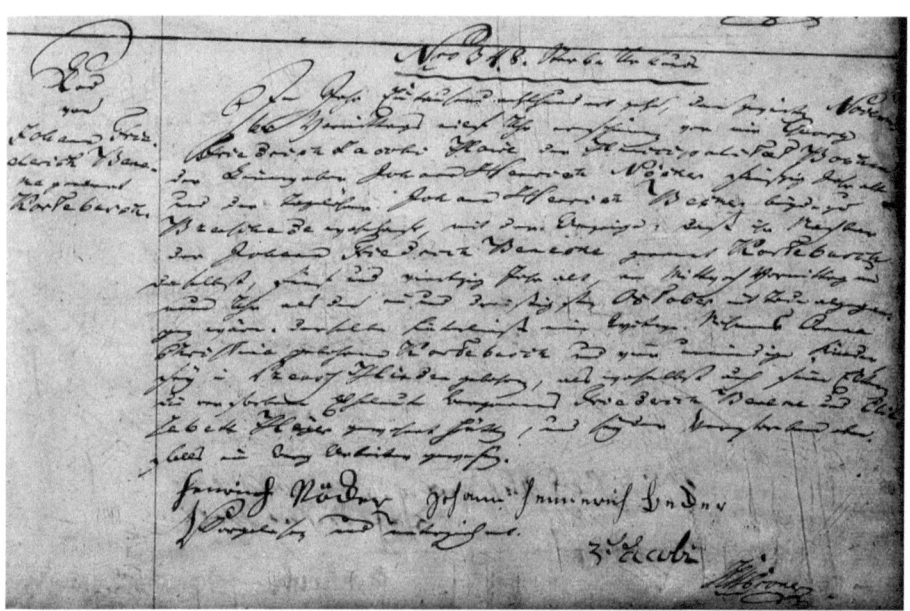

Abb. 26: Sterbeeintrag von Johann Friedrich **Benecke gen. Kortebusch** am 31. Oktober 1810. Quelle: ZSR Bochum 1810, Nr. 348, Dig. 113 (www.familysearch.org). Transkription: „Nr. 348 Sterbe Urkunde | Im Jahr Eintausend achthundert zehn, den zweyten November | Vormittags eilf Uhr erschien vor mir Georg | Friedrich **Jacobi** Maire der Municipalität Bochum | der Leinweber Johann Henrich **Nöcker** fünfzig Jahre alt | und der Tagelöhner Johann Henrich **Beder** beyde zu | Brenschede wohnhaft, mit der Anzeige daß ihr Nachbar | der Johann Friedrich **Benecke genannt Kortebusch** | daselbst, fünf und viertzig Jahre alt, am Mittwoch Vormittag um | neun Uhr als dem ein und dreißigsten October mit Tode abgegan- | gen wäre. Derselbe hinterließ eine Witwe Nahmens Anna | Christina gebohrene **Kortebusch** und vier unmündige Kinder | frey in Prensch. Heiden gebohren, als woselbst auch seine Eltern | die verstorbenen Eheleute Bergmanns Friederich **Benecke** und Eli- | sabeth **Meyer** gewohnt hätten, und sey der Verstorbene eben- | falls ein Berg Arbeiter gewesen. | [Unterschriften:] Friedrich **Nöcker** Johann Henrich **Beder** | Vorgelesen und unterzeichnet **Jacobi**".

Literatur

BEICHHOLD, Robert (1929): Ein Vorschlag zur Bezifferung von Nachfahrentafeln und Stammtafeln. In: Familiengeschichtliche Blätter, 27. Jg. 1929, H. 9/10, Sp. 289–290 [Online].

BÖRGER, Paul (1929): Hamm und seine Garnison im 17. und 18. Jahrhundert. (Dissertation an der Westfälischen Wilhelms-Universität Münster). Witten: Märkische Druckerei und Verlagsanstalt August Pott.

BUDBERG, Nikolai Baron von (1960): Kgl. preuß. Inf.-Regiment Nr. 9 und Generalleutnant Alexander v. Budberg. In: Der Märker, Bd. 9, H. 7, S. 175–176.

CAHILL, Major Baron Q (1787): Der vollkommne Offizier nach vorgeschlagnen Grundsätzen. (2. Aufl.). Frankenthal: Buchdruckerei Ludwig Bernhard Friederich Gegel [Online].

DARPE, Franz (1888/1894): Geschichte der Stadt Bochum. (Beilage zu dem Jahresbericht über das Schuljahr / Städtisches Gymnasium zu Bochum, 6 Bde.). Bochum: W. Stumpf [Online].

ENGELEN, Beate (2005): Soldatenfrauen in Preußen: Eine Strukturanalyse der Garnisonsgesellschaft im späten 17. und 18. Jahrhundert. Münster: LIT Verlag.

HIMBURG, Christian Friedrich (1796): Rangliste der Königlichen Preußischen Armee für das Jahr 1796, Bd. 1. Berlin: C. F. Himburg [Online].

HÖFKEN, Günter (1930): Zur Geschichte der Bochumer Vöde. In: B. KLEFF: Bochum – Ein Heimatbuch, hrsg. im Auftrag der Vereinigung für Heimatkunde, Bd. 3. Bochum: Schürmann und Klagges, S. 5–19 [Online].

HÜLSEBUSCH, Otto (1954): Aus der Geschichte des Hauses und der ehemaligen Siedlung Brenschede. In: Vereinigung für Heimatkunde (Hrsg.): Bochum – Ein Heimatbuch, Bd. 6. Bochum: Märkische Vereinsdruckerei Schürmann und Klagges, S. 77–94 [Ohne Abb. und Tab. online verfügbar].

HUNGERIGE, Hansi / HUNGERIGE, Heiko (2019): Der Bochumer Kuhhirte Kortebusch. Dichtung und Wahrheit. In: Bochumer Zeitpunkte, Nr. 40, S. 16–37.

LACHAT, Paul (1957): Lateinische Bezeichnungen in alten Kirchenbüchern. (Genehmigter Nachdruck aus dem „Schweizer Familienforscher"). Neustadt an der Aisch: Verlag Degener & Co [Online].

METZKE, Hermann (2005): Lexikon der historischen Krankheitsbezeichnungen. (Reihe: Grundwissen der Genealogie, Bd. 2). Neustadt an der Aisch: Verlag Degener & Co.

PAULUS, Georg (2005): 3 Söhnlein namens Johannes. Zum Phänomen der Namensgleichheit von Geschwistern. In: Blätter des Bayerischen Landesvereins für Familienkunde, 68. Jg., S. 1–10 [Online].

REGELMANN, Carl (1928): Kortebusch, der letzte Kuhhirt von Bochum – Ein Heimatspiel. Bochum: Verlag Carl Regelmann.

RUDORFF, Franz von (1925): Das Füsilier-Regiment General Ludendorff (Niederrheinisches) Nr. 39 im Weltkriege 1914–1918. Nach den amtlichen Kriegstagebüchern unter Mitwirkung mehrerer Kameraden zusammengestellt. Berlin: Reinhold Kühn A.G. [Online].

RUDZINSKI, Marco (2018): Aufzeichnungen Kortebusch-Passmann [Typoskript].

SCHMALEN, Johann Christian Hermann von (1771): Accurate Vorstellung der sämtlich Koeniglichen Preussischen Armee Worinnen zur eigentlichen Kenntniss der Uniform von jedem Regiment ein Officier und Gemeiner in Völliger Montirung und ganzer Statur nach dem Leben abgebildet sind. Nebst beigefügter Nachricht 1.) von der Stiftung. 2.) Denen Chefs. 3.) der Staerke und 4.) der in Friedenszeiten habenden Guarnisons jedes Regiments. Hrsg. u. gezeichnet I. C. v. S(chmalen). Nürnberg: Raspische Buchhandlung [Online].

SIMON, A. Heinrich / STRAMPFF, Heinrich Leopold von (1834): Rechtssprüche der preußischen Gerichtshöfe, Bd. 1. (2. Aufl.). Berlin: Ferdinand Dümmler [Online].

SPICHARTZ, Heinz-Günter (2010): Auf den Spuren der Ziegelbäcker in Grumme, Vöde und Bochum, Stadt und Land – Bilder und Texte zur Ortsgeschichte. Bochum: Eigenverlag.

SPICHARTZ, Heinz-Günter (2011): Auf den Spuren der Ziegelbäcker in Grumme, Vöde und Bochum, Stadt und Land. In: Bochumer Zeitpunkte – Beiträge zur Stadtgeschichte, Heimatkunde und Denkmalpflege, Nr. 26, S. 12–13.

WILDHAGEN, Heinz (1954/55): Schwarze Diamanten. (Hrsg. vom Jugendamt der Stadt Bochum). Bochum: Laupenmühlen & Dierchs. [Online; 56 S. ohne Zählung].

Von Herten nach Dortmund –
Eine kleine Familiengeschichte

von Georg Gahlen

Mein Name ist **Lucas Gahlen**, mit vollem Namen Johann Wilhelm Lucas Gahlen, und ich wurde im Januar 1792, also während der Französischen Revolution, im westfälischen Dorf Herten (heute 45699 Herten) im Vest Recklinghausen als 3. Kind der Eheleute Johann Lucas Gahlen und dessen Ehefrau Anna Maria Prins geboren. Meine Taufe fand am 12. Januar in der katholischen Kirche Sankt Antonius Abbas statt.

Ich hatte vier Geschwister: Franciscus Antonius (*1787), Johann Wilhelm (*1789), Johann Bernard (*1794) und Anna Maria (*1797). Laut Personenbestandsaufnahme des Pfarrers Tre von 1800 lebte unsere Familie in der so genannten 1. Nachbarschaft des Dorfes. Nicht nur mein Vater, sondern auch zwei meiner Brüder werden in den Quellen als Strumpfweber / Tuchweber / Wollspinner geführt, was auf Ansiedlung und Arbeit im Ortsteil Hollenbeck schließen lässt. Dort lebten gemäß einer volksmundartigen Bezeichnung „De Wiewers op de Hollenbeck". Mein Bruder Johann Bernard hat im Jahre 1820 Maria Catharina Weber geheiratet und 1839 den sog. Weber-Kotten erbaut, mit der damaligen Adresse Hollenbeck Nr. 8, ein Haus, das bis heute erhalten ist. Während meine Familie dem Dorf Herten treu geblieben ist, hat es mich nach Dortmund gezogen, und zwar nicht nur wegen der dortigen Heirat mit Johanna Hagens (*1801 in Solingen) im Jahre 1840 – ich war bereits 48 Jahre alt –, sondern auch aufgrund meiner beruflichen Orientierung: Ich wurde Verwalter / Rentmeister auf Haus Dellwig in Lütgendortmund. Es gab ein mittlerweile abgerissenes Verwalterhaus im nahegelegenen Mergelkopfweg.

Abb. 1: Haus Dellwig (Quelle: privat)

Dieses adelige Haus / Wasserschloss war seit dem 13. Jahrhundert fast 500 Jahre lang im Besitz der Familie gleichen Namens, bevor nach zwei zwischenzeitlichen Besitzern Carl Theodor von Rump zu Crange (*1771) im Jahre 1816 Dellwig und Holte kaufte, vermutlich im Zusammenhang mit der im gleichen Jahr stattgefundenen Heirat mit Maria Anna von Kerckerinck zur Borg. Die Familie mit vier Kindern verlegte auch ihren Wohnsitz nach Dellwig und kümmerte sich um den damit verbundenen Land- und Immobilienbesitz.

Im Jahre 1842 wurde unser erster Sohn Franz geboren und in Lütgendortmund getauft. Besonders stolz war ich darauf, dass die genannte Ehefrau des Schlossherren und dessen Sohn Franz Carl Alexander von Rump sich bereit erklärt hatten, die Aufgabe der Taufpaten zu übernehmen. In meiner Funktion als Mitglied des Kirchenvorstandes der Gemeinde konnte ich 1855 den Vertrag zum Kauf einer Grabstelle auf dem katholischen Kirchhof Lütgendortmund durch die

Freifrau Antonia von Schade zu Ahausen, der Ehefrau des oben genannten Franz Carl Alexander, der schon 1851 mit nur 41 Jahren verstorben war, bezeugen. Unser Sohn Franz hat sich in den folgenden Jahren außergewöhnlich gut entwickelt und den beruflichen Weg des Technikers eingeschlagen. Im Jahre 1867 heiratete er Clara Movers, die Tochter des Instrumentenmachers Friedrich Movers, der sein Geschäft in der Dortmunder Wißstraße betrieb. Im Mai 1871, ich war inzwischen Rentier, verstarb meine Frau Johanna mit 70 Jahren, und wir haben sie auf dem katholischen Friedhof in Lütgendortmund beerdigt. Daraufhin zog ich zu Franz und seiner Familie in die Evinger Straße.

1874 wird Franz im Adressbuch zum ersten Mal als Ingenieur geführt. Seine beispielhafte Industriekarriere setzte sich weiter fort: Spätestens ab 1881 firmierte er als „Ingenieur und Prokurist der Maschinenfabrik Deutschland". Er hatte mittlerweile eine Wohnung in der Bornstraße bezogen. Diese berühmte, weit über die Grenzen Dortmunds bekannte Maschinenfabrik (auch MFD) war 1872 durch die Techniker und Kaufleute Julius Weidtmann, Albert Borsig und Louis Baare gegründet worden zur „Herstellung von Werkzeugmaschinen zur mechanischen Bearbeitung von Werkstücken größter Abmessungen, von Lastenbewegungsmaschinen sowie zum Bau von Eisenbahnweichen".

Maschinenfabrik Deutschland in Dortmund.

Abb. 2: (Quelle: Alfred Gieseler)

Franz wurde in dieser großen Fabrik (im Dortmunder Norden entlang der Bornstraße zwischen Borsigstraße und Mindener Straße) im Jahre 1882 Nachfolger des schon genannten Julius Weidtmann als Direktor, Vorstandsmitglied bzw. Geschäftsführer, zuerst zusammen bis 1885 mit seinem Mitingenieur Christian Lichthardt. Er übte diese Funktion bis 1904 aus. Franz wohnte mit seiner Familie zuletzt in der Dortmunder Hohenzollernstraße. Er verstarb ein Jahr nach seiner Pensionierung.

Reise in den Böhmerwald 2016

von Werner Jungwirth

70 Jahre nach der Vertreibung fuhren meine Frau, meine Kusine und ich vom 11.–16.09.2016 in die Heimat meines Vaters, Franz Jungwirth (* 15.04.1928 Hodenitz, † 06.05.2012 Dortmund).

Bei einem Besuch in Hodenitz konnten wir uns mit Bewohnern unterhalten, die deutsch sprachen. Sie zeigten uns 60 Jahre alte Fotos von Hodenitz.

Meine Kusine, Waltraud Schaupp, Tochter von Hedwig Arnold geb. Midasch (* 17.04.1924 Scheiben, † 27.12.2009), sagte, das von dem Ort Scheiben nichts mehr vorhanden ist. Sie war vor ca. 25 Jahren mit ihrer Mutter dort. Unser Hotel war in Kaplitz und wir besuchten Umlowitz, Rosenthal, Rosenberg, Krummau und Oberplan, Geburtsort des Dichters Adalbert Stifter. Hodenitz gehörte zur Pfarrei Umlowitz und Scheiben zur Pfarrei Rosenthal.

Auf der Rückfahrt Zwischenstop beim Wallfahrtsort Maria Schnee und Linz/Donau wo wir Verwandte, die Geschwister Lausecker besuchten, deren Mutter Theresia Lausecker geb. Midasch (* 21.03.1911 Scheiben, † 12.02.1988 Traun/Oberösterreich) war.

Hodenitz wurde 1281 erstmalig erwähnt (Urkunde Nr. 30 im Urkundenbuch des Klosters Hohenfurt). In der am 12.11.1281 in Rosenberg ausgestellten Urkunde heißt es, dass Heinrich von Rosenberg dem 1259 gegründeten Kloster Hohenfurt fünf schon bestehende Dörfer schenkt: Piesenreith, Hodenitz, Haag und Oppach. Die fünfte Ansiedlung, in der ein Otthardus residierte, ist schwer zu lokalisieren (Roiden, Bonnesdorf, Putschögelhof?). Unter den Zeugen der Übergabe wird auch der Pfarrer von Rosenthal, dominus Theodericus, und der Pfarrer von Priethal, dominus Ulrich, genannt. Priethal ist der Gebortsort meines Großvaters Josef Jungwirth (* 27.07.1902, † 24.05.1980 Sinsheim).

Von 1281 bis 1791 existierte der Stiftsmeierhof in Hodenitz. 1791 wurde der Hof aufgeteilt. Die Hausnamen erinnern an die Vergangenheit des Hofes. Der „Schoffer" war der frühere Anschaffer des Hofes. Kasten-Franz (Hauser) und Kasten-Greger (Jungwirth) saßen auf dem ehemaligen Fruchtkasten, der in zwei Hälften geteilt wurde. Jousl, Pauli, Feinzein (Vinzenz) sind die Vornamen der ersten Besitzer nach der Aufteilung. Die Hausnamen blieben, auch wenn die Besitzer wechselten. 500 Jahre (1281–1791) war der Hodenitzer Hof Zentrum und Abgabestelle des Zehnten für die Dörfer, die zum Stift Hohenfurt gehörten.

Es war meine 5. Reise in die Heimat meines Vaters. Über die Reisen 1984, 1996 und 1998 habe ich in der ROLAND-Zeitschrift berichtet, 1996 einen DIA-Vortrag gehalten (siehe ROLAND-Zeitschrift 4/1989, 10/1997 und 01/2001). Vom 04.–09.10.2008 war ich in Trebon/Wittingau im dortigen Archiv zwecks Familienforschung.

Nachträge zur AL Loefke – Teilliste Elverfeld

von Christian Loefke

Seit ich hier im Band 10 vor über 20 Jahren den damaligen Bearbeitungsstand meiner Ahnenliste, hier speziell der westfälischen Ahnen der Teilliste Elverfeld dokumentiert hatte,[1] konnten nicht nur kleinere Korrekturen, sondern auch größere Nachträge in die Ahnenliste eingepflegt werden. Mit größter Wahrscheinlichkeit ließ sich die Abstammung der Wiedenbrücker Elverfelds von der Heeßener Linie und damit von den von Elverfeldt nachweisen. Zudem ergab sich dann überraschender Weise ein weiterer Anschluss an die von Elverfeldts über die Ehefrau Anna Maria Margareta Druffel (1824-1891) des Peter Wilhelm Elverfeld (1807-1866), deren Großvater väterlicherseits, Johann Ferdinand Druffel (1737-1813), über seine mütterliche Großmutter, Anna Catharina Bertram (1664-1741), aus Geseke von den von Meschedes in Brilon abstammte. Es stellte sich heraus, dass ihr Urgroßvater Franz von Meschede mit einer Catharina von Elverfeldt verheiratet gewesen war, die wiederum Tochter eines Bruders des Borker Pfarrers und Cappenberger Stiftsherren Jasper von Elverfeldt, dem Ahnherren der Heeßener Elverfelds, war. Für die diesbezüglichen Hinweise und Forschungshilfen bin ich Tobias A. Kemper und Frank Stupp zu Dank verpflichtet.

Im Folgenden sind die schon bekannten Daten ‚rekte' dargestellt, neue Forschungsergebnisse *kursiv* und Korrekturen ***fett-kursiv***.

Aschoff
11 3760   Hans
    [] Rheda 26.3.1664
    ∞ ebd. 7.10.1635 Anna <u>Stuckstedde</u>

Bartels (Bertels) *(katholisch)*
08 491   Anna Gertrud
    ~ Freckenhorst 6.2.1737[2]
    † Warendorf 29.3.1811, [] ebd./Laurentius 31.3.1811[3]

---

1   LOEFKE, Christian: Ahnenliste Loefke – Teilliste Elverfeld, in: Roland 10 (1995/97), S. 58-61, 76-81, 104-107, 122-127, 148-153, 174-178, 202-204.

2   Freckenhorst - Tf1, 57v / 5: 6. Febr(uarii) [1737], [parentes:] Hermannus Bertels, Anna Wittenberg; [proles:] Anna Gertrudis; [patrini:] Anna Gertrudis Budde, Alexander Broick.

3   Warendorf/Laurentius - To3, 27-28 / 32: Maria Gertrudis Bartels, gnt. Wittibe Böhmer, Perückenmacher, 78 Jahre alt, hinterlässt ein Kind.

∞ I. Warendorf/Laurentius 25.11.1760 Christian Heidenreich *Ritter*, gebürtig aus Münster, Perückenmacher, bürgert 1764 mit Frau Anna Gertrud Bartels und den Töchtern Maria Anna und Anna Christina in Warendorf ein [4]
∞ II. Warendorf/Laurentius 25.7.1769 [5] Dietrich Andreas <u>Boemer</u>

09 982   Hermann
∞ I. Freckenhorst 21.2.1718 [6] Anna Gertrud Leve
∞ II. Freckenhorst 8.6.1726 [7] Anna <u>Wittenberg</u> (Vorfahren unbekannt)

<u>Beckmann (Beeckman, auf der Biecke)</u> (reformiert)
09 942   Peter
~ Elberfeld **11**.2.1674
∞ I. 19.2.1705 Ida Anna Sophia Elisabeth <u>Katterberg</u> (Vorfahren unbekannt)

10 1884   Anthon (auf der Biecke)
~ Elberfeld 16.5.1637
Hofbesitzer auf der Beeck bei Elberfeld
∞ Elberfeld 22.7.1658 Janneke <u>Springer</u>

11 3768   Conrad (auf der Biecke)
† nach 1658

<u>Bellmann (Beldeman)</u>
09 969   Gertrud
~ Warendorf/Laurentius 10.10.1678
gent. 1685 als 8-jährige Tochter [8]

---

4   NIESERT, Franz Julius: Das Bürgerbuch der Stadt Warendorf 1542-1848. Warendorf 1952 (Quellen und Forschungen zur Geschichte der Stadt Warendorf, 2), S. 224 Nr. 5674.

5   Warendorf/Laurentius - Tr9, 91 / 29: Nomina copulatorum: Diederich Andreas Boemer, Anna Gertrudis Bartels vidua Ritter; testium: Joan Herman Bartels, Frans Tertman; tempus: den 25ten Jul(ii) [1769].

6   Freckenhorst - Tr1, 10: Tz: Henrich Beuning, Johan Berndt Vischer.

7   Freckenhorst - Tr1, 14 / 9: Nomina copulatorum: Herm(ann) Bartels, Anna Maria Wittenberg; tempus: 8. [Junii 1726] servatis servandis; nomina testium: Peter Gräler, Joan Schmet. – Weitere Kinder diese Ehepaars, in Freckenhorst getauft: 1) Johann Christoph, ~ 25.9.1727 (Tp: Joannes Christophorus Averwandt, Elisabeth Kaupman); 2) Johann Hermann, ~ 12.11.1730 (Tp: Hermannus Budde, Margaretha Halbauer); 3) Anna Maria, ~ 20.6.1733 (Tp: Anna Maria Suntrup, Hermannus Zurstiege); 5) Franz Joseph, ~ 17.6.1743 (Tp: reverendiss(imus) dominus Chanoin. Franc(iscus) Josephus Giese).

8   SCHMIEDER, Siegfried (Hg.): Die Einwohner der Stadt Warendorf im Jahre 1685. Das Personenschatzregister des Jahres 1685 (= Quellen und Forschungen zur Geschichte des Kreises Warendorf, 37). Warendorf 2000, S. 69 Nr. 256.

∞ *Warendorf/Laurentius 11.5.1702*[9] *Theodor* <u>*Preckel*</u>
10 1938   Heinrich Beldeman
      Tuchmacher 1685; geschatzt im Freckenhorster Viertel in Warendorf 1685
      ∞ *Warendorf/Laurentius 23.11.1676 Anna* <u>*Torbett*</u>[10] *[wohl Tochter des*
      Jürgen <u>*tor Beite*</u>, *der 1635 in Warendorf einbürgert][11], sie: oo I. Heinrich*
      Schonebecke
11 3876   Johann
      bürgert 1658 in Warendorf mit Frau und Sohn Heinrich ein[12]
      ∞ *Christina* <u>*Redeker*</u> *(Vorfahren unbekannt)*

<u>Beuing (Boing, Böening, Beuning)</u> (katholisch)
08 494   Henrich Anton
      ~ *Münster/Ludgeri 25.9.1718* [13]
      erhält 1734 zusammen mit seinem Bruder Christoph Bernhard seinen
      Geburtsbrief in Münster[14]
      ∞ *Münster/Ludgeri 24.4.1743*[15] Maria Gertrud <u>Schmiemann</u>
09 988   Franz
      ~ *Münster/Ludgeri 19.11.1679*[16]

---

9   Warendorf/Laurentius - Tr7 (1690-1714), S. 26.

10   NIESERT, Franz-Julius / WALLMEIER, Wilhelm: Die Geburtsbriefe der Stadt Warendorf 1584-1804 (= Quellen und Forschungen zur Geschichte der Stadt Warendorf, 3). Warendorf 1964, S. 161, Nr. 2083.

11   NIESERT, Bürgerbuch Warendorf, S. 103, Nr. 1749.

12   NIESERT, Bürgerbuch Warendorf, S. 131, Nr. 2504.

13   Münster-Ludgeri - Tf 3 (1714-1776), 24: 25. [September 1718]; Henricus Antonius filius Francisci Böening et Anna Maria Neysker; patr(ini): Henrich Anton Neysker et Anna Margareta Werman.

14   LAHRKAMP, Helmut (Hg.): Die Geburtsbriefe der Stadt Münster 1548-1809 (= Quellen und Forschungen zur Geschichte der Stadt Münster, NF 4). Münster 1968, S. 99 Nr. 1288.

15   Münster-Ludgeri - Tr3 (1714-1776), 59: 24. April(is) [1743] Henricus Antonius Boing [darüber: Beuing] et Maria Gertrudis Schmieman, dispensati in proclamat(ibus); testes: Melchior Koninghausen et Jo(ann)es Henr(icus) Erasmus. – Weitere Kinder dieses Paares in Münster/Ludgeri getauft: 1) Maria Elisabeth [Beining], ~ 27.3.1745 (Tp: Herman(nus) Henricus Sieberg et Maria Elisab(eth) Cruse cond(icta) Veldtwisch); 2) Franz Arnold, ~ 28.12.1746 (Tp: Franciscus Arnoldus Zurmühlen et vidua Zurwöesten); 3) Isabella Franziska [Beining], ~ 11.10.1748 (Tp: Jo(ann)es Bern(ardus) Berkeswick et Isabella Schmieman); 4) Johann Heinrich [Beining], ~ 5.1.1751 (Tp: Franciscus Fischer et Maria Gertrudis Hinsenbroick); 5) Anna Magdalena, ~ 9.6.1753 (Tp: Caspar Theodor Grone et Anna Magd(alena) Hölscher uxor Brinckman); 6) Johann Heinrich Anton, ~ 2.1.1756 (Tp: Jo(hann)es Henr(ich) Veltwisch et Anna Gertrud Bick vidua Schmedding).

16   Münster-Ludgeri - Tf2 (1648-1713), 191: 19. [November 1679], Franciscus filius Bernardi Beuninck et Elisabethae Grone, conj(uges): patr(ini): Frans Delsen et Clara Heithus.

† vor 22.11.1734
∞ Münster/Ludgeri 4.2.1710[17] Anna Maria <u>Neiseker</u> (Vorfahren unbekannt),
† nach 22.11.1734
10 1976   Bernhard thom Boninck
∞ Münster/Ludgeri 26.7.1659[18] Elisabeth <u>Grone</u>

<u>Bierhoff</u> (lutherisch)
09 1014   Henrich
* Annen, ~ Lütgendortmund 11.11.1674

<u>Biermann</u> I (katholisch)
12 7476   Johannes d.Ä.
∞ I. Wiedenbrück um 1560 NN Moselage, T.d. Franz Moselage u.d. Anna von Willen
∞ II. Wiedenbrück um 1590 Anna <u>Welpotte</u> (Vorfahren unbekannt), * um 1570, † Wiedenbrück 8.1.1642, geschatzt 1628 bei ihrem Mann im Langenbrückenpfortenhof, (sie ∞ II. um 1620 Hermann Hölscher)

<u>Biermann</u> II (katholisch)
10 1935   Agneta (auch Agnes)
* Wiedenbrück um 1646[19]
∞ Ostbevern 23.11.1679[20] Wilhelm <u>Ottons</u>

---

17   Münster-Ludgeri - Tr2 (1650-1713), 515: 4. [Februarii 1710]; Franciscus Beuninck, virgo Anna Maria Neeseckers; testes: Georg Neeseker, Christian Kohuß. – Weitere Kinder dieses Paares: 1) Franz Heinrich, ~ Münster/Ludgeri 1.9.1716 (Tp: Jo(ann)es Henricus Hilterman et Anna Elisab(eth) Hardman condicta Neskers); 2) Christoph Bernhard [Boening], ~ Münster/Ludgeri 2.2.1721 (Tp: Christopher Neisker et Elisabeth Wolfers vidua Eßkotte).

18   Münster-Ludgeri - Tr2 (1650-1713), 415: 26. Jul(ij) [1659] Bernardt thom Boninck cum Elisabeth Grone; test(es): Jodocus Bueris, pistor, Franciscus Spöre(?).

19   Wird bei Heirat als aus Wiedenbrück stammend bezeichnet (KB-Ostbevern 3, S. 124); bei ihrem Sohn Philipp Ottons (später Organist in Wiedenbrück) ist Philipp Biermann Pate, der – wie sie selbst – als Kind des Johannes Biermann 1655 bei der Erbteilung in Wiedenbrück genannt wird (StadtA Rheda-Wiedenbrück [RW], Protocolla contractum, Bd. 3, fol. 144r).

20   Ostbevern - Tr3, 124: 23. 9bris [1679] in die Jovis, Wilhelm Otte, Agnes Biermans, Widenbrug(ensis); testes: Henrich Silligs, Johan Dehrhacke, Gerdt Mollers derg. Steeßkampff. – Das Datum bei KIRSCHNICK, Raphaela und Herbert: Familienbuch des Kirchspiels Ostbevern. Die Ostbeverner Bevölkerung vor 1820. Lienen 2002, S. 767, ist falsch und gehört zu dem dort direkt folgenden Ehepaar Catharina Ottons/Wilhelm Baune.

11 3870   Johannes
            Kaufmann in Wiedenbrück,[21] 22.10.1649 geschatzt mit Ehefrau Catharina
            und Magd Catharina im Ostpfortenhof auf 1 Rt 8 ß[22]
            ∞ I. um 1640 Catharina <u>Sölling</u>
            ∞ II. Wiedenbrück 26.5.1655 Christina Graflage

<u>Böhmann</u> (evangelisch)
09 1001   Anna Margareta
            * Asseln 7.3.1703
            ∞ Asseln 27.11.1732 Dietrich Johann <u>Sundhoff</u>
10 2003   Agnes Böhmann
            * um 1678
            † Asseln 19.10.1732
            ∞ Asseln 19.5.1693 Dietrich <u>Kirchhoff gen. Böhmann</u> (Vorfahren unbekannt),
            * Ostbüren, † Asseln 28.5.1721
11 4006   Johannes Vieseler gen. Böhmann
            * Aplerbeck um 1635
            † Asseln 7.1.1705
            ∞ I. Asseln 22.3.1667 Clara Böhmann, † Asseln 5.8.1668
            ∞ II. Asseln 9.5.1669 Clara <u>Reckermann</u>

<u>Boemer</u> (katholisch)
07 245   Maria Louisa Natalia Johanna
            ~ Warendorf/Laurentius 9.10.1774[23]
            † Warendorf 4.3.1834, [] ebd./Laurentius 8.3.1834[24]
            ∞ Warendorf/Laurentius 30.9.1794[25] Franz Anton <u>Decker</u>

---

21   Loefke, Christian: Wiedenbrücker Krameramtsverwandte des 17. Jahrhunderts, in: Beiträge
     zur westfälischen Familienforschung 54 (1996), S. 91-181, hier S. 102 Nr. 16. Die dort ver-
     muteten Eltern lassen sich bisher nicht verifizieren.

22   Loefke, Christian (Hg.): Kopfschatzung der Stadt Wiedenbrück vom 22. Oktober 1649. Mit
     Ahnentafel des Ratsherren Henrich Kersting (= Schatzungslisten aus dem Amt Reckenberg,
     4). Dortmund 1997, S. 28 Nr. 217.

23   Warendorf/Laurentius - Tf10, 398 / 138: den 9ten [8bris 1774], parentes: Andreas Boemer,
     Anna Gertrudis Bartels; proles: filia legitima Maria Lovisa Natalia Joanna; patrini: Maria
     Gertrudis Elisabetha Waltman.

24   Warendorf/Laurentius - To4, 116f. / 30: Maria Louise Boemer, Ehefrau des Franz Anton Decker,
     Kleinhändler, 59 Jahre 4 Monate alt, hinterlässt Ehemann und zwei großjährige Kinder.

25   Warendorf/Laurentius - Tr10, 26 / 39: Nomina copulatorum: Franciscus Antonius Decker,
     Maria Aloyisa Boemer; testium: Jo(ann)es Hermannus Bartels, Jo(ann)es Henricus Decker;
     tempus: den 30ten 7bris [1794].

08 490   *Dietrich Andreas*
     * um 1732
     [] Warendorf/Laurentius 11.1.1786 (54 J.)
     Perückenmacher in Warendorf
     ∞ Warendorf/Laurentius 25.7.1769[26] Anna Gertrud Bartels

Bonnermann (Bovermann) (evangelisch)
10 2030   Johann
     * Annen, ~ Lütgendortmund 12.2.1662
     Bauer in Annen
     ∞ I. Lütgendortmund 12.11.1694 Gertrud Bockholt

Brandt (Brandpaul, Brandhermann)[27]
11 3767   *Margareta*
     * Avenwedde (Bauerschaft) um 1625
     [] Herzebrock 11.12.1701
     1636: 12 Jahr [alt][28]
     ∞ um 1646 Hermann Wöstenbusch
12 7534   *Paul*
     * Avenwedde (Bauerschaft) um 1595
     † nach 1645
     ∞ Gütersloh um 1620 Elsche Paschedag (Vorfahren unbekann.), * Aven-
     wedde um 1595
13 15068   *Otto*
     * Avenwedde (Bauerschaft) um 1560
     † Avenwedde (Bauerschaft) vor 1630
     ∞ um 1585 mit Anna Wullen (Vorfahren unbekannt)
14 30136   *Hermann Ebbeken gen. Brandhermann*
     ∞ I. um 1550 mit Margareta Brand
     ∞ II. um 1560 mit Gertrud Plassmann (Vorfahren unbekannt)

---

26   Warendorf/Laurentius - Tr9, 91 / 29: Nomina copulatorum: Diederich Andreas Boemer, Anna
      Gertrudis Bartels vidua Ritter; testium: Joan Herman Bartels, Frans Tertman; tempus: den
      25ten Jul(ii).
27   Freundliche Mitteilung von Jochen Ossenbrink, Gummersbach.
28   Pott, Erich (Hg.): Gütersloher Geschichtsquellen, Heft 1: Conscriptio de anno 1636 der
      Bauerschaften Avenwedde, Kattenstroth und Spexard. Gütersloh [1980], S. 28.

zum Brincke
13 14905   _Anna_
      † nach November 1627 / vor 19.8.1628
      ∞ um 1580 Baltz Strohschneider _(I)_
14 29810   _Johann_
      † zwischen 11.2.1580 / 28.9.1584
      Ratsherr in Wiedenbrück 1580, gnt. 1549 im Langenbrückenpfortenhof
      ∞ vor 1549 Anna NN, _† Wiedenbrück um 1592_

Brockmann (katholisch)
08 474   Johann Hermann
      ~ Liesborn 28.2.1721[29]
      [] Wiedenbrück 14.11.1765
09 948   _Johann Hermann_
      ~ Liesborn 21.1.1687[30]
      † nach 1750
      stud. 1705 in Paderborn,[31] _Lehrer in Liesborn_[32]
      ∞ Liesborn 12.7.1718[33] _Agnes Catharina_ Weddepohl

---

29 Liesborn - Tf2, 140v: 28. Februar(ii) [1721]; baptizati: Jo(ann)es Herman(nus); parentes: Jo(ann)es Hermannus Broickman, Agnes, uxor; patrini: Jo(hann)es Widepohl per procuratorem Gerhard Rampelmans, Maria Elisabeth Landgreber.

30 Liesborn - Tf2, 25v: 21. [Januarii 1687], liber; [baptizatus est] Jonnes Hermannus, filius legitimus Antonii Brockman et Annae Popsels, coniugum; patrini: Joannes Henricus Zumbult et Anna Gedrudis(!) Heinman.

31 FREISEN, Joseph: Die Matrikel der Universität Paderborn 1614-1844, Bd. 1. Würzburg 1931, S. 68 Nr. 4493.

32 Wird 1750 im Status animarum als 61-jähriger Lehrer und Witwer in der Bauerschaft Oisthausen genannt. – Zur Familie Brockmann in Liesborn vgl. GRABE, Wilhelm: Ein Gelehrtenleben in stürmischer Zeit: Johann Heinrich Brockmann (1767-1837), in: Westfälische Zeitschrift 151/152 (2001/2002), S. 91-105.

33 Liesborn - Tr2, 192v: 12. Julij [1718] copulati sunt Jo(ann)es Hemannus Broickman et Agnes Catharina Weddepoll; testibus: Jo(ann)e Buse et Henrico Meyer Erdman. – Weitere Kinder dieser Ehe in Liesborn getauft: 1) Gerhard Anton, ~ 11.5.1719; 3) Anna Elisabeth, ~ 9.11.1722; 4) Maria Anna, ~ 5.10.1724, wird 1750 im Status animarum als 24-jährige Tochter bei ihrem Vater genannt; 5) Franz Anselm, ~ 13.7.1729, † 28.7.1729; 6) Franz Anselm (Zwillling), ~ 29.11.1730; 7) Peter Joseph (Zwilling), ~ 29.11.1730, † Minden 7.7.1803 auf der Reise nach Hildesheim verunglückt (KB Liesborn), wird 1750 im Status animarum als 19-jähriger Küster genannt, ∞ Liesborn 24.5.1757 Anna Gertrud Herfeld, wird 1750 als 16-jährige Tochter des Johannes Herfeld auf Haus Lührwald genannt.

10 1896 Anton Brockmann gen. Gildewerth
Magister an der Kirchspielsschule in Liesborn[34]
∞ [35] *Anna Catharina* *Popsel*

Bultmann
10 1915 ***Agnes***
~ *Wiedenbrück 11.7.1660*
11 3830 Jacob
† Mastricht 9.1676, *[] Wiedenbrück 23.9.1676*

Cloedt
08 501 NN Clodt
** um 1745,*
∞ *um 1765 Johann Gottfried (Friedrich) Sundhoff gen. Clod*
09 1003 Anna Margareta
∞ *Schwerte 29.4.1742 Melchior Heinrich Michel gen. Clodt*

Decker
06 122 Hermann Joseph
~ *Warendorf/Laurentius 15.2.1796*
† Warendorf 10.11.1854
immatrikuliert sich am 19.12.1811 in Münster an der Philosophischen Fakultät als 16-Jähriger aus Warendorf gebürtig, wo seine Eltern wohnen, er selbst hatte zuletzt in Warendorf bei Hinsmann gewohnt[36]
∞ Münster/Lamberti 17.5.1817 Franziska Catharina Diepenbrock
07 244 Franz Anton
~ *Münster/Ludgeri 13.12.1766*
† Warendorf 29.12.1834

34 GRABE, Gelehrtenleben, S. 92.

35 Weitere Kinder dieser Ehe in Liesborn getauft: 1) Lubert, ~ 22.1.1679; 3) Caspar Wilhelm, ~ 17.2.1689. Evtl. gehören die Kinder des Anton Spindeler, der ebenfalls mit einer Anna Popsel verheiratet war, auch hier her.

36 KOHL, Wilhelm / GIESLER, Robert: Die Matrikel der Universität Münster 1780 bis 1818. Edition und biographische Erläuterungen (= Veröffentlichungen des Universitätsarchivs Münster, 1). Münster 2008, S. 242 Nr. 882.

bürgert 22.10.1796 in Warendorf ein,[37] *erhält am 11.12.1796 in Warendorf seinen Geburtsbrief,*[38] Perückenmacher, *1816 Wohnort Oststraße in Warendorf*[39]

∞ *I. Warendorf/Laurentius 18.5.1793 Anna Catharina Ambsen, * um 1766, [] Warendorf 2.8.1794, 28 Jahre alt im Kindbett*

∞ *II. Warendorf/Laurentius 30.9.1794*[40] Maria Louise *Natalia Johanna* Boemer

08 488 *Johann Theodor*

  * Vreden um 1728

  [] Münster/Ludgeri 17.5.1789*[41]

  als Konstabel der münster. Armee 1784/85 entlassen[42]

  ∞ *Vechta 4.5.1762*[43] *Maria Sophia* Pieck *(Vorfahren unbekannt), * um 1727, † Münster/Ludgeri 19.2.1807 (80 J.)*

Dieckmann

08 485 Anna Maria (Elisabeth)

  ~ *Sassenberg 22.11.1723*

  ∞ Warendorf/Laurentius 18.6.1752 Hermann Anton Preckel

09 970 Christoph

  * um 1690

  [] Sassenberg 9.3.1752

  ∞ *I. Sassenberg 2.12.1719 Anna* Gossmann

---

37 NIESERT, Bürgerbuch Warendorf, S. 242, Nr. 6112.

38 NIESERT / WALLMEIER, Geburtsbriefe, S. 307, Nr. 4322: Zeugen waren Wilhelm Lenz und Heinrich Berkemeyer.

39 SCHMIEDER, Siegfried (Hg.): Die Einwohner der Stadt Warendorf im Jahre 1816. Ein Beitrag zur Demographie Westfalens (= Quellen und Forschungen zur Geschichte des Kreises Warendorf, 24). Warendorf 1991, S. 61 Nr. 329: Ehefrau: Bömer Maria Louise; Sohn: Decker Hermann Joseph; Sohn: Decker Franz Joseph; Tochter: Decker Catharina; Magd: Kemper Franziska.

40 Warendorf/Laurentius - Tr10, 26 / 39: Nomina copulatorum: Franciscus Antonius Decker, Maria Aloyisa Boemer; testium: Jo(ann)es Hermannus Bartels, Jo(ann)es Henricus Decker; tempus: den 30ten 7bris [1794].

41 Münster/Ludgeri - To1, 54 / 18: 17. [Majus 1789] Jo(ann)es Theod(orus) Decker. – das Ehepaar lässt ab 1764 drei Kinder in Ludgeri taufen.

42 HELL, Klaus: Unteroffiziere und Gemeine der Fürstbischöflich-Münsterischen Armee von 1775 bis zu ihrer Auflösung 1802, in: Beiträge zur westfälischen Familienforschung 46 (1988), S. 9-275, hier S. 38 Nr. 694.

43 Vechta - Tr4, 340: 1762, Majus 4ten; Joannes Theodorus Decker, Sophia Pieck; testes: Frantz Kirchener, Peter Anton Mertz, Maria Gertrud Decker.

∞ II. *Sassenberg 1.8.1745* Gertrud Korte, nach Status animarum 1750 = 42 Jahre alt, * um 1708

Diepenbrock
08 492   Heinrich Ferdinand
    ~ *Sendenhorst 5.2.1714*[44]
    ∞ II. *Everswinkel 30.5.1746* Anna (Catharina) Elisabeth <u>Rodenburg</u>

Diing
10 1913   Margaretha
    * *um 1642*
    [] Wiedenbrück 29.2.1712
    ∞ Wiedenbrück 3.5.1672 Cordt <u>Balke</u>

Druffel
07 236   Johann Ferdinand
    ~ *Wiedenbrück 23.2.1737*[45]
    ∞ ebd. 16.4.1769 Maria Anna <u>Brockmann</u> (I)
09 944   Johannes Conrad
    [] Wiedenbrück 23.**6**.1734
    ∞ ebd. 26.1.1687 Anna Margaretha <u>Heising</u> (I)

Elverfeld
Die Geburt/Taufe des Franz Wilhelm Elverfeld (* um 1723) läst sich in den Kirchenbüchern von Wiedenbrück nicht nachweisen. Auch die Paten seiner Kinder ließen bisher keinen Rückschluss auf seine Herkunft zu. Gleichwohl werden seine Kinder als Bürger bezeichnet, ohne dass sie selbst oder ihre Eltern in Wiedenbrück eingebürgert worden wären. Daraus muss man schließen, dass mindestens bereits die Eltern-Generation des Franz Wilhelm Elverfeld das Wiedenbrücker Bürgerrecht besessen hatte. Namenstechnisch kommt hier nur der Wiedenbrücker Richter Johann Bernhard Elverfeld in Frage, für den aber weder Heirat noch Taufen von Kindern in Wiedenbrück nachgewiesen werden können. In den Ratsprotokollen der Stadt Wiedenbrück ist allerdings ein Streit vermerkt, in dem es darum ging, dass der Richter ein uneheliches ‚Stadtkind' aus Vellern

---

44   Sendenhorst, St. Martini (katholisch), KB 2 (Taufen 1710-1802), S. 11a: [dies et mensis:] 5. Febr(uarii) [1714]; [baptizati:] Henrich Ferdinandt; [nomina parentum:] Johan Arndt Deipenbrock, Elisabeth Gäukinck(!); [nomina patrinorum:] Henrich Läer, Margaretha Bliedecker.

45   Das bei DRUFFEL, Wilhelm: Geschichte der Familie Druffel. Dortmund 1914, S. 10, angegebene Geburtsdatum kann nach dem Taufdatum nicht richtig sein, wahrscheinlich * 20.2.1737; Wiedenbrück - Tf4, 219.

wieder nach Wiedenbrück geholt habe. Zu vermuten war, dass es sich um sein eigenes, uneheliches Kind gehandelt hat, welches dann wohl der oben schon angesprochene Franz Wilhellm Elverfeld gewesen wäre. Tatsächlich findet sich in Vellern die Taufe eines – im Gegensatz zu anderen nicht ausdrücklich als unehelich bezeichnetem – Kindes mit Namen Franz Wilhelm, dessen Vater leider als „unbekannt (ignotus)" aufgeführt wird. Dass es sich hierbei doch um den späteren Wiedenbrücker Wundarzt handelt, ergibt sich aus dem Namen seiner Mutter: Anna Christina Pagendarm. Diese Anna Christina heiratete relativ spät 1732 Johann Otto Ködinghaus in Wiedenbrück. Womit wir wieder bei den Paten der Kinder des Franz Wilhelm Elverfeld wären. Besagter Johann Otto Ködinghaus wie auch sein Schwager Johann Heinrich Vogt (∞ Maria Elisabeth Pagendarm) werden als Paten der Familie Elverfeld genannt. Damit dürfte die Abstammung als gesichert gelten.

07 232   Franz Wilhelm Elverfeld
~ *Vellern 19.3.1725*[46]
08 464   *Johann Rotger Bernhard*
~ *Heessen 27.12.1691*
[] Heessen 2.7.1759
immtr. 1713 in Hamm, bürgert in Wiedenbrück 1719 ein, Richter ebd. 1721, wegen „Untätigkeit" 1729 entlassen, 1730 Richter der v.d.Reckeschen Patrimonialgerichte zu Heessen und Wolfsberg (Lüdinghausen)
o-o Anna Christina Pagendarm
∞ *Ahlen (Bartholomäus) 25.8.1729 Anna Margareta Juliana Ense*
weitere Vorfahren Elverfeld nach AL Schücking[47]

von Elverfeldt
12 7579   *Catharina (aus erster Ehe)*
∞ *Franz von Meschede*
Auf der Grabplatte des Franz von Meschede wird sie als „C. v. Elvervelt" bezeichnet.[48] Bei von Steinen heißte es über ihren Vater: „Cort. Er hat sich 2 mahl vermählet mit 1) N. eine Unadliche, die ihm 3 Töchter gebar. 2) Ursula Kettler zum Gerckendaal, die ihm gebar Hermanna, welche mit Rabe von Thulen zur Brüggen vermählet wurde. Sie ist zu Flirich begraben 1580."[49]

---

46   Vellern - Tf3, 9: 19. Martii [1725]; parentes, mater: Anna Christina Pagendarm, pater ignotus; filius Franz Wilhelm; patrini: Joan Caspar Polckinck, Catharina Telkern.

47   STEINBICKER, Schücking, S. 73-108.

48   MICHELS, Paul: Alte Grabtafeln in der Pfarrkirche zu Brilon (mit Wappenabbildungen), in: Beiträge zur westfälischen Familienforschung 2 (1939), S. 102-121, hier S. 111 (https://www. lwl.org/westfaelische-geschichte/txt/beitrwff-8297.pdf).

49   VON STEINEN, Johann Diederich: Westphälische Geschichte, 3. Teil. Lemgo 1757, S. 1512 (https://sammlungen.ulb.uni-muenster.de/ob/content/titleinfo/704336).

Eine dieser drei nicht-standesgemäßen Töchter hieß Catharina; sie ist im Testament des Johann von Elverfeld zu Blumenau 1571 erwähnt.[50] Es ist naheliegend, diese nicht-standesgemäße Tochter Catharina mit der Ehefrau „C." des Franz von Meschede zu verbinden, der ja ebenfalls nicht ganz standesgemäß war, da er aus einer Bastardlinie stammte.

13 15158   Conrad
      † vor 1560
      ∞ I. vor 1550 NN ...
      ∞ II. um 1555 Ursula von Ketteler
14 30316   Jaspar
      Herr zu Herbede, Langendreer, Benninghofen, Kamen etc., Rat und Droste zu Wetter und Hörde, urkl. 1496-1530, 15.6.1531†
      ∞ um 1494 Jutta de Bever zu Langen
14 60632   Wilhelm
      Knappe, Herr zu Herbede, Blumenau, Unterbach, Benninghofen, Hemer etc., urkl. 1455-1475
      ∞ Gela (Geseke) von der Dorneburg gen. von Aschebrock[51]
15 121264   Konrad
      Ritter 1421, Herr zu Herbede, Benninghofen, Hemer etc., urkl. 1404-1461
      ∞ Irmgard Quade[52]
16 242528   Eberhard
      † vor 8.12.1420
      urkl. 1377-1415, 1406 Knappe, Herr und Schultheiß zu Herbede
      ∞ (NN von Bönen, T.d. Richard von Bönen)[53]
17 485056   Konrad
      Knappe, urkl. 1343-1406
      ∞ N.N. von Wickede
18 970112   Konrad
      Ritter 1342, Herr zu Herbede, Hybhinchusen, Grotehus, Borgo etc., urkl. 1324-1367
      ∞ Dedradis NN, urkl. 1343-1349
19 1940224   Burchard
      Burgmann zu Blankenstein, Ritter 1315, Besitzer des Zehnten zu Herbede 1311, Vogt von Herbede seit 1313, urkl. 1305-1338

---

50 AANDER-HEYDEN, Eduard: Urkunden und Regesten zur Geschichte der Freiherren von Elverfeldt. II. Bd. 1500-1885 nebst Nachträgen vom Jahr 1143 an. Elberfeld 1886, Nr. 107, S. 50f., hier speziell S. 51.

51 Zu ihren Vorfahren siehe u.a. STEINBICKER, Schücking, S. 103ff.

52 Über sie ergibt sich der Anschluss an den Hochadel und damit die Abstammung von Karl dem Großen.

53 Eberhard von Elverfeldts Ehefrau nach Überlegungen/Forschung von Wolfgang Schindler (freundliche Mitteilung 2014).

∞ NN *von Dedinghoven*
20 3880448   Konrad von Heppendorf gen. Elverfeldt

Frone
12 7470   Heinrich
   ∞ **vor 1620** Anna *Strohschneider (II)*

Göbel (evangelisch)
09 993   Maria Elisabeth
   * Dalwigksthal um 1678
   † Nordenbeck, [] Niederense 15.3.1758 (80 Jahre 6 Monate alt)
   konfirmiert 1691
   ∞ (Fürstenberg? um 1715/16) Johann 'Henrich (junior)' *Zimmermann (I)*
10 1996   Johann Reinhard
   * um 1647
   [] Niederense 15.10.1721 (76 Jahre 8 Monate alt)
   Verwalter auf der Königsburg (= Dalwigksthal), konfirmiert 1660
   ∞ I. Anna Elisabeth *NN*, * Goddelsheim, [] Niederense 11.6.1689
   ∞ II. um 1690 Anna Catharina NN, * um 1660, [] Niederense 24.4.1730 (70
   Jahre weniger etliche Monate alt)
11 3992   Reinhard
   Meyer auf der Königsburg 1660, ...

Goecke (Goercke, Gercke)
11 (?)3940   Georg
   † Neheim 12.**9**.1688
   ∞ um 1645 Maria (Christina?) *NN*, * um 1614/15, † Neheim **3**.3.1695, (sie:
   ∞ I. N.N.)
12 7880   Hans
   † Neheim 1646
   Scharfrichter in Neheim
   ∞ NN, † kurz vor 23.8.1683

Gossmann (katholisch)
09 971   Anna
   ~ Sassenberg 14.6.1699
   [] ebd. 8.10.1742
   ∞ Sassenberg 2.12.1719 Christoph *Dieckmann*

10 1942   Henrich
[] Sassenberg 23.2.1714
„Hortulani Celsissimi"
∞ Sassenberg 13.5.1696 [54] Anna Maria <u>Wesseling</u> (Vorfahren unbekannt),
[] Sassenberg 6.8.1719

<u>Graflage</u>
10 1861   Agneta
* Wiedenbrück um 1645
[] Wiedenbrück 29.9.1696
∞ Wiedenbrück 25.11.1663 Heinrich <u>Pagendarm</u>
11 3722   Hermann
[] Wiedenbrück 27.1.1676
Kannengießer und Ratsherr in Wiedenbrück
∞ Wiedenbrück um 1630 Sophia <u>Heising</u> (III)
12 7444   Otto
† Wiedenbrück vor 1609
1599 im Rinderpfortenhof für eine Hauptfeuerstelle auf 1 Rt geschatzt [55]
∞ Wiedenbrück vor 1599 Margareta <u>Wippermann</u> [56]

<u>Grone</u>
10 1977   Elisabeth
~ Münster/Ludgeri 21.3.1638
∞ Münster/Ludgeri 26.7.1659 Bernhard Beuing [thom Boninck]
11 3954   Bernhard
∞ Elisabeth <u>Hespers</u> (Vorfahren unbekannt)

---

54   Weitere Kinder diese Ehepaars in Sassenberg getauft: 2) Bernhard Heinrich, ~ 10.4.1701 (Tp: Bernardus Herman Hartman et Gertrudis Lawmeyers); 3) Johann Wilhelm, ~ 6.3.1703 (Tp: Joannes Wilhelmi Schulteti Oldenbergh et Anna Stennhage, uxor Wessels); 4) Gerhard Heinrich, ~ 26.2.1705 (Tp: Gerhardus Henricus Ernst et Catharina Beckers); 5) Hermann Theodor Goesens, ~ 29.3.1707 (Tp: Theodorus Hermannus Meyer et Maria Agnes Krimphöve); 6) Eberhard Benedikt Goesens, ~ 1.10.1709 (Tp: Everhardus Henricus Goesman, secret. Warend., Maria Elisabeth Lameyers); 7) Maria Gertrud Goesen, ~ 30.11.1710 (Tp: Johan Henrich Goesman, Elisabeth Beckers); 8) Anna Margareta Elisabeth Gosen, ~ 30.3.1713 (Tp: Johan Henrich Stiens, Anna Elisabeth Gosen).

55   LOEFKE, Christian (Hg.): Rauchschatzung der Stadt Wiedenbrück von 1599. Mit einem Stammtafelausschnitt: Familie Pagendarm in Wiedenbrück (= Schatzungslisten aus dem Amt Reckenberg, 1). Dortmund 1996, S. 11 Nr. 185.

56   Zu ihr und ihren Vorfahren siehe FLASKAMP, Franz: Das westfälische Patriziergeschlecht Wippermann, in: Westfälische Zeitschrift 110 (1960), S. 249–270, besonders S. 255.

12 7475   _Paase (Beatrix)_
    † vor 13.12.1635
    bürgert 1621 mit (2.) Ehemann in Wiedenbrück ein, gen. 1626 in der Nach-
    lasssache ihrer Mutter, geschatzt 1628 als Witwe auf 7 Schilling 8 Denarii
    ∞ I. um 1600 Meinhard Schmülke
    ∞ II. vor 1621 Peter Bödeker, † vor 1628
13 (?)14950   _Hermann_
    † Wiedenbrück um 1598
    ∞ (II. ?) Wiedenbrück vor 1598 Margareta Pagendarm (II)

Heising (II)
09 957   Maria Catharina
    ~ Wiedenbrück 29.1.1687
    ∞ ebd. 28.11.1713 Caspar Philip Balke
10 1914   Johann Heinrich
    [] Wiedenbrück 22.12.1707
11 3828   Christopher
12 7656   _Benedikt_[57]
    _* um 1575_
    † vor 1628
    geschatzt 1599 im Rindepfortenhof für 1 Nebenfeuerstelle auf ½ Rt[58]
    ∞ um 1612 Elsa Tütermann (Vorfahren unbekannt), bürgert 1612 in Wie-
    denbrück ein[59]

Heising (III)
11 3723   Sophia
    [] Wiedenbrück 28.9.1670
    ∞ Wiedenbrück um 1630 Hermann Graflage
12 7446   _Hermann Heising gen. Kannegießer_
    † Wiedenbrück vor 1628

---

57   Als Vater wahrscheinlich, da die Enkelgeneration u. a. „Heising gen. Dix" als Familiennamen
     führt.
58   LOEFKE, Rauchschatzung 1599, S. 10 Nr. 146.
59   FLASKAMP, Franz (Hg.): Die Bürgerlisten der Stadt Wiedenbrück. 1. Teil: Stadtbuch 1480 bis
     1541, Bürgerbuch 1549 bis 1730 (= Quellen und Forschungen zur Natur und Geschichte des
     Kreises Wiedenbrück, 37). Rheda 1938, S. 37.

Hellweg (I)
11 3782 Anton
† Wadersloh 4.3.1672
Bauer zu Wadersloh, 1646 Beauftragter der Erben des † Pastors Sprenker
∞ I. vor 1628 Gertrud Sprenker
*∞ II. Wadersloh 7.8.1639 Ida Rampelmann (Vorfahren unbekannt), * Wa-*
dersloh, † Wadersloh 10.2.1682, (sie: ∞ I. Anton Beckmann, † vor 7.8.1639)

Kersting
09 973 Clara Catharina
~ Warendorf/Laurentius 20.8.1699[60]
[] ebd. 9.2.1767[61]
10 1946 Heinrich
~ Warendorf/Laurentius 2.9.1663[62]
∞ Münster/Aegidii 28.10.1696[63] Clara Schmedding
11 3892 Caspar[64]
1685 Bäcker in Warendorf
∞ Warendorf/Laurentius 31.5.1660[65] Anna Hoyer (Vorfahren unbekannt)

Kirchhoff
12 7453 Eva
** Wiedenbrück um 1595*
† Wiedenbrück nach 1633
∞ I. Wiedenbrück um 1615 Heinrich Strohschneider (I)

---

60 Warendorf/Laurentius - Tf8, 249 / 156: 20. [Augusti 1699]; parentes: Henrich Kers[t]ing, Clara
Schmedding; proles: Clara Catharina; patrini: Cath(arina) Sobbekens, Theod(or) Schmedding.

61 Warendorf/Laurentius - To1, 88 / 12: den 9ten [Februarii 1767] Witt[i]be ... [Leerraum] Niehues.

62 Warendorf/Laurentius - Tf3, 219 / 137: [2. 7bris 1663]; [proles:] Henrich; [parentes:] Caspar
Kestiens, [patrinus:] Henricus Hoyer.

63 Münster-Aeg.Tr1, 186: 28. [October 1696]; Henricus Kerstinck cum virgine Clara Schmeddink. – Weitere Kinder diese Ehepaares in Warendorf/Laurentius getauft: 1) Anna Clara,
~11.02.1698 (Tp: Anna Hewers, Casp. Hordeman); 3) Johann Caspar, ~ 01.01.1703 (Tp:
Jo. Casp. Kersting, Anna Voos).

64 Ein aus Ennigerloh stammender Caspar Kersting, S.d. Johann Kersting und der Else NN, erhält
1670 in Warendorf seinen Geburtsbrief (NIESERT / WALLMEIER, Geburtsbriefe, S. 57, Nr. 728).

65 Warendorf/Laurentius - Tr3, 251 / 9: 31. Maij [1660] Jasper Kestiens unnd Anna Hoyers. –
Weitere Kinder dieses Paares in Warendorf/Laurentius getauft: 1) Gertrud, ~ 20.3.1661 (Tp:
Gerdruett Kopes); 2) Werner, ~ 6.4.1662 (Tp: Werner Hoever); 4) Johannes, ~ 22.11.1665 (Tp:
Joann(es) Claves); 5) Elisabeth, ~ 9.1667 (Tp: Elisabeth Hülßmans); 6) Werner, ~ 14.7.1669
(Tp: Werner Lauman); 7) Maria, ~ 19.4.1672 (Tp: Maria Lauenstein).

∞ *II. Wiedenbrück vor 1625 Otto Dotte, † vor 1633*
13 14906   Heinrich
        † nach 1628
        Schlosser in Wiedenbrück
        ∞ um 1595 Margareta NN, bürgert 1595 in Wiedenbrück ein, † nach 1628

Kreuzkamp (Kreutzkampf, Crauskamp) (katholisch)
08 467   Anna Elisabeth Konradine
        [] Wiedenbrück 29.6.1779
09 934   Andreas Johann
10 1868   Christoph
        † Wiedenbrück 18.7., [] ebd. 21.7.1685

Lentz
08 506   Johann Andreas
        † Kleinholthausen 5.3.1810

Linnigmann
11 4038   *Johann*
        * um 1636
        † Schüren 7., [] Aplerbeck 10.6.1708
        Bauer in Schüren
        ∞ um 1665 Sybilla Kellerkamp (Vorfahren unbekannt), * Asseln um 1638,
        [] Aplerbeck 2.12.1708 (sie: ∞ I. um 1660 Melchior Westhecker in Brackel)

Maes
11 3727   *Sabina*
        * Röckinghausen um 1620
        bürgert 1644 in Wiedenbrück ein
        ∞ Wiedenbrück um 1644 Peter Strohschneider (I)
12 7454   *Johannes*
        † Röckinghausen 31.12.1649
        Bauer in Röckinghausen
        ∞ Anna NN, gen. 1630, † nach 1651

Meidling[66]
11 3943   *Gertrud*
    ∞ *Theodor* Stalhauer
12 7886   *Erasmus*
    * *um 1605*
    † *Rüthen 15.11.1686*
    Scharfrichter
13 15772   *Conrad*
    Scharfrichter

Melloë (Mellau, Meloh)
12 **7530**   Georg (Jürgen)
    [] Rheda 15.**8**.1674

von Meschede
12 7578   Franz
    † *Brilon 19.8.1598*[67]
    Kämmerer in Brilon, Bürgermeister, gen. 1581-1598
    ∞ *Catharina* von Elverfeldt

Michels nennt in seinem Beitrag über Grabtafeln in der Briloner Pfarrkirche drei Tafeln der Familie von Meschede aus dem Ende des 16. / Anfang des 17. Jahrhunderts, die aufgrund ihrer Wappenabbildungen Anlass für die folgenden Überlegungen sind. Es sind dies die Grabtafeln des Hinrich von Meschede († 1580; Wappen: Meschede, Pennick, Tulen, Rammen), des Franz von Meschede († 1598; Wappen: Meschede, Elverfelt, Tulen, Pennick) und des Georg von Meschede († 1607; Wappen: Meschede, Kleinsmedt, Tulen, Pennick). Da aus Michels nicht hervorgeht, wie die Wappen angeordnet waren (z. B. nebeneinander oder paarweise untereinander) ergeben sich mehrere Möglichkeiten der Interpretation. So z. B. als Wappen der jeweils vier Großeltern nebeneinander

Me-schede	**Pen-nick**	**Tulen**	Ram-men	Me-schede	Elver-felt	**Tulen**	**Pen-nick**	Me-schede	Kleins-medt	**Tulen**	**Pen-nick**
Meschede		Tulen		Meschede		Tulen		Meschede		Tulen	
Heinrich von Meschede, † 1580				Franz von Meschede, † 1598				Georg von Meschede, † 1607			

oder paarweise untereinander

---

66   Nach http://www.mueller-am-stein.de/seiten/simpel-vf.html (2017).

67   Michels, Grabtafeln, S. 103 u. 111 Nr. 34; die dortigen Angaben zu den Wappen auf den Grabplatten sind im Folgenden nach Tobias Kemper neu interpretiert.

Me-schede	Tulen	Pennick	Ram-men	Me-schede	Tulen	Elverfelt	Pennick	Me-schede	Tulen	Klein-smedt	Pen-nick
Meschede		Pennick		Meschede		Elverfeld		Meschede		Kleinsmedt	
Heinrich von Meschede, † 1580				Franz von Meschede, † 1598				Georg von Meschede, † 1607			

Von den oben genannten Paar-Kombinationen lässt sich das Ehepaar Bürgermester Heinrich Penninck und Elisabeth von Thülen urkundlich nachweisen.[68] Dieses Paar hatte eine Tochter Magdalena und eine Sohn Gerwin.[69] Heinrich Penninck war aus Salzkotten nach Brilon zugezogen, ebenso wie Elisabeth von Thülens Vater aus Marsberg nach Brilon gekommen war. Elisabeth von Thülen scheint das einzige Kind ihrer Eltern zu sein, da sie alleine erbt. Damit dürften alle drei Tafel bzgl. Penninck und Thülen gleich zu lesen sein:

Meschede	xxx	Pennick	Tulen
Meschede		Pennick	
Heinrich / Franz / Georg von Meschede			

Nun ist Gerwin von Meschede nachweislich mit einer Magdalena verheiratet,[70] die wir also als die Tochter Magdalena des Ehepaars Heinrich Penninck und Elisabeth von Thülen ansehen dürfen.

Bleibt noch die Frage nach den drei verschiedenen Müttern des Gerwin von Meschede. Diese drei verschiedenen Frauenwappen deuten darauf hin, dass hier möglicherweise eine nicht standesgemäße Verbindung vorlag, wofür es sonst aber keinen Beleg zu geben scheint. Ein weiteres Indiz für eine nicht standesgemäße Verbindung könnte sein, dass Gerwin von Meschede – ebenso wie Gerd von Meschede – wahrscheinlich als Bruder und Vater des Anton von Meschede dessen Ehevertrag 1533 mit der Erbin des Hofes Schulte Nuttlar mit bezeugten. In ähnlich gelagerten Fällen wurden die nichtgenügenden Vorfahren übersprungen und z. B. das Frauenwappen der nächsten Generation genommen – allerdings wären es hier gleich drei verschiedene Frauen. Dieser Umstand deutet eher darauf hin, dass in diesen Fällen nicht ein Vorfahren-Wappen, sondern das Wappen der jeweiligen Ehefrau genutzt wurde, wie es in der zweiten Variante in der Eltern-Generation angedeutet wird: also Heinrich von Meschede mit einer Rammen, Franz von Meschede mit C. von Elverfelt und Georg von Meschede mit einer Kleinschmidt verheiratet war.

13 15156 Gerwin von Meschede

* um 1510
† Brilon vor 1584
1570 Kämmerer in Brilon; gen. 1553-1581
∞ Brilon um 1535 Magdalena *Penninck*

---

68 Vgl. z. B. BRUNS, Alfred (Bearb.): Inventar des Stadtarchivs Brilon, Bestand A (= Inventare der nichtstaatlichen Archive, Neue Folge, 4). Münster 1970, Urk. 148b (1524).

69 Ebd., Urk. 196 (1547 Juni 9).

70 FAHNE, Anton: Urkundenbuch des Geschlechts Meschede. Köln 1862, S. 190 Nr. 338 (1560 Mai 12); dort Druckfehler bei der Jahreszahl: richtig 1560 !

14 30312 (?) *Gerhard*
auf Haus Alme, 1505-63
o-o *NN*
∞ *Anna v. Westphalen*
15 60624 *Heinrich* [71]
auf Haus Niederalme
∞ *Anna (vom Bruch)*

Michel
09 1002 *Melchior Heinrich Michel gen. Clodt*
∞ *Schwerte 29.4.1742 Anna Margareta Clodt*
10 2004 *Victor*
[] Schwerte 14.6.1740

Münter (evangelisch)
10 1985 *Mechthild*
~ Niederense 17.4.1653
† Nordenbeck 7.12.1704
∞ Niederense 23.4.1680 Kurt 'Henrich (senior)' Zimmermann (I)
11 3970 *Ricus (= Heinrich)*
* um 1615
† Niederense 23.1.1671
Richter zu Niederense
∞ um 1652 Magdalena Wilke
12 7940 *Franz*
† Niederense vor 1652
∞ Elsa NN, * um 1575, † Niederense 6.12.1652

Navarre (Nafre, Nattar, Navar)
09 958 Bernhard *Heinrich*
~ Warendorf/Laurentius 08.03.1705 [72]
† Wiedenbrück (o. D.) Januar 1770
∞ Rheda um 1732 Christina Louisa Bunge
10 1916 Peter Heinrich (Nattar)
Leinentuchmacheramtsverwandter, Geburtsbrief Warendorf 17.11.1696

---

71 Zu ihm und den weiteren Vorfahren von Meschede vgl. u. a. FAHNE, UB Meschede.
72 Warendorf/Laurentius - Tf8, 360 / 55: 8. [Martij 1705]; parentes: Peter Henrich Nafer, Maria Wenneman; proles: Berendt; patrini: Berendt Schomacker, Elisab(eth) Risman.

~ *Warendorf/Laurentius 27.06.1683*[73]
∞ I. Warendorf/Laurentius 20.6.1704 Anna Maria <u>Wenneman</u>
11 3832   Peter
Soldat 1683
∞ ~~um 1670~~ Elisabeth <u>Gliedt</u> (Vorfahren unbekannt)

<u>Neuhaus (Niehues)</u> (katholisch)
07 243   Anna Maria
† Warendorf 22.6., [] ebd./Marien 24.6.1806
08 486   Gerhard Heinrich
09 972   Johann Wilhelm
~ *Warendorf/Laurentius 24.6.1682*[74]
genannt 1685 = 2 Jahre alt
10 1944   Henrich
~ *Warendorf/Laurentius 16.7.1645*[75]
Bäcker und Brauer in Warendorf, geschatzt 1685 auf 2 Thaler[76]
∞ *Warendorf/Laurentius 21.11.1670*[77] Elisabeth <u>Schlüter</u>, bürgert 1670 in Warendorf ein,[78] geschatzt 1685 auf 1 Thaler
11 3888   *Johannes*
† vor 1685[79]

---

73   Warendorf/Laurentius - Tf7, 24v/147: [27. Junij 1683]; miles Peter Navar, [proles:] Peter Henrich, diese Kind höret zu Apoteckers Höb. alte Magt; [patrinus:] Peter Henrich [...].

74   Warendorf/Laurentius - Tf6, S. 6 Nr. 140: 24. Junij 1682; [proles:] Joannes Wilhelmus; [pater:] Henrich Niehuß; [patrinus:] Wilhelm Wipperman.

75   Warendorf/Laurentius - Tf1, S. 59 Nr. 169: [16. Julij 1645; parentes:] Joannes Niehauß; [baptizati:] Henricus; [patrini:] Henricus Tondorff.

76   SCHMIEDER, Einwohner, S. 166 Nr. 858, dort auch als weitere Kinder genannt: 1) Gertrud, 1685 = 10 Jahr alt (vielleicht die 1672 geborene Anna Catharina); 2) Catharina, 1685 = 8 Jahre alt (wohl die 1677 geborenen Catharina Elisabeth); 3) Anna, 1685 = 4 Jahre alt (wohl die 1679 geborene Anna Maria); 5) Heinrich, 1685 = ¾ Jahre alt (wohl der 1684 geborene Heinrich).

77   Warendorf/Laurentius - Tr4, S. 96 Nr. 77: Der ehrenhaffter Henrich Niehauß unnd die thugentsame Junffer Elisabeth Schlüter, copulati hic 21. 9bris [1670]. – Weitere Kinder dieses Paares in Warendorf/Laurentius getauft: 1) Christian, ~ 23.7.1671 (Tp: Christian Föllen); 2) Anna Catharina, ~ 11.12.1672 (Tp: A. Catharina Niehueß); 3) Wilhelm, ~ 7.10.1674 (Tp: Wilhelm Nopperler); 4) Catharina Elisabeth, ~ 31.8.1677 (Tp: Catharina Elisabeth Niehaus); 5) Anna Maria, ~ 30.7.1679 (Tp: Anna Maria Vogels); 7) Heinrich, ~ 25.6.1684 (Tp: Henrich Borgman).

78   NIESERT, Bürgerbuch Warendorf, S. 144, Nr. 2934.

79   Weitere Kinder in Warendorf/Laurentius getauft: 1) Sybilla, ~ 12.4.1643 (Tp: Sibilla Rove); 2) Catharina Anna, ~ 17.9.1644 (Tp: uxor Henrici Metelers); 4) Gertrud, ~ 10.11.1647 (Tp: Gerdruett Dutting); 5) Anna, ~ 28.8.1650 (Tp: Anna Dunhoevet).

Nordhoff
10 1897   Margareta
  ~ Wadersloh 21.7.1669
  ∞ Liesborn 2.11.1688[80] Johannes _Weddepohl_
11 3794   Anton
  Bauer in Wadersloh
  ∞ Wadersloh (o. D.) 1665[81] Margareta _Vogelsang_ (Vorfahren unbekannt)

Ottons (Otto) (katholisch)
09 967   Agnes Sybilla
  ~ Milte 24.2.1686[82]
  [] Sassenberg 14.6.1722
10 1934   Wilhelm
  aus Ostbevern, wohnt zu Milte
  ∞ Ostbevern 23.11.1679[83] Agnes _Biermann_ (II)
11 3868   Albert
  † Ostbevern 15.2.1684
  Brinklieger im Dorf Ostbevern, Eigenbehöriger des Hauses Tatenhausen
  ∞ Gertrud _NN_, † Ostbevern 26.12.1707

Pagendarm (I)
08 465   Anna Christina
  ~ Wiedenbrück 1.11.1699,
  [] Wiedenbrück 11.3.1759, 56 Jahre alt
  o-o Johann Rotger Bernhard _Elverfeld_
  ∞ Wiedenbrück 16.11.1732 Johann Otto Ködinghaus
09 930   _Hermann_ Conrad
  ~ Wiedenbrück 8.12.1664
  [] Wiedenbrück 24.5.1708, 44 Jahre alt
  ∞ Wiedenbrück 4.10.1695 Anna Margareta _Windmann_

---

80   Liesborn - Tr2, 170v: 2. 9bris [1688]; Joannes Wedepoel et Margaretha Elisabeth Northoff;
     testes: Henricus Scheitman et Herman Wedepoel.

81   Wadersloh - Tr1, 348: [zw. 31.5. und 8.11.1665] Antonius Northoff et Margareta Vogelsanck,
     coniuges; testes: Johan Schomaker et Jorgen Northoff.

82   Milte - Tf1, 20: 24. Feb. [1686]; baptizati: Agnes Sibylla; parentes: Wilhelm Ottens et Agnes
     Biermans; patrini: Gerhardus Bierman et Sibylla Beckering.

83   Weitere Kinder diese Paares, in Milte getauft: 1) Albert, ~ 23.11.1680 (Tp: Albert Otto); 2)
     Christoph, ~ 23.8.1682 (Tp: Christoph Ottons, pastor in Milte); 3) Philipp Heinrich, ~ 12.12.1683
     (Tp: Philipp Bierman und Hinrich Brandt und Maria Ottons); 5) Johann Christoph, ~ 18.8.1689
     (Tp: Christoph Ottons, Elisab(eth) Hakenesch).

10 1860   Heinrich
[] Wiedenbrück 27.03.1693
gen. 1651 in der Erbteilung, Bürger und Schlosser 1683
∞ Wiedenbrück 25.11.1663 Agneta <u>Graflage</u>
11 3720   Cordt Pagendarm gen. Walrab
[] Wiedenbrück 22.9.1680
Schmied, geschatzt 1649 im Langenbrückenpfortenhof auf 1 Thaler 7 Schilling, Erbteilung mit seinen Söhnen 1. Ehe am 13.1.1651, gen. 1651 mit Frau und 1 Kleinkind
∞ I. um 1622 Catharina <u>Heltmann</u> / zur Helt (Vorfahren unbekannt), † Wiedenbrück 3.10.1647, bürgert in Wiedenbrück 1622 ein
∞ II. Wiedenbrück 31.6.1648 Catharina Spielbusch, *[]* Wiedenbrück 17.04.1692 (Magister Pagendarms Moder), bürgert in Wiedenbrück 25.08.1648 ein, geschatzt 1649 auf 10 Schilling 6 Denarii
12 7440   Walram
* Wiedenbrück um 1550
† Wiedenbrück (o.D.) 1627
Vikar der Annenaltars in der Marienkirche und Kanoniker seit 1576, war dem Calvinismus zugetan, baute 1604 eine neue Kurie (Langestr. 30), seit 1605 senior, wird am 26.5.1619 zum Dekan gewählt
(∞) vor 1592 Mechthild <u>Waldmann</u> (Vorfahren unbekannt), * Rheda, † vor 1625, Walram Pagendarms Küchenmagd, bürgert in Wiedenbrück 1592 mit 4 Kindern ein, geschatzt 1603
13 14880   Johann d.Ä.
† Wiedenbrück 6.3.1586
Kirchenprovisor, Ratsherr 1549, Richter in Wiedenbrück 1551, im Kaland, Lohnherr 1564-71, Bürgermeister 1573-84, verkauft den Antonius-Armen eine jährliche Rente aus seinem Haus und Hof im Langenbrückenpfortenhof neben der Witwe Dirich Hülsei am Orde gelegen, wird mit dem Burgmanns-lehen 1534 und 1561 belehnt, 1566 mit dem Lindemanns Gut in Batenhorst zum Mitbehuf des Christian Wippermann als Erben des verstorbenen Otto Volmari belehnt, 1581 wird dann Christian Wippermann mit dem Linde-mannshaus belehnt, das zuvor Johann Pagendarm gehört hat
∞ um 1540 Christina <u>Hemsel</u> (Vorfahren unbekannt), † nach 1594, gnt. 1549-94, im Wiedenbrücker Kaland, gnt. 1594 als Witwe im Morgenkornregister
14 29760   Konrad Busse gen. Pagendarm
† Wiedenbrück (o.D.) 1533
1479-1505 Rektor der Wiedenbrücker Trivialschule, Magister artium, Kleriker der Diözese Osnabrück, kurkölnischer Offizial in Werl, nach Resignation seiner geistlichen Würden Notar in Wiedenbrück, seit 1504 Gläubiger der Grafen v.Rietberg, seit 1512 mit einem Burgmannslehen zum Reckenberg belehnt, im Wiedenbrücker Kaland
∞ Margareta <u>Volmari</u>

15 59520   Ludolf ('Lüdeke') Busse gen. Pagendarm
      wohnt 1498 in Wiedenbrück an der unteren Langenstraße neben Johann
      Schlato und Otto Barkey, 1467 Ratsherr, 1494 Lohnherr, schon 1474
      Bürgermeister in Wiedenbrück, verkauft 1462 das Obereigentum an Hen-
      nekenhaus an die Stadt Rheda,
      ∞ Christina ('Styne') NN, gnt. 1462
16 119040   Cordt Busse gen. Pagendarm
      * vor 1400
      † nach 1442
      1440 gräflicher Bürgermeister zu Rheda, kauft 1423 das Obereigentum
      am Hennekenhaus bei Rheda von Johann v.Juden, 1442 besitzt er den
      Zehnten von der Mühle zwischen Rheda und Wiedenbrück, einen Hof zu
      'Vrenckendorpe' [= Frentrup, Flur außerhalb der Wiedenbrücker Stadtmauer]
      und den Lippeschen Kamp zwischen der Stadt und der Landwehr

Pagendarm (II)
13 (?)14951   Margareta
      oo Wiedenbrück vor 1598 Hermann Hachmeister
14 29902 = 14880 Johann d.Ä. Pagendarm (I)

Penninck
13 15157   Magdalena
      * Brilon um 1515
      ∞ Brilon um 1535 Gerwin _von Meschede_
14 30314   Henrich
      * Salzkotten um 1455
      † Brilon nach 24.04.1533
      Ratsherr in Brilon; 1524 Bürgermeister in Brilon
      ∞ um 1505 Elisabeth _von Thülen_

Plümer
12 7615   Margareta [84]
      * Spexard um 1599
      [] Wiedenbrück 29.1.1676
      ∞ vor 1625 Otto _Reker_

---

84   Zu ihr und ihren Vorfahren vgl. POTT, Gütersloher Geschichtsquellen 1, S. 42; DERS. (Hg.):
      Gütersloher Geschichtsquelle, Heft 2: Anno 1585 – Anno 1600. Zwei Aufzeichnungen der
      Zubehörungen des Amtes Reckenberg und der Bauerschaften Lintel, Kattenstroth und
      Spexard. Gütersloh [ohne Jahr], S. 71.

13 15230   Johann
    Kötter in Spexard
    ∞ um 1590 Gertrud <u>Stinenhans</u>
14 30460   NN
    † Spexard vor 1600
    ∞ Catharina <u>NN</u>, † nach 1600, Leibzüchterin (sie: ∞ II. Johann NN gen.
    Plümer, † nach 1600)

<u>Pollhaus</u>
07 251   Anna Catharina
    * Gevelsberg 30.4.1767
    ∞ Schwerte 19.5.1797 Dietrich Gottfried <u>Sundhoff gen. Clodt</u>
08 502   Friedrich Henrich [Johann Peter]
    ~ Wiblingwerde 3.1.1724
    [] Gevelsberg 4.6.1789
    Sensenschmied, ‚aus der Emperstraße'
    ∞ I. Gevelsberg 20.5.1755 Anna Catharina Werninghaus, Witwe Cronenberg
    ∞ II. Gevelsberg 21.12.1764 Anna Elisabeth <u>Sichelschmied</u>
09 1004   Johann Peter
    ~ Wiblingwerde 3.9.1692
    ∞ Wiblingwerde 9.1.1724 Anna Catharina <u>Hagemann</u> (Vorfahren unbekannt)
10 2008   Philipp
    Schulmeister in Wiblingwerde
    [] ebd. 3.8.1717

<u>Pötter</u>[85]
14 (?)29924   Cordt
    * um 1520
    † Wiedenbrück nach 1587
    gnt. 1549-87, Besitzvorgänger des Jobst Pötter laut Worthuhnlisten, sagt
    1587 aus, 60-70 Jahre alt zu sein
    ∞ vor 1549 Grete <u>NN</u>, gnt. 1549
15 (?)59848   Johann
    gnt. 1520-67†, nach Viehschatz 1528 Vorgänger von Cordt Pötter im Haus
    in der Langenstraße [86]
    ∞ I. Lise <u>NN</u>

---

85   Zur Familie vgl. auch PÖTTER, Karlheinz: Die Familie Pötter aus Wiedenbrück. Eine Geschichte
     mehrerer Zweige der Familie vom 16. bis zum 20. Jahrhundert. Rheda-Wiedenbrück 1983.
86   HANSMERTEN, Hans: Viehschatzregister des Amtes Wiedenbrück (Reckenberg) vom Jahre
     1528, in: Beiträge zur westfälischen Familienforschung 8 (1949), S. 33-49, hier S. 36.

∞ II. nach 1549 Grete NN, gnt. 1567 als Witwe

Preckel

06 121   Anna Christina
    ~ Warendorf/Marien 28.10.1789 [87]
    † Warendorf 13., [] ebd./Marien 16.09.1872 [88]
    ∞ Sassenberg 18.10.1822 Joseph <u>Schultz</u>
07 242   Theodor Anton
08 484   Hermann Anton
    ~ Warendorf/Marien 13.03.1723 [89]
09 968   Theodor
    gen. 1685 = 8 Jahre alt, [90] *Bürgereid in Warendorf 1703* [91]
    ∞ *Warendorf/Laurentius 11.5.1702* [92] *Gertrud <u>Bellmann</u>, im Status animarum*
    1749 als Witwe genannt (Vorfahren unbekannt)
10 1936   Jobst
    Tuchmacher, bürgert 1673 aus Freckenhorst in Warendorf ein; geschatzt
    1685 im Münsterviertel mit Frau und 5 Kindern [93]
    ∞ *Warendorf/Laurentius 24.6.1674 Anna <u>Teves</u> (Vorfahren unbekannt)*

---

87   Warendorf/Marien - Tf1, 98 / 3: 28. Oct(obris) [1789]; parentes: Theodorus Antonius Preckel et Anna Maria Neühauss; baptizati: Anna Christina, filia legit(ima); patrini: Anna Christina Neühauss, uxor Föllen.

88   Warendorf/Marien - To4, 41 / 19: Anna Christina Preckel; Wittwe des Justizcommissars u. Notars Joseph Schultz; 82 J. 10 M. 16 T.; hinterläßt fünf großjährige Kinder; Altersschwäche.

89   Warendorf/Marien - Tf1, 39 / 1: 13tio Martij, Hermannus Antonius, filius legit(imus); parentum: Theodori Preckel et Gertrudis Bellman; patrinum: Hermanno Barck.

90   SCHMIEDER, Einwohner Warendorf 1685, S. 123 Nr. 598.

91   NIESERT, Bürgerbuch Warendorf, S. 174, Nr. 4005 (Dietherich Preckel).

92   Warendorf/Laurentius - Tr7 (1690-1714), S. 26. – Weitere Kinder dieses Paares in Warendorf/ Laurentius getauft: 1) Jobst Heinrich, ~ 10.2.1703 (Tp: Jodocus Preckel, Anna Ewerwand); 2) Johann Jürgen, ~ 22.2.1705 (Tp: Jorgen Belman, Elisab(eth) Suderingh); 3) Anna Catharina, ~ 16.1.1707 (Tp: Gerdt Bönhove, Anna Cata(rina) Schonebeck); 4) Johann Dietrich, ~ 21.4.1709 (Tp: Johan Berent Preckel, Anna Gerdrud Bolkers); 5) Bernhard, ~ 23.8.1710 (Tp: Bernardt Weßell); 6) Johann Jürgen, ~ 9.6.1712 (Tp: Johan Jörgen Belman); in Warendorf/ Marien getauft: 7) Anna Gertrud, ~ 24.10.1715 (Tp: Anna Gertrudis Teves); 8) Gertrud, ~ 6.4.1719 (Tp: vidua Rickholtz).

93   SCHMIEDER, Einwohner Warendorf 1685, S. 123 Nr. 598, Kinder: 1) Johann, 1685 = 10 Jahre alt; 3) Maria, 1685 = 6 Jahre alt; 4) Berndt, 1685 = 3 Jahre alt; 5) Heinrich, 1685 = 1 ½ Jahre alt.

Reckermann
11 4007   Clara
          * Asseln 6.10.1647
          † Asseln 2.11.1718
          ∞ Asseln 9.5.1669 Johannes _Vieseler gen. Böhmann_
12 8014   Johannes
          * Asseln um 1614
          ∞ 1.5.1644 Engel _NN_, * Brackel um 1614

Reker (Redecker)
12 7614   Otto
          ⛢ Wiedenbrück 06.10.1676
          Kötter, Untervogt in Lintel; _Kopfschatzung 1630 in Lintel; Kopfschatzung_
          19.10.1649 in Lintel
          ∞ vor 1625 Margareta _Plümer_
13 15228   Hermann[94]
          † Lintel (Bauerschaft), Kirchspiel Wiedenbrück nach 1630
          Kötter in Lintel
          ∞ Adelheid _NN_, † Lintel (Bauerschaft), Kirchspiel Wiedenbrück 1627

Runde
12 7553   Gertrud
          † Wiedenbrück 25.07.**1598**[95]

Sachsenschee
12 7496   Egidius (von Sachsenschede)
          * um 1568
          † nach 1615
          wird Bürger in Schwerte
          ∞ um 1589 NN
13 14992   Henrich (von Sachsenschede)
          katholischer Kirchmeister in Wiblingwerde bei Altena

Schem
12 7523   Christina
          ⛢ Rheda 24.11.1639

---

94   Nach StadtA RW, WD-A, F88, fol. 43r.

95   Die Heirat mit Heinrich Straelmann ist zu streichen!

∞ *um 1607* Otto <u>Stuckstedde</u>
13 15046   *Jurien*
        gent. 1607 als Schwiegervater des Otto Stuckstedde, 1626 im Krameramt
        in Rheda

<u>Schlato</u> (katholisch)
11 3829   Margareta Anna
        ~ Wiedenbrück 11.4.1627
        [] ebd. 4.7.1706, 90(!) Jahre alt

<u>Schmedding</u>
10 1947   *Clara*
        ∞ *Münster/Aegidii 28.10.1696*[96] *Heinrich Kersting*
11 3894[97]   *Heinrich*
        ~ Münster/Ludgeri 9.7.1634[98]
        ∞ *1654 Catharina <u>Sobbeken</u> (Vorfahren unbekannt)*
12 7788   *Bernhard* [99]
        * *um 1605*
        † Münster 17.7.1651
        ∞ *Münster/Ludgeri 23.11.1631*[100] *Anna <u>Konerding</u>*
13 15576   *Christoph*
        ∞ *Clara <u>Plate</u>*[101]

<u>Schmicke (Schmücke)</u> (evangelisch)
10 1881   Christina Dorothea
        * *um 1640*
        [] Rheda 17.08.1712
        ∞ *Rheda 24.9.1670 Hans Otto <u>Aschoff</u>*

---

96   Münster-Aeg.Tr1, 186: 28. [October 1696]; Henricus Kerstinck cum virgine Clara Schmeddink.
97   Abstammung vermutet, da Catharina Sobbeken – wohl als Großmutter – Patin beim zweiten
      Kinder der Eheleute Kersting/Schmedding ist; so, wie Anna Hoyer als Großmutter beim ersten
      Kind Patin ist.
98   Münster-Lud.Tf1, 171: 9. Julij [1634], Henricus, filius Bernhardten Schmedding unnd Annen
      Konerdinck, coniugum; pat(rini): Henrich Konerdinck, Elisabeth Bertenhoff.
99   STEINBICKER, Schücking, S. 97.
100   Münster-Lud.Tr1, 286: 23. Novemb(ris) [1631], Bernhardt Schmeddinck cum Anna Konerdinck.
101   Zu ihr und ihren Vorfahren: STEINBICKER, Schücking, S. 97f., Nr. 217.

11 3762   Johann
∞ Rheda 12.11.1638 Margareta Neuemüller (Vorfahren unbekannt), † Rheda 9.11.1675

Schmiemann
08 495   Maria Gertrud
~ Münster/Ludgeri 3.1.1717
erhält 1732 mit ihren Geschwistern Johann Bernhard und Anna Elisabeth ihren Geburtsbrief in Münster[102]
∞ Münster/Ludgeri 24.4.1743 Henrich Anton Beuing
09 990   Johann Philipp
+ vor 25.4.1732
Altläpper (Flickschuster)
∞ Münster/Ludgeri 8.10.1710[103] Isabella Rehe (gen. Westhoff)

Schmülling
12 7474   Meinhard
† vor 1626
∞ Paase Hachmeister (I)

Schröder (I)
08 466   Johann Heinrich
[] Wiedenbrück 12.4.1781
∞ ebd. 30.4.1735 Anna Elisabeth Konradine Kreuzkamp
09 932   Heinrich Ernst
[] Wiedenbrück 2.2.1735
∞ ebd. 20.5.1710 Anna Catharina Heitersbach
10 1864   Johannes Rembert
~ Wiedenbrück 23.2.1631
∞ I. ebd. 4.8.1652 Elsa Redecker (siehe Schröder (III))
∞ II ebd. 20.1.1664 Anna Christina Bodde (I)

---

102 LAHRKAMP, Helmut (Hg.): Die Geburtsbriefe der Stadt Münster 1548-1809 (= Quellen und Forschungen zur Geschichte der Stadt Münster, NF 4). Münster 1968, S. 91f. Nr. 1179; die Mutter heißt hier Isabella Westhoff.

103 Münster-Ludgeri - Tr2, 511: 8. [October 1710]; Joan Philippus Schmieman, virgo Isabella Rehe; testes: Bernardt Schmieman, Gerhardt Caspar Steinfordt. – Weitere Kinder dieses Paares in Münster/Ludgeri getauft: 1) Anna Elisabeth, ~ 9.7.1713 (Tp: Philippus Ribbe et Anna Elisabeta Schmieman); 2) Bernhard Heinrich, ~ 16.2.1715 (Tp: Bernardus Henricus Burhaas(?) et virgo Maria Elisabeta Schraderß).

11 3728   Laurenz
12 (?)7456   Rembert
    † vor 1628
    ∞ Gertrud NN, † um 1628

Schröder (II)
11 (?)3742   Everdt
    † Oelde nach 1653
    ∞ vor 1651 [104] Margareta <u>Weingarten</u> (Vorfahren unbekannt)

Schürmann (katholisch)
09 974   Clemens
    ~ Warendorf/Laurentius 22.2.1674
    † vor 1763
    Bürgereid 26.1.1703 in Warendorf
    ∞ Warendorf/Laurentius 10.2.1703 [105] Anna Maria <u>Ellendorff</u> (Vorfahren un-
    bekannt), gnt. 1763 als Witwe von 60 Jahren in der Freckenhorster Straße,
    spult Garn, *** um 1685, []** Warendorf/Laurentius 2.4.1777 an Apoplexie
10 1948   Johannes
    1685 nicht in der Schatzungsliste genannt

Sehrbruch (Sehrbrauch) (evangelisch)
08 505   Anna Catharina,
    * Lemberg, ~ Wellinghofen 24.10.1725
    [] Wellinghofen 1.1.1766
    ∞ I ebd. 17.11.1750 Johann Henrich <u>Steffen</u>

Sichelschmied (lutherisch)
08 503   Anna Elisabeth
    * Kotthausen um 1739

---

104 Dieses Ehepaar als Eltern der Catharina angenommen, da sie eine Tochter Brigitta 1653 in
    Oelde taufen lassen. Dieser eher seltene Vorname kommt auch beim Ehepaar Uhrmeister/
    Schröder vor.

105 Weitere Kinder dieses Ehepaars in Warendorf/Laurentius getauft: 1) Franz Wilhelm, ~
    20.11.1703 (Tp: Frantz Wilm Kock, Catharina Linnenkampes); 2) Anna Maria, ~ 8.11.1705
    (Tp: Anna Thostrate, Everhardt Funcke); 3) Jürgen Clemens, ~ 24.6.1708 (Tp: Jürgen Schür-
    man, Elisabeth Naendorff); 4) Gerhard Heinrich, ~ 18.11.1710 (Tp: Gerhardt Schürman, Anna
    Dalhoff); 5) Clemens Franz, ~ 27.9.1713 (Tp: Frans Wilhelm Kock).

† Gevelsberg 10.3.1821
∞ I. Gevelsberg 21.12.1764 Friedrich Henrich [Johann Peter] <u>Pollhaus</u>
∞ II. Gevelsberg 7.7.1790 Johann Peter Schumacher
09 1006   Friedrich
zu Kotthausen, Ksp. Voerde, ...

<u>Sölling</u>
11 3871   Catharina
[] Wiedenbrück 12.1.1655[106]
1628 wird sie in Wiedenbrück im Neupfortenhof bei ihren Eltern wohl als Magd in Rietberg genannt; 1652 im Krameramt in Wiedenbrück aufgenommen[107]
∞ um 1640 Johannes <u>Biermann</u>
12 7742   Hans (von Sollingen)
* um 1565
† nach 19.8.1628
bürgert 1593 in Wiedenbrück ein,[108] um 1593 Krameramtsmitglied in Wiedenbrück,[109] geschatzt 1628 im Neupfortenhof[110]
∞ Elsa <u>NN</u>, † nach 19.8.1628

<u>Springer</u> (reformiert)
10 1885   Janneke (Johanna)
* Barmen, ~ Elberfeld 3.6.1635
∞ Elberfeld 22.7.1658 Anthon <u>auf der Biecke</u> (Beckmann)
11 3770   Gerlach
† vor 1658

<u>Stalhauer</u>[111]
10 1971   Anna Margareta
∞ um 1674 Johann Christopher <u>Goecke</u>

---

106 FLASKAMP, Franz (Hg.): Das Totenbuch I (1646/56) der westfälischen Kirchengemeinde Wiedenbrück (= Quellen und Forschungen zur Natur und Geschichte des Kreises Wiedenbrück, 41). Wiedenbrück 1938, S. 40.

107 LOEFKE, Christian (Hg.): Kopfschatzung der Stadt Wiedenbrück vom 19. August 1628. Mit Ahnentafel des Bürgermeisters Hermann Schulte (= Schatzungslisten aus dem Amt Reckenberg, 2). Dortmund 1996, S. 21 Nr. 245; LOEFKE, Krameramtsverwandte, S. 102.

108 FLASKAMP, Bürgerlisten Wiedenbrück 1, S. 31.

109 LOEFKE, Krameramtsverwandte, S. 146.

110 LOEFKE, Kopfschatzung Wiedenbrück 1628, S. 21 Nr. 245.

111 Ergänzt nach: http://www.mueller-am-stein.de/seiten/simpel-vf.html (2017).

11 3942　　　Theodor
　　　Scharfrichter
　　　∞ Gertrud <u>Meidling</u>
12 7884　　　Heinrich
　　　Scharfrichter
　　　∞ Ester <u>Kopmann</u> *(Vorfahren unbekannt)*

Steffen

08 504　　　Johann Henrich
　　　~ Wellinghofen 22.5.1722
　　　[] ebd. 9.8.1757

Stinenhans

13 15231　　　Gertrud[112]
　　　† Spexard nach 1636
　　　∞ um 1590 Johann <u>Plümer</u>
14 30462　　　NN <u>Graflage gen. Stienenhans</u>[113]

Strohschneider (I)

10 1863　　　Anna Margareta
　　　∞ Wiedenbrück 7.6.1671 Balthasar <u>Windmann</u>
11 3726　　　Peter
　　　* Wiedenbrück um 1615
　　　[] Wiedenbrück 17.12.1680
　　　Schneider in Wiedenbrück
　　　∞ Wiedenbrück um 1644 Sabina <u>Maes</u>
12 7452　　　Heinrich
　　　* Wiedenbrück um 1580
　　　† Wiedenbrück vor 1620
　　　∞ Wiedenbrück vor 1615 Eva <u>Kirchhoff</u>
13 14904　　　Baltz
　　　* um 1545
　　　† vor 7.8.1620
　　　geschatzt 1599 im Rinderpfortenhof auf 1 Thaler[114]
　　　∞ I. um 1568 Anna NN

112　Vgl. zu ihr PoTT, Erich (Hg.): Gütersloher Geschichtsquellen, Heft 4. Gütersloh [1986], S. 53; StadtA RW, WD-A, F88, fol. 17r; auch PoTT, Gütersloher Geschichtsquelle 1, S. 42.

113　Laut StadtA RW, WD-A, F88, fol. 17r, Vater der Gertrud und weiterer 6 Kinder.

114　LoEFKE, Rauchschatzung 1599, S. 11 Nr. 192.

∞ II. um 1580 Anna <u>zum Brincke</u>
14 29808   (?) Hermann
    gent. 1549 im Rinderpfortenhof

<u>Strohschneider</u> (II) (katholisch)
12 7471   Anna
    * um 1585/90
    [] Wiedenbrück 26.1.1670
    geschatzt 1649 als Witwe im Neupfortenhof auf 4 Schilling, gnt. 1651 als
    Witwe mit 1 Magd
    ∞ **vor 1620** Henrich <u>Frone</u>
13 14942 = 14904   Baltz Strohschneider (I)

<u>Stuckstedde</u> (evangelisch)
12 7522   Otto
    † Rheda 10.10.1638
    bürgert 1607 in Rheda ein, erbaute 1619 das Fachwerkhaus ‚Kleine Straße
    3' in Rheda, Krameramtsverwandter ebd.
    ∞ um 1607 Christina <u>Schem</u>

<u>Sundhoff (gen. Cloedt)</u>[115]
08 500   Johann Gottfried (Friedrich) <u>Sundhoff</u>
    * Asseln 13.7.1738
    † nach 1797
    wird Bauer in Wandhofen
    ∞ um 1765 NN <u>Clodt</u>
09 1000   Dietrich Johann
    * Asseln 5.3.1703
    † Asseln 12.1.1757
    ∞ Asseln 27.11.1732 Anna Margareta <u>Böhmann</u>
10 2001   Clara Gertrud <u>Sundhoff</u>
    * Asseln 6.7.1674
    † Asseln 24.5.1723
    ∞ Asseln 9.11.1700 Gottfried <u>Wernecke</u> (gnt. Sundhoff), * Siddinghausen...,
    † Asseln 26.8.1739 (Vorfahren unbekannt); (er: ∞ II. Methler 27.9.1725
    Catharina Koch, * Westick/Kamen ..., † Asseln 6.6.1752)
11 4003   Elske <u>Sundhoff</u>
    * Asseln 11.11.1641

---

115 Nach freundlicher Mitteilung von Eva Holtkamp, Waltrop.

† Asseln 4.9.1702
∞ Asseln 14.3.1664 Engelbert <u>NN gnt. Sundhoff</u>, † Asseln 15.1.1705
12 8006   Stephan <u>Klemp gen. Sundhoff</u>
  * Berghofen, Ksp. Aplerbeck um 1606
  ∞ Asseln 25.7.1639 Merge <u>NN</u>, * Wambel um 1621

<u>von Thülen</u>
14 30315   Elisabeth
  * Brilon um 1480
  † Brilon vor 1524
  ∞ um 1505 Henrich <u>Penninck</u>
15 60630   Johann
  * Marsberg um 1450
  † Brilon vor 1524
  Bürgermeister in Brilon
  ∞ um 1480 Christina <u>NN</u>, * um 1455, † nach 19.2.1504

<u>Uhrmeister</u>
12 7480   Aegidius (Ilies)
  ∞ I. *um 1612* Christina <u>Pötter</u> (II)

<u>Weddepohl</u>
09 949   Agnes Catharina
  ~ Liesborn 10.9.1697[116]
  † vor 1750
  ∞ Liesborn 12.7.1718[117] Johann Hermann <u>Brockmann</u>
10 1896   Johannes
  ∞ Liesborn 2.11.1688[118] Margareta <u>Nordhoff</u>

---

116 Liesborn - Tf2, 57v: 10. 7bris [1697], liber; [baptizati:] Agnes Catharina; [parentes:] Jo(ann)es
     Weddepoel, Margaretha Northoff; [patrini:] Henricus Backman, Agnes Cathar(ina) Northoff.

117 Liesborn - Tr2, 192v.

118 Liesborn - Tr2, 170v: 2. 9bris [1688]; Joannes Wedepoel et Margaretha Elisabeth Northoff;
     testes: Henricus Scheitman et Herman Wedepoel.

Weitzmann

07 482   Jobst Hermann
~ *Füchtorf 21.8.1701*[119]
[] Sassenberg 1.11.1761[120]

08 964   *Johann Hermann*
∞ *Füchtorf 9.11.1697*[121] *Catharina* <u>*Venneker gen. Rahfeller*</u> *(Vorfahren unbekannt)*

Wenneman

10 1917   Anna Maria
~ *Glandorf 16.05.1677*[122]
∞ Warendorf/Laurentius 20.6.1704 Peter Heinrich <u>Navarre</u>

11 3834   *Hermann*
∞ *I. Glandorf 1663 Elisabeth Drücker, [] Glandorf 19.9.1675*
∞ *II. um 1676*[123] *Catharina* <u>*NN*</u>, ...

Wieteler

08 483   Anna Gertrud
~ Sassenberg 16.2.1707
[] ebd. 3.1.1780
∞ I. ebd. 15.5.1729 Johann Bernhard Frerich, [] ebd. 29.5.1729
∞ II. ebd. 8.11.1729 Jobst Hermann <u>Weitzmann</u>

Windmann

09 931   *Anna Margareta*
~ *Wiedenbrück 14.2.1672*
[] *Wiedenbrück 19.7.1735, 64 Jahre alt*
∞ *Wiedenbrück 4.10.1695 Hermann Conrad* <u>*Pagendarm*</u> *(I)*

---

119   Füchtorf - Tf2, 12r / 34 : 21. Aug(usti) [1701]: Jodocus Hermannus; parentes: Johan Herman Weidtman(!) et Catharina Rahfellers; pat(rini): Herman Bramert, Jost Rafellers et Elisa(beth) Budde.

120   Sassenberg - To2, 77 / 5: 1ma 9bris [1761] Jobst Herm(ann) Weidzman.

121   Füchtorf - Tr2, 37a / 3: 9. 9bris [1697] Herm(ann) Weidtßman, Cathar(ina) Vennekers; [testes:] Willm Karte et Jost Krimphoff.

122   Glandorf - Tf1, 149: 16. Maij [1677]; nomina baptizatorum: Maria Wenneman, filia legit(ima); parentum: Hermanni et Catharinae, coniugum; patrinorum: Maria Gerdeßman et Jo(ann)es Wenneman.

123   Lücke 1670-1678 im KB.

10 1862   Balthasar
    * um 1645
    ∞ Wiedenbrück 7.6.1671 Anna Margareta <u>Strohschneider</u> (I)
11 3724   Adolf
    [] Wiedenbrück 15.1.1682
    Sattler in Wiedenbrück
    oo I. Elsa <u>Hölscher</u> (Vorfahren unbekannt), † Wiedenbrück 23.11.1647
    oo II. Wiedenbrück 18.8.1648 Margareta Poppe

<u>Wöstenbusch</u>
11 3766   Hermann
    * um 1600
    [] Herzebrock 28.10.1682
    Kötter
    ∞ um 1646 Margareta <u>Brandt</u>
12 7533   Anna <u>Wöstenbusch</u>
    * Pixel um 1561
    [] Herzebrock 30.4.1667

<u>Zimmermann</u>
07 248   Ludwig Franz Wilhelm
    * Nordenbeck 19.2.1764
    † Wichlinghofen 21.4.1839
08 496   Johann Konrad (Ephraim?)
    * Nordenbeck 26.1.1717
09 992   Johann 'Henrich (junior)'
    ~ Niederense 8.3.1686
    [] ebd. 29.12.1734
    zu Nordenbeck, konfirmiert Niederense 1702
    o-o um 1714 Anna Margaretha Thiele, * Lengefeld um 1685, [] Niederense
    6.3.1739
    ∞ (Fürstenberg? um 1715/16) Maria Elisabeth <u>Göbel</u>
10 1984   Kurt 'Henrich (senior)'
    * Nordenbeck um 1657
    [] Niederense 26.3.1732
    ∞ ebd. 23.4.1680 Mechthild <u>Münter</u>
11 3968   Wolrad
    * um 1615
    † Nordenbeck 9.4.1705
    ∞ Niederense/Waldeck 2.12.1651 Katharina <u>Henkeler</u>, * Rhena um 1630,
    † Nordenbeck 15.5.1675 (Vorfahren unbekannt)

Das Kröller-Müller-Museum

von Mia van Rijn-Kerkhoff und Jos Kaldenbach[1]

Das Kröller-Müller-Museum liegt in einem wunderschönen Park und Naturschutzgebiet von 25 Hektar in der Gemeinde Otterlo mitten in Holland und ist hier weltberühmt – auch dank deutschem Geld.

Als regelmäßige Besucherin des Kröller-Müller-Museums habe ich diese Biografie gelesen (nebenstehende Abb.), da ich mehr über die Kunstsammlerin und die finanziellen Möglichkeiten erfahren wollte. Ebenso interessieren mich alle Kunstwerke und die Familiengeschichte. Die Autorin Eva Rovers konnte dafür eine Kiste mit 3.400 Briefen benutzen.

Es fing 1837 an, als Johann Heinrich Müller in Osnabrück eine Spedition gründete, die bald Gewinne machte. Dadurch bekam er die Erlaubnis zur Ehe mit Minna Mees am 20. Juni 1837. Die ersten Jahre verliefen erfolgreich, aber 1840 ging es bergab und er war gezwungen, die Firma aufzulösen. Durch die Armut mussten sie beide eine Arbeit suchen. 1852 beschloss Johann Heinrich sein Glück in Amerika zu suchen. Das schlug fehl und er kehrte nach Deutschland zurück. Johann Heinrich Müller und Minna Mees bekamen drei Söhne: Wilhelm Heinrich (geboren März 1838 in Osnabrück), Julius (1839) und Heinrich (1840) und eine Tochter Betty (1842).

Am 22. April 1854 folgte Wilhelm Heinrich seinem Vater nach Amerika. Anfänglich ging es gut, aber nach 7 Jahren musste er wieder nach Deutschland zurückkehren. Die amerikanische Staatsbürgerschaft war letztendlich das einzig positive Ergebnis.

Beim Bergwerks- und Hochofenunternehmen Neu-Schottland in Horst startete er sein Arbeitsleben. Dort begegnete er Emilie Neese (geboren 31. Dezember 1843 in Bielefeld, gestorben am 10. Mai 1924 in Düsseldorf), Tochter des wohlhabenden Leinenhändlers Gottfried Heinrich Neese und der Johanna

---

1　Der nachfolgende Text ist eine Bearbeitung und Übersetzung von Jos Kaldenbach der Rezension von Mia van Rijn-Kerkhoff über Eva Rovers Biografie von Helene Kröller-Müller:

ROVERS, Eva: De eeuwigheid verzameld [die Ewigkeit gesammelt], Helene Kröller-Müller (1869–1939). Amsterdam (Prometheus Verlag) 2010.

Wilhelmine Opdebeke. Sie heirateten am 20. Juni 1864, im gleichen Jahr wurde Wilhelm H. zum Direktor von Neu-Schottland ernannt.

In Horst/Essen wurden Gustav (1865), Martha (1866), Julie Emma Laura **Helene** (11. Februar 1869) und Emmy (1872) geboren. Das Unternehmen stand bei der Familie Müller immer an erster Stelle. Die kulturelle Entwicklung der Kinder überließen sie den Gouvernanten und Lehrerinnen. Helene war eine fleißige Studentin; durch den Literaturunterricht bekam sie Lust, Lehrerin zu werden. Dazu bekam sie aber keine Erlaubnis, sie sollte eine gute Hausfrau werden. Durch die zunehmende Industrialisierung und das wirtschaftliche Wachstum fusionierte Neu-Schottland 1872 zur Dortmunder Union, AG für Bergbau, Eisen- und Stahlindustrie. Weil Wilhelm H. Vorstand von Union war, zog die Familie nach Dortmund, wo die Zentrale war. Leider stagnierte die Wirtschaft ab 1873 und es gab einen Börsenkrach. Mit Mühe und Not konnten sie Union retten. Die darauf folgende Flaute bei Union verlangte viel Energie von Wilhelm H. und seiner Familie. Darum beschloss er zu kündigen und sich selbständig zu machen. Am 20. April 1876 gründete er in Düsseldorf zusammen mit seinem Schwager Hugo Neese das Eisen- und Steinkohle-Unternehmen Wm. H. Müller & Co. Erneut zog die Familie um, jetzt nach Düsseldorf. Dieses Unternehmen ist für den Verlauf der Firmengeschichte von entscheidender Bedeutung gewesen. Wm. H. Müller war einer der Stammväter des Unternemens Imtech und über seine Tochter und seinen Schwiegersohn der Mitfinanzierer des Kröller-Müller-Museums.

Wm. H. Müller & Co. wuchs, und ausländische Niederlassungen wurden unter anderem in Lüttich (Belgien) sowie 1878 in Rotterdam die Scheepvaart- en Handelsonderneming Wm. H. Müller & Co. eröffnet. Rotterdam wuchs in den achtziger und neunziger Jahren des 19. Jahrhunderts stark an – auch durch Transporte nach Deutschland. Wilhelm H. knüpfte in Rotterdam enge Beziehungen zum Unternehmen Ruys & Co., in dem Willem Kröller tätig war. Dieser beschloss 1881 seine in einer Amsterdamer Prämienlotterie gewonnenen 100.000 (!) Gulden in Müllers Unternehmen zu investieren. Damit wurde Willem Kröller auch Vorstandsmitglied, verantwortlich für die Niederlassung Rotterdam. Willem Kröller nahm seinen Bruder Anton George in die Firma auf. Dieser war am 1. Mai 1862 in Rotterdam als Sohn von Anthonij George Kröller [Bauunternnehmer, Enkel von Johann Wilhelm Kröller und Barendina Dorothea Haldij] und der Maria Helena Kamp [Tochter von Nicolaas Kemp und Elisabeth Klinkert] geboren. Um die Firma besser kennen zu lernen, wurde er 1882 nach Düsseldorf entsandt. Dort machte Anton Bekanntschaft mit der Familie Müller und es entstand eine strategische Liebe mit Helene. Der vielversprechende Anton Kröller was ja für Wilhelm H. Müller der ideale Heiratskandidat für seine Tochter Helene. Die Ehe, ohne Gütergemeinschaft, wurde am 15. Mai 1888 in Düsseldorf geschlossen. Das Ehepaar siedelte sich in Rotterdam an. Willem Kröller übertrug ein Viertel seiner Aktien seinem Schwiegersohn Anton, so wurde dieser auch Teilhaber. Der Erzhandel wurde in Düsseldorf konzentriert und die Schiffahrtsangelegenheiten in Rotterdam. Als Willem Kröller 1886 einen Nervenzusammenbruch erlitt, musste er seine Funktion seinem Bruder Anton überlassen, blieb aber weiterhin ein wichtiger Aktionär. Am 30. Mai 1889 starb Wilhelm H. Müller plötzlich während eines Besuches in Rotterdam. Anton war nun mit 27 Jahren der neue Vorstand von Wm. H. Müller & Co. Er war ein guter Geschäftsmann, der das Unternehmen in eine Kommanditgesellschaft mit dem Hauptsitz Rotterdam umwandelte. Gustav, Wilhelms Sohn, wurde am 1. Juni 1891 Mitinhaber. Anton besorgte die Finanzverwaltung für seine Schwiegermutter. Im Jahre 1900 wurde der Sitz nach Den Haag verlegt, um näher beim diplomatischen Verkehr zu sein. 1895 kaufte Wm. H. Müller & Co. drei Schiffe von der Nederlandsche Stoomboot [Dampfschiff] Maatschappij, welche Fracht- und Passagierdienste zwischen Rotterdam und London unterhielt. Dieses neue Unternehmen erhielt den Namen Batavier Lijn [Linie].

Anfang des 20. Jahrhunderts war Wm. H. Müller & Co. die größte Handelsgesellschaft mit Eiseererz in Europa. Sie gedieh immer weiter und wurde zu einer Holding mit internationalen Tochtergesellschaften mit Getreideinteressen in Russland, Rumänien und Argentinien und Eisenbergwerken in Algerien, Schweden, Spanien und Frankreich. Das Unternehmen war von großer Bedeutung für die Entwicklung von Rotterdam zum Güterumschlagshafen nach Deutschland. Vor und nach dem Ersten Weltkrieg wurden Erze und Getreide transportiert. Anton Kröller verhandelte für die niederländische Regierung mit Deutschland und England.

Helene Kröller-Müller betreute in den ersten Ehejahren alle ihre in Rotterdam geborenen Kinder:

1. Helene Maria Emilie Kröller, geboren 23.7.1889
2. Toon (Anthonie George) Kröller, geboren 17.11.1890
3. Wim (Willem Nicolaas) Anthony Kröller, geboren 10.12.1891
4. Bob (Robert Anthony) Kröller, geboren 4.2.1897

Die Tochter Helene war die erste, die einen Kurs beim Kunstpädagogen H.P. Bremmer belegte. Angefacht durch ihren Enthusiasmus kam ihre Mutter Helene kurz darauf mit, um den Unterricht in Kunstbetrachtung von H.P. Bremmer zu hören. Dies bewirkte, dass sie viel moderne Kunst erwarb, obwohl sie bis zum 36. Lebensjahr kaum daran interessiert war. Sie betonte dabei Kunstwerke, von denen sie meinte, sie hätten Zukunftsperspektive, besonders Vincent van Gogh und die französischen Impressionisten. Ihren ersten Van Gogh, vier verwelkte Sonnenblumen, erwarb sie 1908. Es folgten noch 97 Gemälde und 185 Zeichnungen von ihm. Bremmer war die treibende Kraft hinter dem Aufbau ihrer Sammlung. Sie kaufte auch alte Meister wie El Greco, Tintoretto, Jan Steen und ‚Modernisten' wie Picasso, Seurat, Renoir, Braque, Bart van de Leck, Charley Thoorop und Piet Mondriaan. Ab 1913 wurden Teile der Sammlung für das Publikum öffentlich zugänglich gemacht. Zwanzig Jahre lang wurde die Kollektion im Ausstellungsraum am Lange Voorhout gezeigt und war in Europa sehr bekannt. Sie hatte insgesamt 11.500 Kunstgegenstände erworben, die 1917 teilweise in einem offiziellen Katalog erschienen.

Helene besuchte 1911 Karl Ernst Osterhaus, der seine schöne Sammlung moderner Kunst in seinem Haus ausstellte. Im gleichen Jahr wurden bösartige Geschwülste (Myomen) aus ihrem Bauch entfernt. Beide Geschehnisse beeinflussten ihr weiteres Leben. Sie spürte, dass sie ihr Erbe nicht über ihre Kinder weiterleben lassen konnte, daher beschloss sie, nach ihrem Tod ihre Sammlung niederländischen Museen als Denkmal der modernen Kultur zu schenken. Zwischen 1906 und 1921 kaufte Anton Kröller Schritt für Schritt viele Ländereien in und um Otterlo in der Region Veluwe/Gelderland, einem Gebiet von etwa 6.000 Hektar, heute eines der größten Naturschutzgebiete der Niederlande.

Über ihre Söhne begegnete Helene 1906 Sam van Deventer. Dies führte zu einer wunderbaren Freundschaft/Verliebtheit. Sam war für Helene sehr wichtig und bekam als ein sogenannter Adoptivsohn wichtige Aufgaben in ihrem Leben.

Wm. H. Müller war einer der neun Investoren, die 1919 die Luftfahrtgesellschaft Koninklijke Luchtvaartmaatschappij voor Nederland en Koloniën, die spätere KLM, gründeten: ein einzigartiges Unternehmen mit ruhmreicher Geschichte.

Durch das Ableben von Gustav (1865-1913), Helenes Bruder, wurde ein Sitz im Vorstand der Firma frei. Helene wurde am 6. März 1913 zum Sozius und geschäftsführenden Mitinhaber ernannt, Sie betreute die Sparte Gebäude. Dadurch verhütete Anton, dass das Unternehmen bei seinem Ableben verkauft werden müsste, weil der Erbteil der Familie Müller ausgeschaltet wurde. Helenes Mutter war noch immer eine stille Teilhaberin. Mitte Juni 1913 wurde die Familie ausgekauft. Als Müller & Co's Algemene Exploitatie Maatschappij entstand ein Unternehmen, das in Händen des Ehepaars Kröller-Müller war mit Willem Kröller als stillem Teilhaber.

Die Gewinne während des Ersten Weltkrieges waren gigantisch, dank der Nachfrage nach Eisen und dessen Verschiffung, worin die Firma spezialisiert waren. Im Jahr 1917 erfolgte der Börsengang wegen notwendiger Masseninvestitionen. Das Betriebskapital wurde um zehn Millionen Gulden vergrößert mittels der Ausgabe kumulativer Vorzugaktien. Sam van Deventer wurde zum stellvertretenden Inhaber und Vorstand ernannt. Anton entzog aber weiterhin Firmenvermögen für Privatzwecke, er stimulierte Helene bei neuen Ankäufen. Damit höhlte er den Betrieb aus. Ende Juni 1920 mussten erneut zehn Millionen Gulden kumulativer Vorzugsaktien ausgegeben werden.

1914 beschloss Helene, dass das Museumsgebäude für ihre Sammlung auf der Veluwe erbaut werden sollte. Ein Jahr später begann der Bau des exklusiven Jagdschlosses Sint Hubertus, entworfen vom berühmten niederländischen Architekten H.P. Berlage, das 1920 fertiggestellt wurde. Es war kein einfacher Auftrag, weil Helene sich bei allen Einzelheiten einmischte. Für den Entwurf des Museumhuis zog Berlage sich daher zurück. Der Belgier Henry van de Velde wurde schließlich als Architekt für dieses Haus 1920 herangezogen. Mitte der zwanziger Jahre wuchs der Ruhm ihrer Sammlung weiter.

Nach dem Ersten Weltkrieg kam Wm. H. Müller & Co. in große finanzielle Schwierigkeiten, welche die Rotterdamsche Bank mitzureißen drohten. Das Management hatte versagt. Die Handelsaktivitäten hatten der Firma große Gewinne gebracht, die aber für die Kunstsammlung, die Grundstücke und das Jagdschloss Sint Hubertus gebraucht worden waren. Weil die Jahresberichte geschönt präsentiert worden waren, verlor Anton Kröller die Kontrolle über sein Unternehmen. Als die Firma die Schulden nicht mehr tilgen konnte, wurde sie von der Bank unter Kuratel gestellt. Indem man 1927 die schwedischen und nordafrikanischen Erzbergwerke verkaufte, wurde die Bankenschuld getilgte und die Firma gewann damit ihre Unabhängigkeit wieder. Da sah Anton ein, dass er und Helene als geschäftsführende Inhaber persönlich für die Schulden der Firma hafteten und dadurch ihr Privatbesitz auf dem Spiel stand. Er suchte eine Art und Weise, die Sammlung nicht länger als Privatbesitz zu halten, da sie sowieso vorhatten, diese dem Staat zu schenken. Die NV [AG] Wm. H. Müller &

Co Stichting [Stiftung] wurde am 14. März 1928 in Rotterdam gegründet, wobei die weitere Existenz der Sammlung von Lebensbedeutung war. Bei einer drohenden Beschlagnahme oder Verkauf müsste der Besitz dem niederländischen Staat oder bei Nichtakzeptanz der Provinz Gelderland übertragen werden.

Durch die Wirtschaftskrise von 1929 entstanden wieder Probleme, die zu einer Reorganisation führten. Die Aktionäre zwangen Anton Kröller zum Rücktritt, worauf die Leitung der Firma Mr. [Dr. jur.] A. F. Lodeizen übertragen wurde. Dennoch mussten alle Aktiven verkauft werden. Dies geschah, wobei der Bund 810.000 Gulden freimachen konnte und die Stichting Nationaal Park De Hoge Veluwe, gegründet am 26. April 1935, die Aktiven von der Stichting NV Wm. H. Muller & Co. erwerben konnte. Darüber hinaus musste als Gegenleistung die Kunstsammlung von Helene Kröller-Müller im Park in einem Museum untergebracht werden. Das Kunstmuseum Kröller-Müller, entworfen vom belgischen Architekten Henry van de Velde wurde 1938 eröffnet. Helene Kröller-Müller wurde die erste Direktorin bis zu ihrem baldigen Ableben am 14. Dezember 1938.

Das Unternehmen Wm. H. Müller & Co wurde nach Anton Kröllers Ableben fortgesetzt und war 1967 einer der Gründer des Rotterdamse overslagbedrijf [Umschlagunternehmens] ECT. 1970 Fusionierte Wm. H. Müller & Co (1878) mit der Rotterdamer Handels- en havenbedrijven Internatio N. V. (1863) zu Internatio-Müller N.V. Diese bestand 1990 aus einem Konglomerat von Betrieben. 1993 beschloss der Vorstand eine Bündelung aller technischen Unternehmen zur Internatio-Müller Techniek, später abgekürzt zu Imtech.

Im VPRO-Fernsehprogramm "Het spoor terug [die Spur zurück]. Helene Kröller-Müller" vom 29. Januar 1995 erzählte Enkelin Hedwig Everwijn-Brückmann und Großenkel Pek van Andel (Sohn von Hildegard (Hilde) van Andel-Brückmann) über die Erinnerungen, die sie an ihre Großmutter hatten. Sie sei eine vornehme distanzierte Frau gewesen, die stur und fanatisch versuchte, ihr Ziel, das Kunstmuseum, zu erreichen.

Genealogie

I   Stammvater: Johann Heinrich Müller, heiratete Minna Mees am 20. Juni 1837 in Osnabrück.
Kinder: Gustav Wilhelm Heinrich (geboren März 1838 in Osnabrück), Julius (1839), Heinrich (1840) und Betty (1842).

II   Wilhelm Heinrich Müller, heiratete am 20. Juni 1864 Emilie Neese (geboren 31. Dezember 1843 in Bielefeld, gestorben 10. Mai 1924 in Düsseldorf). Ihre Kinder in Horst, Essen geboren:
1)   Gustav (1865), gestorben im Februar 1913
2)   Martha (1866)
3)   Julie Emma Laura **Helene** (11. Februar 1869)
4)   Emmy (1872).

III   Julie Emma Laura Helene (geboren 11. Februar 1869, gestorben 14. Dezember 1939 in Otterlo), heiratete am 15. Mai 1888 in Düsseldorf Anton George Kröller (geboren 1. Mai 1862 in Rotterdam, gestorben 5. Dezember 1941 in Otterlo)

Kinder in Rotterdam geboren:

1)   Helena Maria Emilie Kröller (geboren 23. Juli 1889, gestorben 8. Oktober 1947 in Otterlo), heiratete Moritz Robert Ernst Brückmann (geboren 1880 in Dortmund, gestorben 20. Juni 1940 in Harskamp).

    a.   Hildegard (Hilde) Brückmann (geboren 10. März 1912, Buenos Aires, gestorben 9. Februar 1984), heiratete am 27. August 1937 Eleonoor Eduard van Andel (geboren 20. Februar 1911, gestorben 26. Oktober 2012, begraben 31. Oktober 2012 in Usselo).

        Sohn: Pek van Andel.

    b.   Hedwig Brückmann (geboren 5. November 1919 in 's-Gravenhage, gestorben 2. Februar 2013 in Doorn), heiratete Reynier Everwijn (geboren 30. Juni 1916 in Madioen, Indonesien, gestorben 16. Mai 2008 in Deventer).

2)   Anthonie George Kröller (geboren 17. November 1890, gestorben 25. Juni 1938 in Barneveld), heiratete im Juli 1919 Truusje Jesse.

    a.   2 Töchter.

3)   Willem Nicolaas Anthony Kröller (geboren 10. Dezember 1891, gestorben 1980), heiratete am 4. Mai 1920 in Bloemendaal Else Anna Marie Lene Ilse Hendrika Emilie Schafer (geboren 1896 in Amsterdam), Prokuristin.

4)   Robert Anthony Kröller (geboren 4. Februar 1897, gestorben 8. Juli 1954 in Otterlo), heiratete am 19. Dezember 1941 in 's-Gravenhage Thylberte van de Velde (geboren 13. März 1904 in Weimar, gestorben 27. November 1955 in Oberageri, Schweiz).

Quellen:
http://vooroudersonline.nl
CBG, Gemeentelijk Archief Rotterdam
1995 VPRO 29 januari 1995: Het spoor terug Helene Kröller-Müller
2011 De Volkskrant Sa. 29. Januar 2011
2010 NRC Freitag 10. Dezember 2010
Website Imtech
Ariette Dekker: Leven op krediet – Anton Kröller 1862-1941, 2015 (ISBN 9789035143579)

Dopheide-Straße in Dortmund-Eichlinghofen

von Alfred Smieszchala

Der Familienverband **Dopheide**, mit Schwerpunkt Bielefeld und Ostwestfalen gibt seit seiner Gründung 1928 in regelmäßigen Abständen eine Mitgliederzeitschrift, „Mitteilungen des Familienverbandes Dopheide" [FVD] er heraus, in dem Themen wie Freud und Leid in der Familiengeschichte behandelt werden. Am Anfang dieses Jahrhunderts hat man einige Personen **Dopheide**, besonders herausgestellt, die sich eine besondere Ehrung für Verdienste am Allgemeinwohl verdient hatten. Sie wurden damit geehrt indem man ihnen eine Straße widmete.

Bekannt sind bis jetzt der „Richard Dopheideweg" in Gütersloh, benannt nach dem Gymnasiallehrer Richard Hermann **Dopheide** (1890–1918), der ein Freund der niederdeutschen Sprache war und im Ersten Weltkrieg gefallen ist.

Nach Oskar **Dopheide** (1854–1904), einem Tierarzt, der sich um die Pferdzucht verdient gemacht hat, ist in Steinfurt die „Dopheidestraße" benannt.

In Dortmund-Eichlinghofen ist die „Dopheidestraße" nach einem früheren Arbeiterfrüher benannt worden. In unmittelbarer Nähe sind weiter Straßen den herausragenden Persönlichkeiten der Arbeiterbewegung gewidmet.

Weitere „Dopheidestraßen" sind in verschiedenen Gemeinden vorhanden, die aber nach der *Glockenheide* (Erica Tetralix), auch Sumpfheide, in einigen Gegenden auch Kuhheide oder *Dopheide* benannt sind.

Für den Namensgeber seiner Straße in Eichlinghofen, Wilhelm **Dopheide** sind leider keine genauen Lebensdaten bekannt. Das zuständige Dortmunder Amt für die Straßenbenennungen, das Stadtarchiv und das Archiv für Soziale Demokratie in Bad Godesberg konnten keine biographischen Daten ermitteln.

Gesichert ist aber seine Leitung der Dortmunder Ortsgruppe des Allgemeinen Deutschen Arbeitervereins 1873–1874, in dem auch Carl Wilhelm Tölcke, der „Vater der westfälischen Sozialdemokratie" aktiv war.

In der Familienchronik „Das Geschlecht Dopheide (1941)" ist in der Nachkommens-Linie „Franz" ein Herrmann Willhelm [!] **Dopheide** verzeichnet der in Dortmund als Malermeister gelebt hat, wahrscheinlich handelt es hier um den frühen Arbeiterführer.

Herrmann Willhelm **Dopheide**
   * 30. Dez 1839, Steinhagen Nr. 93, ~ 1. Jan 1840, Steinhagen
   † 22. Jun 1916, Dortmund, [] 26. Jun 1916, Dortmund
   ∞ 5. Jun 1876, Dortmund, St. Marien
Emma **Plock**
   * 4. Mai 1850, Schwelm, † 31. Jan 1920, Dortmund

Kinder:
1) Emmi **Dopheide** (* 1877, † 7. Jun 1926)
2) Else (Ella) **Dopheide** (* 1878)
3) Walter **Dopheide** (* 1879)
4) Josephine *Erna* Pauline **Dopheide** (*1889, † 1952)
5) *Otto* Friedrich Wilhelm **Dopheide** (*1891, † 1973)

Kurzstammfolge der Familie Luckey aus Hagen/Westfalen

von Christian Loefke

I   Johannes Luckey, 1684-1727 Schulmeister und Präzeptor in Hagen, *
      23./25.11.1659 (err.), † Hagen 3.4.1727, 67 Jahre 4 Monate und 9 Tage alt
      ∞ ...NN, ...
Kinder:
1) (?) Henrich Wilhelm, siehe II-1.
2) Anna Elisabeth, ~ Hagen 14.11.1690, † Hagen 21.5.1745,
      ∞ I. um1722 Johann Dietrich Wevers, in Hagen, ...,
      ∞ II. (Proclamation: Hagen 26.11.1730) Carl Johann Plenius, S.d. refor-
      mierten Küsters Johann Friedrich Plenius d.Ä., ...
3) Johann Caspar, 1722-1745 Küster des luth. Ksp. Hagen, * Hagen 12., ~
      ebd. 22.5.1695, siehe II-2.
4) Margaretha Elisabeth, ~ Hagen 31.10.1703, † Hagen 27.12.1780, 77 Jahre
      9 Monate alt,
      ∞ I. Hagen 4.7.1727 Johann Dietrich Hilgeland, Sensenschleifer in Hagen,
      ~ Hagen 8.3.1701, † Hagen 19.6.1745, 44 Jahre alt, S.d. Johannes Hilge-
      land in Haspe,
      ∞ II. Hagen 19.6.1746 Johann Heinrich Katthagen, auf dem Quambusch
      in der Westerbauer, Witwer, * ..., † ...

II-1 (?) Henrich Wilhelm Luckey, adjungierter Praeceptor 1723, später Schul-
      meister in Hagen, * ..., † ... [vor 1747?],
      ∞ I. ... Anna Lucia [Hobrecker?], * ... um 1688, † Hagen 27.5.1722, 34
      Jahre alt,
      ∞ II. Hagen 26.11.1723 Sybilla Margaretha Kaetenberg, T.d. † Gottfried
      Kaetenberg, luth. Pfarrer in Grimberg bei Bochum.
Kinder:
1) Johann Friedrich, siehe III-1.
2) Clara Margaretha, ~ Hagen 23.12.1724, † Hagen 25.6.1726, 1 ½ Jahre alt.
3) Jodocus ‚Carl Johann‘, ~ Hagen 19.2.1726, siehe III-2.

III-1 Johann Friedrich Luckey, wohnt in Hagen 1753, * ..., † ...,
 ∞ Hagen 23.4.1747 Anna Gertrud Ambrock, T.d. Johann Peter Ambrock im Ksp. Dahl.
Kinder:
1) Johann Caspar, ~ Hagen 20.12.1750 (Tp: Johann Henrich Schmidt in Hagen, Küster Johann Caspar Luckey, Anna Gertrud Margaretha Hobrecker Ehefrau Stöcker in Hagen, Anna Sybilla Elisabeth Nölle aus der Waldbauer), wandert später nach Amsterdam aus!
2) Diederich Evert, ~ Hagen 25.3.1753 (Tp: Johann Diederich Hilgeland vom Quambusch, Diederich Evert Wever auf dem Groben, Maria Elisabeth Hobrecker von Werninghausen im Widbrauk, Anna Catharina Ambrock von Dahle).

III-2 Jodocus ,Carl Johann' Luckey, ~ Hagen 19.2.1726, † ... 1787,
 ∞ I. Hagen 28.4.1754 Anna Margareta Kampmann, * .., † ...1763, T.d. † Johann Peter Kampmann von der Hebbeke in the Delsterbauerschaft,
 ∞ II. Hagen 1.4.1764 Anna Catharina Schulte, * ...1733, † ...1802,
  (sie: oo I. ...1755 Caspar Steenhauer, aus Eilpe).
Kinder:
1) Catharina Gertrud, * Hagen 3.2.1755.
2) Henrich Peter, * um April 1757, † Hagen 24.2.1760, 2 Jahre 10 Monate alt.

II-2 Johann Caspar Luckey, 1722-1745 Küster des luth. Ksp. Hagen, * Hagen 12., ~ ebd. 22.5.1695, † Hagen 20. [] ebd. 22.5.1745,
 ∞ Hagen 4.11.1725 (Anna) ,Margaretha' Elisabeth Böcker, * Hagen um Dezember 1700 / Januar 1701, † Hagen 5.5.1745, 44 Jahre Monate alt, T.d. Hans Wilhelm Böcker.
Kinder:
1) Johann Caspar, siehe III-3.
2) Johannes, * Hagen 24.3.1734 (err.), † Hagen 3.10.1748, 14 Jahre 6 Monate 9 Tage alt.

III-3 Johann Caspar Luckey, * ..., † ... um1784,
 ∞ Hagen 19.3.1752 Anna Catharina Asbeck, ~ Hagen 14.2.1718 (jüngste Tochter), † ...1781, T.d. Johann Adolph Asbeck in Kükelhausen.
Kinder:
1) Franz Adam, ~ Hagen 27.1.1756.
2) Johann Caspar, * Hagen ... Juli 1759(?).

Bericht von der Jahreshauptversammlung am 13. März 2018

nach dem Protokoll von Fred Murawski

Die Vorsitzende Angela Sigges begrüßte um 19:10 Uhr die anwesenden 25 Mitglieder zur form- und fristgerecht einberufenen Jahreshauptversammlung im Hotel Drees und stellte die Beschlussfähigkeit fest. Der Schriftführer Fred Murawski übernahm die Protokollführung. Da keine Anträge zur Tagesordnung eingegangen waren, wurde sie in der an die Mitglieder versandten Form angenommen. Anschließend wurde der im letzten Jahr verstorbenen Mitglieder, Werner Strauß († 10. Oktober 2017), Karl-Heinz Fleck, Walter Bitterberg († 29. März 2017) und Freifrau Waltraud von dem Bottlenberg († 29. August 2017), gedacht.

Im abgelaufenen Geschäftsjahr fanden 10 Arbeitssitzungen statt, davon eine Jahreshauptversammlung, acht Vortragsabende mit lokal- und familiengeschichtlichen Inhalten und einer Weihnachtsfeier mit einer Diashow mit alten Weihnachtsfotos und -motiven, außerdem 1 Ausflug (nach Detmold ins Landesarchiv zusammen mit dem Ahnenforscherstammtisch Unna). Weiterhin trafen sich Vereinsmitglieder und Gäste im monatlichen Abstand in der inzwischen in weiten Kreisen bekannten „Roland-Werkstatt" im Forschungszentrum für Familiengeschichte. Dort fand auch im September das Roland-Sommerfest mit Bücherbörse und Buffet aus mitgebrachten Speisen statt.

Mit dem Projekt „Roland-on-Tour" hat der ROLAND auf drei Veranstaltungen im Umland von Dortmund Präsenz vor Ort gezeigt (im LWL-Museum-Zeche-Hannover in Bochum, beim Frühlingsfest im Haus Dellwig in Lütgendortmund, im Ruhrtalmuseum in Schwerte). Außerdem war der ROLAND beim 7. Westfälischen Genealogentag in Altenberg, sowie beim Deutschlandtag der niederländischen Genealogen verteten; ebenso als Mitglied der DAGV auf der Jahrestagung in Dresden und als Mitglied des Heimatbundes auf der Jahrestagung der Dortmunder Heimatvereine sowie auf der Jahreshauptversammung des Westfälischen Heimatbundes. Der Roland zu Dortmund ist zudem Mitglied in der IGGP (International German Genealogy Partnership) in der 90 genealogische Organisationen aus den USA und Deutschland vertreten sind. Den Kontakt hält Nancy Myers.

Die Nutzung unserer Bibliothek in der Küpferstraße erfolgt seit Anfang 2017 nach Absprache mit unserer Schatzmeisterin Elke Mehlmann. Durch Übernahme und Aufarbeitung von Nachlässen familienkundlicher Forschungsarbeiten wurde der Bestand erweitert. Neben dem Mitteilungsblatt und dem Roland-Jahrbuch ist der Verein auch in den neuen Medien vertreten (neu gestaltete Homepage, Facebook-Seite, Mailingliste, eMail-Postfach), über die auch Ankündigungen zu diversen Aktivitäten verbreitet werden.

Einige Mitglieder arbeiten in RzD-Projekten eifrig mit, z. B. bei der Übernahme und Auswertung von Nachlässen, Dokumentation von Grabsteinen und Todesanzeigen, sowie bei Indizierungsarbeiten im Dortmunder Stadtarchiv.

Die Mitgliederzahl konnte gegenüber dem Vorjahr wieder leicht erhöht werden. Den drei Abgängen standen acht Neumitgliedschaften gegegnüber, so dass am 31.12.2017 die Gesamtmitgliederzahl 130 betrug.

Die Schatzmeisterin legte eine Übersicht der Einnahmen und Ausgaben für den Zeitraum vom 01.01.2017 bis 31.12.2017 vor.

Die Kassenprüfung erfolgte am 24.02.2017 durch Dr. Hans-Friedrich Jäckel und Wilhelm Groetelaer. Dabei wurde die Übereinstimmung der vorgenommenen Buchungen mit den vorliegenden Belegen festgestellt, so dass es keinerlei Anlass zu Beanstandungen gab.

Die Kassenprüfer schlugen die Entlastung der Schatzmeisterinnen vor. Manfred Sigges beantrage daraufhin die Entlastung des gesamten Vorstandes. Die Entlastung der Schatzmeisterinnen erfolgte einstimmig bei einer Enthaltungen. Der Vorstand wurde entlastet mit **20 - 5 - 0** [Ja - Enthaltung - Nein]

Für die anstehende Neuwahl der Kassenprüfer hatten sich Frau Helma Geltenpoth, Herr Michel Bolam-Schwering und Herr Scherzer (nicht anwesend) schon im Vorfeld bereit erklärt. Sie stellten sich kurz der Versammlung vor.

Frau Geltenpoth erhielt **23 - 2 - 0**
Herr Bolam-Schwerin erhielt **22 - 3 - 0**
womit beide als neue Kassenprüfer gewählt waren und die Wahl annahmen.

Die Vorsitzende ehrte Frau Hiltrud Wiemann für 35 Jahre Vereinszugehörigkeit. Anschließend laß sie einen Zeitungsbericht über die amerikanische Schauspielerin Angelina Jolie vor, die u. a. auch deutsche Vorfahren aus Büren in Ostwestfalen hat.

Der nächste RzD-Vortragstermin am 11. April 2018 soll um 19 Uhr als Führung durch die Räumlichkeiten des Stadtarchivs Dortmund in der Märkischen Straße 14, 44135 Dortmund, stattfinden.

Die Versammung endete um 20:20 Uhr.

Die Arbeitssitzungen des letzten Jahres hatten folgende Themen:

10.01.2017	608.	**Eduard Augsten**: Sudetendeutsche Familienforschung
14.02.2017	609.	**Detlef Münch**: 300 Jahre Brauereigeschichte Münich
14.03.2017	610.	Jahreshauptversammlung
11.04.2017	611.	**Georg Palmüller:** Suchen mit FamilySearch

09.05.2017	612.	**Bernd Robben**: Wenn der Bauer pfeift, dann müssen die Heuerleute kommen
13.06.2017	613.	**Dr. Marcus Weidner**: Die Digitale Westfälische Urkundendatenbank (DWUD) – ein Werkzeug auch für Familienforscher
11.07.2017	614.	**Fred Murawski**: Neues von Dolf Mohr und seiner Familie
10.10.2017	615.	**Dr. Andreas Stützer**: Lesen in alten Familienfotos
14.11.2017	616.	**Axel Borcherding**: FamilySearch
12.12.2017	617.	Weihnachtsfeier mit einer Diashow mit alten Weihnachtsfotos und -motiven

Bericht von der Jahreshauptversammlung am 12. März 2019

vom Christian Loefke

Die anwesenden 26 Mitglieder wurden um 19:20 Uhr zur form- und fristgerecht einberufenen Jahreshauptversammlung im Hotel Drees begrüßt und die Beschlussfähigkeit festgestellt.

Da keine schriftlichen Anträge vorlagen, wurde die Tagesordnung einstimmig angenommen. **26 - 0 - 0** [Ja - Enthaltung - Nein]

Anschließend wurde der im letzten Jahr verstorbenen Mitglieder, Herrn Hans-Jürgen Abel († 5. Juli 2018), Herrn Hans Gerd Mausen († 1. Februar 2019) und Herrn Hans-Otto Deppe († 3. Februar 2019), gedacht.

Es folgte die Ehrung der Mitglieder die bereist 40 (Frau Beate Erkner, Frau Erka Helfenstein, Dr. Jörgen Beckmann, Herr Alfons Montag), 35 (Frau Beate Gramlich, Herr Klaus-Dieter Kreplin, Herr Wilhelm Wiemann), 30 (Frau Hildegard Söffge, Herr Jürgen Peters-Schlebusch) und 25 Jahre (Herr Jörg Elbeshausen, Herr Heinrich Ludwig Wortmann) im Roland sind.

Im vergangenen Jahr (März 2018 bis Februar 2019) fanden elf Arbeitssitzungen, davon eine Jahreshauptversammlung und acht Vortragsabende mit allgemein-, lokal- und familiengeschichtlichen Inhalten, davon eine im Stadtarchiv Dortmund, eine im Institut für Zeitungsforschung, eine im Wirtschaftsarchiv Dortmund und eine in der Roland-Bibliothek, statt. Außerdem wurden ein Sommefest und eine

Weihnachtsfeier durchgeführt. Weiterhin trafen sich Vereinsmitglieder und ihre Gäste an zehn Abenden bei der inzwischen gut frequentierten „Roland-Werkstatt".

Der ROLAND präsentierte sich unter dem Motto „Roland-on-Tour" bei drei Terminen im LWL-Museum Henrichenburg, bei der „offenen SommerAkademie" der Altenakademie Dortmund sowie beim Familientag in Aplerbeck. Als Mitglied des Heimatbundes war der ROLAND auf der Jahrestagung der Dortmunder Heimatvereine, sowie bei der Jahresversammlung des Westfälischen Heimatbundes vertreten. Schließlich nahm der ROLAND am Deutschen Genealogen Tag in Melle und beim Duitslanddag der Niederländischen Genealogen in Bunnik teil.

International vertreten ist der Roland als Mitglied des International German Genealogy Partnership = IGGP (90 genealog. Organisationen aus den USA und Deutschland) durch Nancy Myers, die mittlerweile auch im Vorstand des IGGP ist.

Die Nutzung der ehrenamtlich betreuten Bibliothek erfolgte nach Absprache. Durch die Übernahme von Nachlässen und Neuanschaffung familienkundlicher Literatur sowie die Einstellung der Zeitschriftenzugänge aus den Tauschpartnerschaften wurde der Literaturbestand weiter aktualisiert. Hinzu kam eine 240 Bücher umfassende Spende aus München von Frau Dr. Leise: knapp 60 Exemplare Deutsches Geschlechterbuch (DGB), Genealogisches Handbuch bürgerlicher Familien, etwas über 40 Exemplare Gothaischer genealogischer Hofkalender und etwa 140 Examplare Genealogisches Taschenbuch. Die Bücher stammen aus der Bibliothek der Deutschen Forschungsanstalt f. Psychiatrie München und sollten dort entsorgt werden. Dank an Frau Dr. Leise, die sie für uns gerettet hat.

Neben dem Internetportal des ROLAND erfreut sich auch die Facebookseite des Vereins wachsender Beliebtheit. Das Postfach in Dortmund dient weiter dem zuverlässigen Empfang der Zeitschriften in der Tauschpartnerschaft und dem mehr amtlichen Schriftverkehr. Öffentliche Präsenz wurde durch die regelmäßig in der Presse angekündigten Veranstaltungen erreiht. Auf der Homepage des Vereins (www.roland-zu-dortmund.de) sind die Ankündigungen und illustrierten Veranstaltungsberichten nachzulesen. Mit der Live-Übertragung via Facebook des Februar-Vortrages konnten mit über 600 Zuschauern wesentlich mehr Interessenten erreicht werden als bei den „normalen", „analogen" Vorträgen.

Zu den weiteren Aktivitäten zählten die Übernahme von Nachlässen und Forschungsergebnisse, die eingescannt und in das vereinseigene TNG-Programm eingegeben werden. Weiterhin arbeiteten Roland-Mitglieder regelmäßig im Dortmunder Stadtarchiv. Die Arbeit bezog sich auf die Indexierung der Verlustlisten des 1. und 2. Weltkrieges und Standesamtsunterlagen. Dafür gebührt diesen Mitgliedern ein besonderer Dank. Die gesammelten Todesanzeigen von Herrn God wurden gesichtet und das Projekt Familienanzeigen fortgeführt. Mittlerweile wurden schon über 3000 Anzeigen indexiert und sind als Scan abrufbar.

Die Struktur des Vereins sieht wie folgt aus: Die Mitgliederzahl hat sich leicht auf 127 Mitglieder verringert (Stand 31.12.2018). Den sieben Eintritten standen ebensoviele Austritte, ein Todesfall und zwei Ausschlüsse gegenüber.

Einige statistische Zahlen: Es gab 37 weibl. Mitglieder = 29% und 90 männliche Mitglieder = 71% ; die Altersstruktur zeigt sich wie folgt: jünger als 40 Jahre = 2 %; zwischen 41 und 50 Jahre = 8 %; zwischen 51 und 60 Jahre = 22 %; zwischen 61 und 70 Jahre = 24 %; zwischen 71 und 80 Jahre = 29 % ; über 80 Jahre = 15 %. Durchschnittsalter: 68 Jahre.

Die Schatzmeisterin legte eine Übersicht der Einnahmen und Ausgaben für den Zeitraum vom 01.01.2018 bis 31.12.2018 vor. Im Vergleich zum Vorjahr (2017) hat sich das Vereinsvermögen um 1619,17 Euro erhöht, bedingt u. a. dadurch, dass die Drucklegung des Jahrbuchs 2016/17 erst im Januar 2019 erfolgte.

Die Kassenprüfung erfolgte am 23. Februar 2019 durch Frau Helma Geltenpoth und Herrn Michel Bolam-Schwering. Dabei wurde die Übereinstimmung der vorgenommenen Buchungen mit den vorliegenden Belegen festgestellt, so dass es keinerlei Anlass zu Beanstandungen gab. Die Kassenprüfer schlugen die Entlastung der Schatzmeisterinnen vor.

Herr Richard Goldmann beantragte daraufhin die Entlastung des Vorstandes. Es wurde Entlastung erteilt: **20 - 6 - 0**

Der Schriftleiter konnte mitteilen, dass sich die Jahreszählung durch die Veröffentlichung des Jahresbandes 2017/18 weiter dem aktuellen Veröffentlichungsjahr angenähert hat und demnächst wieder ein zeitnahes Jahrbuch erscheinen kann. In diesem Jahr gab es erstmals die Möglichkeit statt der Printausgabe ein E-Book zu bekommen. E-Books werden schon seit ein paar Jahren angeboten, waren allerdings bisher nur ein Zusatzangebot, das sich jeder selbst kaufen musste. Die Abgabe eines E-Books statt einer Printausgabe ist für den Roland wirtschaftlich attraktiv, da selbst aus dem Eigenkauf für die Mitglieder Gewinnmargen an den Roland zurückfließen, anders als bei der Printausgabe.

Zur Wahl des Vorstandes war den Mitglieder ist ein Wahlvorschlag schriftlich zugegangen. Nachträglich bewarb sich Gertrud Frohberger als stellv. Schatzmeisterin. Es gab insgesamt keine Gegenkandidaten. Die Wahl fand auf Verlangen des Wahlleiters Manfred Sigges einzeln und geheim statt.

WAHLVORSCHLAG	Ja	Enthaltung	Nein	Ungültig
Angela Sigges (Vorsitz)	26	0	0	0
Elke Mehlmann (Stellvertreterin)	25	1	0	0
Hans-Joachim Tenschert (Schatzmeister)	25	0	0	1
Gertrud Frohberger (Stellverteterin)	21	3	2	0
Nancy Myers (Schriftführerin)	26	0	0	0
Renate Heß (Stellvertreterin)	24	2	0	0

Die Gewählten nahmen die Wahl an. Damit sind alle Vorstandsämter ordnungsgemäß besetzt.

Die Arbeitssitzungen des letzten Jahres hatten folgende Themen:

09.01.2018	618.	**Georg Palmüller**: Genealogische Datenbanken – Nachhaltigkeit und Verbreitung
13.02.2018	619.	**Sonja Gehrmann**: FN Winterkamp, Flunkert, Knippenberg, Hauschke und weitere mit Blick auf den Raum Dortmund
13.03.2018	620.	Jahreshauptversammlung
10.04.2018	621.	**Dr. Stefan Mühlhofer**: Das Gedächnis der Stadt – das Stadtarchiv. Vortrag und anschließende Führung durch das Stadtarchiv Dortmund
08.05.2018	622.	**Hans-Georg Eich**: Ortsfamilienbuecher als Forschungsquelle fuer Ahnenforscher
11.06.2018	623.	Besichtigung des Instituts für Zeitungsforschung in Dortmund
10.07.2018	624.	Roland-Sommertreff
11.09.2018	625.	**Susanne Nicola**: Angebote, Möglichkeiten, und Aktivitäten beim Verein für Computergenealogie – Compgen
12.10.2018	626.	**Helmut Brus**: Prosper I und die italienische Ahnenforschung
13.11.2018	627.	Vorstellung und Besichtigung der Roland-Bibliothek in der Küpferstraße
11.12.2018	628.	Adventliches Zusammensein – genealogische Gespräche, Kurzvorträge

Orstregister

Namenregister

Cassatti 111
Claves 141
Clo(e)dt 133, 145, 158
Cöthebusch 88
Collenberg 74
Cordel(l) 107-109
Cortebus 88
Cortebusch 115
Cramer 99, 108
Crassies 65
Crauskamp 142
Cronenberg 150
Cruismann 108, 110
Cruse 128

Dalhoff 155
Daltrup 82
Dawkins 39, 40
Decker 130, 133, 134
Dedinghoven, von 138
Degenhardt 43, 44
Dehrhacke 129
Deipenbrock 135
Deiters 94, 99
Delsen 128
Deppe 174
Deuters 94, 96, 100
Deventer, van 165, 166
Dieckmann 134, 138
Diepenbrock 133, 135
Diing 135
Doering 52
Döring(s) 5, 7, 9, 11, 12, 15, 24, 26-29,
    37, 41-52
Dopheide 169, 170
Dor(r)in(n)gk 7, 9-11
Dorneburg gen. von Aschebrock, von
    der 137
Dotte 73, 142
Drebing 47, 48
Dreiers 75
Druffel(s) 63, 67, 126, 135
Duffhauß 76

Dunhoevet 146
Dutting 146

Ebbeken gen. Brandhermann 131
Eberle 79
Effting 82
Eich 177
Eilers 71
Ekel 91, 92, 99, 104, 108, 111
Elberfeld(t)(s) 72, 73, 76-83
Elberfelt 75, 81, 83
Elbervelt 75, 77
Elbeshausen 174
El Greco 165
Ellendorff 155
Elverfeld(t) 70-73, 76, 81, 126, 135, 147
Elverfeldt, von 117, 126, 136, 137, 143
Elverfels 75
Elverfelt 73, 75, 83, 143
Elvervelt 72, 76
Elverwelts 77
Engelhard 107
Enzian 68
Erasmus 128
Erberfäld 83
Erberfedt 79
Erberfeld(t) 78, 79, 80, 82
Erberfelt 71, 77
Erensdorff 79, 80
Erenstorff 80
Erkner 174
Ernst 139
Ernstorff 80
Eßkotte 129
Eversdorff 79
Everwijn 168
Everwijn-Brückmann 167
Ewerwand 151

Feldermann 110
Fellermann 106
Fiege 94, 110
Fischer 12, 79, 128

Palmüller 173, 177
Panreck 77
Paschedag 131
Paßmann 92-94, 99-101, 107-109
Paulen 115
Pellenthier 62
Penni(n)ck 143, 144, 149, 159
Peter(s) 50, 93, 99, 100
Peters-Schlebusch 174
Picasso 165
Pieck 134
Piele 67
Plassmann 131
Plate 153
Plenius 170
Plock 169
Ploschers 63
Plümer 149, 150, 152, 157
Pötter 73, 150, 159
Pohle 113, 115
Polckinck 136
Pollhaus 150, 156
Polmans 72
Poppe 161
Popsel(s) 132, 133
Potthoff 68, 109
Preckel 128, 134, 151
Prien 52
Primherr 62, 73
Prins 122
Pudenntz 7
Pudens 12, 28, 29, 45-49
Pudenz 5, 7, 9, 12, 14-16, 20, 21, 24-
    29, 37, 41-47, 49, 52

Quade 137
Quast 77
Quellenberg 68

Ra(h)fellers 160
Rammen 143
Rampelman(n)(s) 132, 141
Rechner 41

Reckermann 130, 152
Red(d)e(c)ker 75, 128, 152, 154
Regelmann 84
Rehdecker 78
Rehe 154
Rehe gen. Westhoff 154
Reh(e)rmann 93, 98, 99
Reisdorf 100
Reker 74, 75, 149, 152
Remper 79
Renoir 165
Restorff, von 37
Reuters 79
Reyländer 45
Rhedeker 77, 78
Ribbe 154
Richard 43
Richardt 44
Richter 6, 20, 21, 30, 52
Richter(s) 80, 81
Rickholtz 151
Risman 145
Ritter 127, 131
Robben 174
Rocholt 75
Rode 5, 7, 9, 12, 50-52
Rodenburg 135
Rodt 12, 50, 51
Römer 109
Rösch 13, 15, 24, 26, 27, 30
Röse 66
Ronsdorf 100, 110
Rose(n) 61, 62, 64, 66
Rosenberg, von 125
Roth 12, 47, 49, 50
Rove 146
Rovers 162
Rübel 6
Rump, von 123
Runde 65, 152
Runge 111, 112
Rutherford 40

Waltman 130
Wand 52
Weber 77, 123
Wed(d)epo(e/h)l(l) 132, 147, 159
Wegmann 107, 108
Wehr 11, 44-51
Wehren 11
Weidner 174
Weidtman(n) 124, 160
Weidtßman 160
Weidzman 160
Weingarten 155
Weinrich 45
Weischers 81
Weitzmann 160
Welpotte 129
Wenneman 145, 146, 160
Werdincksell 61, 62, 64, 66
Werin 81
Werman 128
Wernecke 158
Werninghaus(en) 150, 171
Weschman 74
Wesseling 139
Weßell 151
Wessels 139
Westen, zur 62
Westerman(s) 81
Westhecker 142
Westhoff 154
Westphalen, von 145
Wever(s) 170, 171
Wibel 106
Wickede, von 137
Widepohl 132
Wieczerzycki 43
Wiemann 62, 173, 174
Wiesmann 94

Wieteler 160
Wildhagen 84
Wilke 145
Willens 64
Willen, von 129
Windmann 147, 157, 160
Winkel 93
Winkelmann 94
Winken 94
Winning, von 89
Winterkamp 177
Wipperman(n) 61-67, 139, 146, 148
Witte 98
Wittenberg 126, 127
Wittkampff 81
Wolf 106
Wolfers 129
Wolff 62, 63, 65
Wolffersdorf, von 89
Wordeman(s) 73 77
Wortmann 174
Wöstenbusch 131, 161
Wrights 24
Wullen 131
Wulz 37

Zabeler 64
Zelter 91, 109
Zimmermann 138, 145, 161
Zölscher 79
Zülchers 78
Zumbult 132
Zurmühlen 128
Zurstiege 127
Zurstraten 76
Zurwöesten 128